유아-교사를 위한
창의적 동작 교육

유아-교사를 위한 창의적 동작 교육

김은심 지음

도서출판 파란마음

유아-교사를 위한 창의적 동작 교육

초판 1쇄 인쇄 2007년 5월 30일
초판 6쇄 발행 2017년 2월 24일

지은이_ 김은심
펴낸이_ 황호철
펴낸곳_ 도서출판 파란마음
주소_ 04315 서울시 용산구 백범로90라길 47 | 전화_ (02) 3275-2110~1 | 팩스_ (02) 3275-2199
홈페이지_ http://paranmaum.co.kr/

등 록_ 2006년 4월 24일 · 제302-2006-00024호

ISBN 978-89-92546-04-1 93370
값 18,000원

머리말

또 다른 나비 무덤을 만들 유아와 교사를 위하여

1980년대부터 활발히 논의되고 있는 다중 지능 이론은 지능이 높은 아동이 모든 영역에서 우수하다는 종래의 지능관을 비판하였다. 인간의 지적 능력은 서로 독립적이며 상이한 언어 지능, 논리 · 수학 지능, 공간 지능, 신체 · 운동 지능, 음악 지능, 개인 내 지능, 개인 간 지능, 자연 지능의 8가지 영역의 여러 유형으로 구성된다는 것이다. 이와 같이 지능을 복합적인 과정으로 이해하게 되면서 유아기부터 감성을 계발하는 교육에 대한 관심이 높아지고 있다.

연구자들은 과거의 교사 주도적 교육 방식으로는 창의적 사고나 감성을 계발하기 힘들고, 유아들이 자연스럽게 감정을 표현하고 수용하며, 생각을 나누고 감정을 조절하는 방식을 배우고, 서로 격려하며 어울려 지내는 경험을 통해서 키워질 수 있다고 본다.

유아교육기관에서 이루어지는 창의적 동작 교육은 유아들로 하여금 예술적 표현의 소재가 되는 다양한 재료를 찾게 하고 예술 요소에 대한 인식과 지각력을 높여주기 위해 다양한 자료를 조작하고, 실험하고, 조사하여 여러 가지 가능성을 검토해 볼 수 있는 풍부한 환경과 시간을 제공해 줌으로써 유아들의 창의성과 감성을 계발하는 기회를 마련할 수 있다. 그뿐만 아니라 유아들은 움직이는 것을 좋아하므로 이를 통해 자신의 인지 · 신체 · 사회 · 정서 측면을 통합하여 다루는 경험을 할 수 있도록 함으로써 전인 발달을 도모할 수 있는 것이다.

현장의 교사들은 창의적 동작 교육의 중요성을 인식하고 있으면서도 적절한 교수 방법에 대한 이해 부족과 자료 수집—음악, 제시 자료 등—의 어려움 그리고 무엇보다 자신의 움직임에 대한 자신감 결여 등의 이유로 활발히 교육을 실행하지 못함을 호소하고 있다. 이 책은 아주 개인적인 경험에서부터 출발하였다. 유치원 교사로 일할 때, 유아들은 자주 그 번득이는 기지로 본인을 놀라게 하고는 했다. 한번은

'나비' 라는 동작 표현 활동을 하던 중 사뿐히 날아다니던 유아들이 갑자기 뛰어다니다 한 명이 넘어지고 그 위에 다른 유아들이 겹쳐서 잠시 교실은 아수라장이 되어 버렸다. 당황스러운 마음을 감추고 "무엇을 하는 것이냐" 라고 물었더니, 태연스럽게 '나비 무덤' 이라고 하는 것이었다. 뭔가 그건 아닌 것 같은데 하는 의구심과 그 기발한 순발력으로 허를 찼던 그 경험이 동작 교육에 관심을 두게 만들었고, 그 당황해 하는 순간을 경험해 본 많은 교사들과의 만남을 통해, 현장 교사들의 어려움과 곧 현장에서 유아들을 만나게 될 예비 교사들에게 조금이나마 도움을 주고자 이 책을 기획하게 되었다.

이를 위해 이론 부분에서는 창의적 교수 방법에 대한 이해와 적용 방안에 많은 지면을 할애하였다. 실제 부분에서는 많은 활동을 싣기보다 현장에서 활용될 수 있는 교수 자료를 중심으로 소수의 활동을 자세하게 기록하는 쪽을 택하였다. 대신 동작 활동의 계획 및 진행에 도움이 될 수 있는 자료 목록과 인터넷 사이트를 함께 제시하였다. 또한 이 책에서 처음으로 동작 교수 자료 방사선이라는 개념을 도입하여 보았다. 이는 현장에서 하나의 활동, 예를 들면 '나비' 라는 활동이 얼마나 다양하게 실시될 수 있는가를 보여주고자 마련한 것이다. 같은 활동이라도 그림 자료로 활동을 진행했을 때와 음악만을 듣고 했을 때, 혹은 비디오 자료로 나비의 생태를 보았을 때, 그림책을 보고 그를 표현했을 때, 혹은 이들 중 몇몇을 필요에 따라 결합하여 사용할 때 등 얼마나 다양한 방법이 '나비' 라는 간단해 보이는 활동 한 가지에 내재될 수 있는지를 알리고 싶었기 때문이다.

항상 그렇듯이 막상 책이 출간된다고 하니 걱정이 앞선다. 새로운 마음으로 새로운 시도를 해보고 싶어 그동안 연구하여 현장에 적용했던 이런저런 내용을 함께 묶어 제시하려고 하였으나, 그 생각을 미처 다 정리하지 못하고 너무 성급하게 책으로 엮은 것이 아닌가 하는 걱정이 가장 크다. 그러나 계속 연구하고, 다른 이들의 지적을 함께 모아 수정 · 보완하리라 다짐하며 감히 용기를 내본다.

이 책을 출판하기까지 도움을 준 많은 사람들에게 감사의 마음을 전하고 싶다. 항상 동작 교육에 대해 끊임없이 연구하기를 재촉하시고 격려해 주시는 이원영 교수님, 연구의 장으로 언제든지 활용할 수 있도록 기꺼이 강림유치원을 제공해 주셨던 현영희 원장님, 머릿속에 이론으로만 뱅글뱅글 맴돌던 내용을 3년여 동안 늦은 밤까지 함께 토의하고 적용하여 구체화시켜 준 강림유치원의 백성희 원감선생님과 박정목 선생님, 활동에 참여할 때마다 그 열중함으로, 그리고 놀라운 창의성으로 우리 모두를 감동하게 하던 맑은 눈빛의 강림유치원의 모든 어린이들에게 감사한다. 이 책의 모든 활동들이 이들에 의해서 만들어지고 다듬어졌으며 현실이 되었다. 많은 연수에서 긍정적으로 반응해 주고 날카로운 비판과 따스한 시선을 보내 준 현장 교사들에게 한 분 한 분 감사의 인사를 전하지 못했던 것을 이번 기회를 빌려 전하는 바이다. 그리고 음악을 선정하는 과정에서 많은 도움을 준 인천예술고등학교 오학순 선생님과 제자 이현정, 이연희, 오정미, 강은미에게도 고마움을 전하고 싶다. 책을 단정하게 잘 엮어 준 도서출판 파란마음의 황호철 사장님과 김은희 과장님에게도 감사한다.

2007년 5월

아름다운 교정 지변에서 김 은 심

차 례

머리말 • 005

PART 1 **창의적 동작 교육의 이론** 011

chapter 1. 창의적 동작 교육과 유아 발달 ············ 013

1>>> 창의적 동작 교육의 개념 • 015

2>>> 동작 교육과 유아 발달 • 019

3>>> 연령별 발달의 일반적 특징 및 동작 활동 • 025

chapter 2. 창의적 동작 교육의 내용 ············ 039

1>>> 동작의 기본 요소 • 041

2>>> 기본 동작 • 059

3>>> 창의적 동작 표현 활동 • 080

4>>> 2007년 개정 유치원 교육과정의 동작 교육 내용 • 100

chapter 3. 창의적 동작 교육과 교수 방법 ············ 105

1>>> 창의성의 개념 및 교수 방법 • 107

2>>> 창의적 동작 교육의 접근 방법 • 118

3>>> 창의적 동작 활동의 통합적 운영 방법 • 121

4>>> 창의적 동작 활동의 운영 유형 • 126

5>>> 교사의 역할 • 146

6>>> 창의적 동작 교육과 교수 자료 • 157

PART 2 창의적 동작 활동의 실제 177

chapter 1. 실물을 활용한 동작 활동 179

활동 1_미꾸라지가 되어 보자 ▶ 180

활동 2_손의 지문이 되어 보자 ▶ 187

활동 3_리본막대 춤추기 ▶ 192

활동 4_풍선이 되어 보자 ▶ 197

chapter 2. 사진 · 그림 자료를 활용한 동작 활동 203

활동 1_신발이 되어 보자 ▶ 204

활동 2_오리가 되어 보자 ▶ 210

활동 3_스파게티가 되어 봐요 ▶ 216

활동 4_몸으로 숫자를 만들어 봐요 ▶ 222

chapter 3. 비디오 자료를 활용한 동작 활동 227

활동 1_어떤 동물일까요? ▶ 228

활동 2_나는 밤하늘을 수놓는 불꽃이에요 ▶ 234

활동 3_부채춤을 추어요 ▶ 240

활동 4_케이크가 되어 봐요 ▶ 245

활동 5_동래학춤 추기 ▶ 252

chapter 4. 그림책을 활용한 동작 활동 257

활동 1_먹보 뱀이 되어 보자 ▶ 258

활동 2_밀가루 반죽이 되었어요 ▶ 264

활동 3_심심할 때 나는요! ▶ 268

활동 4_겨울잠에서 깨어났어요 ▶ 274

chapter 5. 조형 작품을 활용한 동작 활동 281

활동 1_나는 요술 선이에요 ▶ 282

활동 2_물방울로 작품을 만들어요 ▶ 287

활동 3_도자기가 되어 보자 ▶ 292

활동 4_백조처럼 아름답게 춤을 춰봐요 ▶ 297

참고문헌 • 303

부록1 • 315

부록2 • 321

부록3 • 333

Part I

창의적 동작 교육의 이론

Chapter 1

창의적 동작 교육과 유아 발달

1 창의적 동작 교육의 개념

동작 교육은 인간의 움직임에 수반되는 동작의 기본 원리와 요소를 배우도록 하고 이를 토대로 유아의 느낌이나 감정을 '표현' 하는 방법을 교수하는 것을 포함한다. 동작에 있어서 표현은 심적 내용이 신체적 운동으로 나타나는 것으로, 한국유아교육학회(1996)는 동작 교육은 "유아에게 집단으로 똑같은 동작을 요구하는 전통적 신체교육 접근 방법에 반대하고, 경쟁보다는 창조적인 방법으로 게임, 체조, 댄스 등을 통해 유아의 신체적 · 정서적 발달을 촉진하려는 비교적 최근의 접근 방법" 이라고 정의한다. 또한 동작 교육은 "인간의 신체 기관이 그(의) 환경 속에서 상호 작용하는 복잡성(신체, 정신, 감정)을 인식하고, 인간의 움직임의 요소에 좀 더

[사진 1-1] 동작의 기본 원리와 요소를 어린 시절에 경험하는 것은 성장한 뒤에 움직이는 것을 좋아하도록 돕는다.

주의를 기울이면서 창작적인 움직임과 탐색을 강조해야 한다"라고 하였다. 이는 새로운 체육교육의 개념을 발전시킨 Laban(1963)이 "동작은 신체라는 도구를 통해 움직이는 것이므로 자기 나름대로의 유연하고 자연스러운 움직임을 사용하여 효과적으로 움직이는 방법에 대한 지식을 발전시킬 수 있도록 동작 개념을 중심으로 교육하는 것이 동작 교육"이라고 강조한 것과 같은 맥락으로 이해할 수 있다.

한편, 연구자들은 유아교육에 있어서 동작 교육은 음악이나 미술과 같은 다른 예술 양식과 마찬가지로 자신의 생각과 감정을 표현하는 기회가 될 수 있음을 강조하며, 동작 교육에 있어서의 표현성을 강조해 왔다. Gerhardt(1973) 같은 연구자는 "보다 복합적인 방법으로 자신의 신체를 사용하는 창의적 사고와 상징적인 표현 능력, 심미적인 감각을 기르게 하는 것이 동작 교육"이라고 정의한 바 있다. 표현성의 강조는 유아교육 현장에서 창의적 동작 활동이라는 용어보다 창의적 신체 표현이나 음률 활동이라는 용어가 더 자주 사용된 이유이기도 하다. 창의적 동작 활동(creative movement)과 창의적 춤(creative dance)이라는 용어는 경우에 따라 번갈아 사용되었으며, 창의적 동작 활동 혹은 창의적 신체 표현이나 음률 활동이라는 용어는 혼용되어 왔다. 이는 창의적 신체 표현이나 율동에 '춤'에서 요구하는 음악에 맞추어 팔다리를 이리저리 놀리며 전신을 율동적으로 움직인다는 개념(한글학회, 1995)과 몸을 움직여 감정과 의지를 나타내는 동작이라는 개념이 모두 함축되어 있기 때문이다. 그러나 창의적 동작 활동이라는 개념에는 표현성 외에도 표현성을 자극하는 동작 형식인 동작의 기본 요소를 포괄한다. 이러한 이유로 최근에는 동작 교육이라는 용어가 창의적 신체 표현, 음률교육, 창의적 춤, 유아 무용교육 등의 명칭을 총괄하는 추세이다.

표현성이 강조된 동작 활동은 창의적 춤이라고 불리며(Pica, 2004), 유아가 '마법(magic)'이라는 요소가 가미된 것과 그렇지 않은 것으로 창의적 동작과 일반적인 동작을 구별하고 있음(Stinson, 1988)이 지적되고 있지만, 혼동을 피하고자 여기에서는 창의적 동작 교육의 범주 안에 이들을 포함시켜 창의적 동작 표현으로 칭하고자 한다.

창의적 동작 표현은 종종 예술 양식으로 분류된다. 예술은 개인적 활동이면서 동시에 사회적 활동이다. 인간은 자신의 내면 세계를 표현하고자 하는 기본적 욕구를 가지고 있으며, 다양한 방법을 통해 이를 표현한다. 대부분의 사람들은 예술 활동을 자기표현의 중요한 수단으로 보고, 예술 활동의 가장 보편적인 목표는 창의적 자기 표현 능력을 기르는 것으로 생각한다. 따라서 예술도 언어처럼 다른 사람과 의사소통을 하려는 의지적 활동인 것이다(교육부, 1998).

음악이나 미술과 같은 다른 예술 양식과 마찬가지로, 창의적 동작 표현은 유아교육에서 대단히 중요하다. 창의적 동작 표현을 통해서 유아는 자신의 생각과 감정을 표현할 기회를 제공받으며, 자신과 타인에 대해 이해하게 되고, 다른 예술 양식이나 주변 세계와 통합할 수 있기 때문이다.

창의적 동작 표현이 자연스러운 동작에 기초하고 발레나 그 밖의 공연을 위한 춤처럼 정형화된 동작을 사용하는 것은 아니지만, 창의적 동작 표현은 어린 유아에게 가장 적절한 예술이며, 춤 양식이다. NDA(National Dance Association, 1990)는 창의적 동작 표현이 춤으로, 그리고 예술로 인정받기 위해서는 사용되는 동작에 의도(intent), 표현 형식(form), 인식(awareness) 등을 내포해야 함을 강조한다. 창의적 동작 표현에서의 의도는 움직이고자 하는 사람에 의해 선택된 동작을 의미한다. 이는 반드시 사전에 계획되어야 함을 의미하는 것이 아니라 움직이는 사람의 통제 아래 동작이 놓여 있어야 함을 의미한다. 유아에게 적절한 수준의 표현 형식에는 시작, 전개, 종결이 포함되어야 한다. 이렇게 해서 춤과 춤이 아닌 것이 분리되며, 각 춤은 전체성(sense of wholeness)을 가지게 된다.

창의적 동작 표현에서 인식이란 스스로가 움직인다는 것을 깨닫는 것이다. 예를 들어 춤 동작에서 걷기가 사용될 경우, 움직이는 사람은 발이 마루에 닿을 때 가벼움이나 강함, 유연함과 재빠름 등을 느낄 수 있어야 하는 것이다. 이런 종류의 인식을 하면서 움직일 때에 어떤 특정 동작이 의미를 가지고 있는 동작으로 변형되는 효과를 나타낸다.

COPEC(1994)은 전통적인 게임과 춤만으로 구성된 동작 프로그램이 유아의 발달을 최상으로 향상시킬 수 없음을 강조하였다. 양질의 동작 교육은 유아의 발달에 적합할 뿐 아니라 교육적으로도 적합해야 한다. 또한 발달적으로 적합한 동작 교육 프로그램은 움직임에 대한 유아의 지속적으로 변화하는 능력을 인식하고 이러한 변화를 증진시켜야 한다.

발달적으로 적합한 프로그램은 운동 기술의 발달뿐 아니라 심리적 · 신체적 · 지적 · 사회적 발달을 증진시키는 동작 개념과 매일의 일과 활동에 양질의 동작 활동이 늘 포함되어야 한다. 또한 교육적으로 적합한 프로그램이 되고자 유아의 동작이 계속해서 변화할 수 있음을 인정하고, 개개 유아의 발달 상태, 동작 활동에 대한 사전 경험, 신체 적성, 기술 수준, 신체 크기 및 연령에 적합하게 계획하여야 한다.

특히 낮은 연령의 유아의 움직임을 '창의적'인 활동 혹은 '표현적' 활동으로 보고 유아가 몸을 이용하여 자유롭게 움직여 보도록 도와주며, 연령이 증가할수록 동작 활동을 유아 자신의 능력을 탐색할 수 있도록 체계적으로 조직하여 제시함으로써 자신의 내면을 충분히 표현할 수 있도록 도와준다.

이상의 내용을 종합해 보면, 동작 교육이란 기본 동작과 동작의 기본 요소에 대한 이해를 바탕으로 이를 창의적 사고와 상징적 표현에 활용할 수 있도록 하며, 발달에 적합한 동작 교육 프로그램을 통해 인지적 · 사회적 · 정서적 · 신체적 발달을 도모하는 것이라고 할 수 있다.

[사진 1-2] 창의적 표현 활동과 체계적 동작 활동의 예

2 동작 교육과 유아 발달

Barrett(1977)은 동작 교육의 목적을 '표현 수단으로 자신의 신체를 사용하는 능력을 증진시키는 것, 동작 표현을 통해 자기 만족감을 얻는 것, 움직이는 것을 즐기고 이해하고 감상하는 것, 여러 가지 다양한 리듬을 해석하고 그에 반응하는 능력을 발달시키는 것' 이라고 제시하고 있다.

Graham 등(1993)은 '자신과 타인에 대한 느낌을 표현하기 위해 자신의 신체를 사용하는 능력을 증진시키는 것, 표현의 도구로서 자신의 신체를 효과적으로 사용하여 자기 만족감을 증진시키는 것, 움직이는 것에 대한 즐거움을 인식하는 것, 참여자와 관람자 모두에게 가치로운 것으로 동작 활동을 인식하는 것, 다양한 리듬에 반응하는 능력을 증진하는 것' 등을 동작 교육의 목표로 제시하고 있다. Seefeldt(1976)도 '신체 움직임을 통하여 자아 인식을 기르고 사회적으로 협동하는 능력을 기르며, 심미감을 발달시키고, 자신의 몸을 점차 복합적인 방법으로 활용하는 능력을 기르며, 사고하고 상징적으로 표상화할 수 있는 능력을 기르는 것' 이 동작 교육의 정의이자 목적이라고 밝히고 있다.

[사진 1-3] 참여자와 관람자 모두에게 가치 있는 것으로 동작 활동을 인식하는 것은 동작 교육의 중요한 목적이다.

앞서 살펴본 동작 교육에 대한 정의와 여러 연구자들(Barrett, 1977; Graham et al., 1993; Seefeldt, 1976; Gallahue, 1993; Pica, 1995; 이영, 1993; 이영자 · 이기숙, 1987)이 제시한 목적을 참고하여 유아기 동작 교육의 구체적 목표를 종합해 보면 다음과 같다.

(1) 동작 교육과 신체 발달

유아기에는 운동 기능이 급속도로 발달한다. 따라서 이때는 달리기, 점프하기, 던지기 등의 기능을 훈련하기에 결정적인 시기라고 할 수 있다. 동작 교육에 관한 연구 결과들은 기본적인 운동 기능의 경험이 이후에 더욱 복합적인 능력을 성취하도록 돕는다는 것에 합의하고 있다. 특히 유아를 위한 동작 교육 프로그램에서 현재 가장 논쟁이 되고 있는 것은 운동 발달을 우연에만 맡겨서는 안 된다는 것이다. 운동 기능의 사용과 발달 사이에는 밀접한 관계가 있으므로 조심스럽게 계획된 프로그램을 이 시기의 유아에게 제공해야 한다(Gallahue & Ozmun, 1982; Gallahue, 1982; Hoffman et al., 1981; 김은심, 1995).

[사진 1-4] 운동 기능이 급속도로 발달하는 시기에 운동 발달을 우연에만 맡겨서는 안 된다.

유아기에 신체 여러 부분을 활용해 볼 수 있는 다양한 기회가 주어지면 점차 더욱 복합적인 방법으로 신체를 활용할 수 있게 되며, 기초적인 운동 능력, 신체 인식, 동작 가능성, 공간 인식, 조작 능력을 발달시키게 된다. 예를 들어 '몸을 이용하여 교실 안을 돌아다닐 수 있는 방법을 생각해 보자' 고 제안하면서 유아가 손과 무릎으로 기어서 돌아다녀 보도록 하거나 한 손과 한 발로 걸을 수 있는 방법에는 어떤 것이 있는지 탐색하게 할 수 있다.

이러한 탐색을 기초로 해서 점차 유아는 자신이 바라는 욕구와 관심을 표현하는 데 신체를 사용하게 된다. 즉, 세차게 불어오는 바람에 떨어지는 나뭇잎의 움직임을 보며 모양에 대한 감각, 사물의 무거움과 가벼움, 사람 · 사물 · 자연 등의 여러 요소들과 공간이 상호 작용하는 것을 표현할 수 있다. 탐색하고 발견하는 기회를 통해서 유아는 이미 알고 있는 지식에 상상력을 발휘하여 다양하고 표현적인 동작으로 확장한다. 계획된 동작 탐색 시간과 창작의 과정을 거친 후에 결과를 평가하고, 동작 표현에 대해 계속 생각해 보는 것은 자신의 신체를 더욱 복합적으로 사용하면서 표현 능력을 발달시켜 나가는 데 중요한 영향을 미치게 된다.

(2) 동작 교육과 사회 · 정서 발달

동작 교육은 유아가 여러 친구나 짝과 함께 서로 협력하여 지낼 수 있는 기회를 제공해 줌으로써 사회적, 정서적으로 적응할 수 있도록 도와준다. 동작 교육을 통해 유아는 활동하는 과정에서 타인을 인식하며, 공간을 함께 사용해야 함을 알고, 차례를 지켜 상호 협조해야 한다는 것을 안다. 결국, 유아는 다른 유아들과 함께 동작 활동에 참여함으로써 사회성을 기르게 된다.

유아는 신체를 다양하게 움직여 봄으로써 신체에 대한 자의식을 기르고, 아울러 적절한 동작 기술을 발달시켜 타인과 원만한 관계를 맺는 사회적 기술을 증진시킨다. 자유자재로 자신의 신체를 조절하고 탐색하고 문제를 해결할 수 있는 유아는 성공의 경험을 많이 하게 되어 긍정적인 자아개념을 형성하게 된다. 또한 다른 사람

[사진 1-5] 다른 유아들과 공통의 목적을 가지고 협력하는 것은 유아의 사회 · 정서 발달을 증진시킨다.

에게 효과적으로 반응하고 행동할 수 있는 능력을 갖추게 됨에 따라 타인과의 관계가 원만해질 수 있다.

균형을 유지하거나 어떤 모양을 만들어 내기 위해 다른 유아들과 공통의 목적을 가지고 협력하여 문제를 해결하는 동작 활동에 참여하는 것은 자신의 역할에 대한 만족감을 증진시키는 기회를 제공하게 된다. 이러한 기회는 다른 유아들의 생각을 들어보고, 다른 유아와 자신의 생각의 유사점과 차이점을 수용하는 기회를 제공한다. 자아 존중감, 동기 유발, 소속감 등은 모두 협력적인 활동을 통해 증진될 수 있다(Grineski, 1992). 따라서 유아를 인정해 주고, 유아 자신이 선택한 방법에 대해 무조건적인 격려를 제공하며, 활동에 참여할 기회를 줌으로써 유아의 자신감을 증진시키고, 다른 무엇 혹은 다른 사람이 되어보는 기회를 제공함으로써 다른 사람의 입장을 이해할 수 있도록 한다.

(3) 동작 교육과 인지 발달

운동 능력의 발달은 인지 발달과 밀접한 관계가 있다. 교사는 유아에게 동작과 관련된 과제를 해결해 볼 수 있는 기회를 제공해 주어야 하며, 추상적인 개념(예를 들어 높고, 낮고)을 신체적으로 실험해 볼 수 있는 기회를 제공해 주어야 한다. 유아는 신체를 이용한 다양한 동작 활동에 참여함으로써 자연 현상 및 사회 현상에 대한 개념이나 수, 색, 공간, 시간, 어휘력 등 기본적인 인지 개념을 학습한다.

[사진 1-6] 몸으로 도형 만들기의 경험을 통해 유아는 추상적 개념을 외형화하는 기회를 얻는다.

예를 들어 여러 가지 동물이나 곤충의 움직임을 자유롭게 동작으로 표현해 보는 가운데 동물이나 곤충의 특징을 파악할 수 있으며, 바람 부는 날에 바람을 등지고 달리거나 바람을 안고 달려봄으로써 바람의 힘에 대해 경험해 볼 수 있다. 그뿐만 아니라 시소 타기를 표현하면서 균형의 개념을 학습할 수 있다. "거북이 걸음으로 천천히 다섯 걸음 걸어보자"라는 표현 활동을 통해 수세기와 속도의 개념을 자연스럽게 학습할 수 있으며, 동작 활동을 통해 원, 반원, 네모, 긴 네모, 세모 등 모양에 대해 알게 된다.

(4) 동작 교육과 창의성 발달

유아기의 창의성 발달은 대단히 중요하다. 이는 창의성 발달이 유아의 다른 발달 특징과 마찬가지로 발달의 과정에 있기 때문이다. 특히 유아의 창의성은 4세반경 절정을 이루며, 5세부터는 하강 곡선을 그리기 시작한다(Dudek, 1974). 이는 "제한적인 교실 환경"(Gilliom, 1970), 획일성의 강조, 인지 중심적인 사고, 경쟁 심리 유도(Pica, 2004) 등이 주된 원인이라고 지적된다.

그러나 유아는 창의적인 잠재력을 타고나며, 3세에서 5세는 창의성 발달의 결정적인 시기이다(Fauth, 1990; Schirrmacher, 1998). 따라서 유아교육 전문가들은 창의성 발달을 격려하고 창의적 잠재력을 이끌어 낼 수 있는 기회를 촉진시키려는 노력을 해야 한다. 창의성 발달은 발달적으로 적합한 활동들을 제시하고, 유아로 하여금 놀이하고, 탐색하며, 문제를 해결해 보도록 함으로써 이루어질 수 있다. 또한 자신의 아이디어를 자신만의 독특한 방법으로 표현하도록 기회를 제공함으로써 증진될 수 있다.

유아에게 단순히 교사가 하는 움직임을 그대로 따라하도록 하는 것은 유아의 창의성 발달에 전혀 도움이 되지 않는다. 그러나 움직임을 탐색하고, 다양한 방법으로 문제를 해결해 보고, 발견해 보도록 하고, 자기를 표현해 보도록 하는 것은 창의성 발달에 크게 이바지한다. 예를 들어 "너의 몸 중에서 구부릴 수 있는 부분이 어디인지, 어떻게 구부릴 수 있는지 보여줄 수 있겠니?"라고 요구함으로써 교사는 유아의 창의성 발달을 촉진할 수 있다.

또한 교사는 유아의 반응에 긍정적으로 격려함으로써 유아 자신이 다른 유아들과 경쟁하지 않고도 인정받는 방법을 알려줄 수 있다. 이러한 것들이 유아의 자신감을 키워주며, 다시 창의적인 사고를 촉진하는 순환 고리를 만든다.

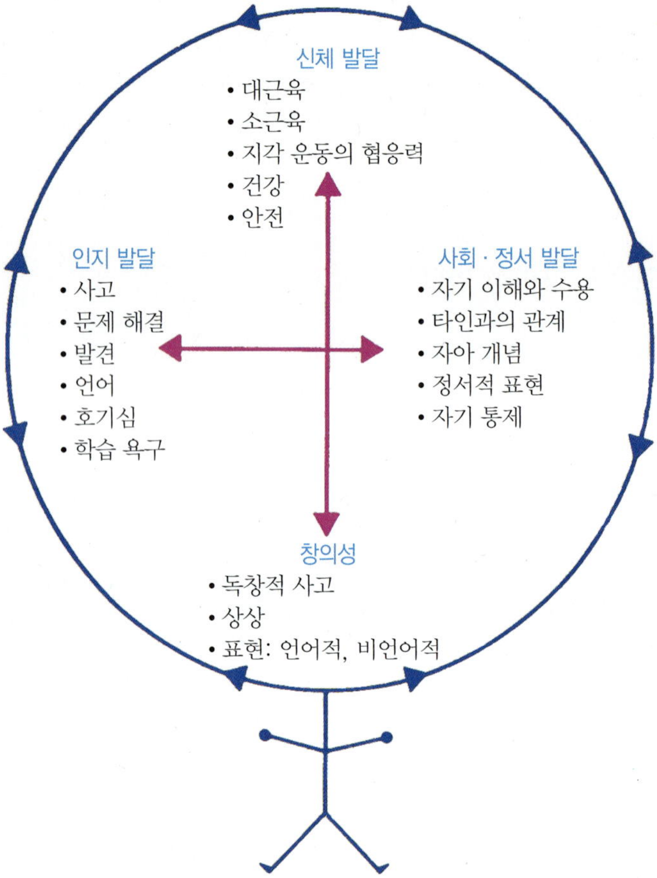

그림 1-1 아동 발달의 총체적 모델 (Schirrmacher, 1998)

최근 유아가 텔레비전, 비디오, 컴퓨터 게임 등을 즐기는 시간이 길어지면서 유아 스스로 창의적인 사고를 할 기회는 점점 줄어들고 있다.

그러나 유아가 거북의 움직임을 모방하려면 거북의 느릿느릿한 움직임을 상상하고, 자신이 거북이 되어 움직이는 모습을 상상해 보아야 한다. 슬픈 감정을 표현하려면 자신이 행복하지 않았던 시간을 회상해 보아야 한다. 즉, 창의적 동작 활동은 유아에게 상상할 수 있는 다양한 기회를 줄 수 있는 좋은 활동이다.

3 연령별 발달의 일반적 특징 및 동작 활동

1) 걸음마 시기

걸음마 시기(toddler)는 영아기(infant: 0~2세) 후반이 포함되는 시기로서 유아가 바로 선 자세로 자신의 신체를 옮길 수 있는 걷기 동작이 좀더 능숙하게 발달되는 18개월에서 36개월 사이를 의미한다(Pica, 1995). 이 시기의 발달 특징 및 동작 활동에의 시사점은 다음과 같다.

(1) 신체 및 운동 발달 특징

이 시기에는 운동 능력이 급속히 출현하지만 다양한 동작 활동을 할만큼 대근육 운동 기술이 충분히 발달되지는 않는다. 2세가 되면 안정된 걷기 동작을 하게 된다. 달리기도 가능하지만 쉽게 멈춰 섰다가 다시 달리기 시작하는 조절 능력이 부족하고 균형을 맞추는 것도 미숙하다.

이 시기에 새로 습득한 기술은 점프(jump) 기술이다. 낮은 사물을 뛰어넘는 것부터 시작하는데, 이때 뛰어내리는 동작을 보면 무릎을 곧게 편 한쪽 발이 먼저 땅에 닿는다. 또한 기어오르기 동작(climbing)을 재미있어 하며 어떤 것이든 기어오르려고 한다. 던지기와 차기 동작도 해보려고 하지만 이러한 기술은 아직 미숙하다.

(2) 인지 및 언어 발달

이 시기의 유아는 탐색과 호기심, 질문과 발견으로 가득하다. 사건이나 사물에 대해 생각하며, 생각한 것에 대한 의미를 찾으려고 끊임없이 시도를 한다. 18개월에서 24개월 된 영아는 두세 단어로 된 문장을 말로 표현하며, 성장하면서 좀더 긴 문장을 말하고 사물과 단어를 연결시킬 수 있게 된다. 그리고 '더 많이, 큰, 작은' 등의 양의 개념에 관련된 어휘와 '위로, 아래로, 안으로, 밖으로, 앞으로, 뒤로'와 같은 공간과 관련된 어휘도 증가한다.

이 시기의 유아는 모방 능력을 발휘하며 상징적 표상을 하기 시작한다. 상징적 표상은 사고가 가능해야 이루어지는 인지적 기능의 발달로 설명되는 특성이다. 걸음마 시기의 유아를 보면 여기저기에 관심을 두고 끊임없이 움직이는 것을 볼 수 있다. 이는 유아의 주의집중 시간이 매우 짧기 때문으로 보인다.

[사진 1-7] 걸음마 시기의 유아는 호기심으로 가득하다.

(3) 사회 · 정서 발달

영아는 태어난 이후 자신의 욕구 충족을 위해 전적으로 성인에게 의존한다. 특히 성인과의 신체 접촉을 선호하는데, 이 신체 접촉은 감각 · 운동적 경험을 가지려고 애를 쓰는 첫 시도로 보인다. 이에 따뜻하고 민감하게 반응해 주는 성인과의 사회적 접촉을 통해 상호 호혜적인 인간 관계를 발달시키기 시작한다. 또한 성인과의 신뢰를 기초로 정서적 안정감도 가지게 된다.

30~36개월이 되면 유아는 자신의 정서를 강하게 표출한다. 이 정서적 표출은 자신을 개체로서 지각하며 얻게 되는 자아개념과 관련된다. 자아개념은 자신에 대한 가치 부여를 통해 자신의 능력을 긍정적 또는 부정적으로 느끼게 한다. 그러므로 유아가 긍정적인 자아개념을 가지고 즐겁게 활동하도록 돕는 것이 성인의 중요한 역

할이다. 걸음마 시기의 유아는 성인의 승인과 인정을 받고 싶어 하므로 유아의 행동을 칭찬하면 또다시 같은 행동을 반복한다.

(4) 걸음마 시기 유아를 위한 동작 활동에의 시사점

- 걸음마 시기의 유아에게는 스스로 행함으로써 배우고, 발견하고, 탐색할 수 있는 기회를 주어야 한다. 이 시기에 일어나는 동작 탐색은 유아가 자신의 신체 부분을 분명히 인식하고, 양적인 개념과 공간 개념을 이해하고 상상력을 충분히 활용하도록 하는 것이 좋다. 가령, 박자에 맞추어 신체 이름을 부르면 손으로 그 신체 부분을 만지는 동작 활동을 통해 신체 부분을 탐색하도록 도울 수 있다. 특히 유아는 자신의 신체 특성이나 능력을 인식하는 것을 통해 자아개념을 얻게 되므로 다양한 신체 탐색 활동을 제공해야 한다.

[사진 1-8] 신체 탐색 활동을 통해 유아는 자신의 신체 특성을 인식한다.

- 걸음마 시기의 유아는 걷기와 달리기, 뛰어넘기와 같은 동작 기술이 아직은 미성숙하고 불완전하다. 그러므로 성숙된 동작 기술을 요구해서는 안 되며, 안전에 주안점을 두고 동작을 경험해 볼 기회를 많이 갖도록 한다.

- 공을 던지고 굴려보게 한다. 던질 때는 부드럽고 안전한 사물(헝겊공, 부드러운 고무공, 쿠션을 넣은 물건 등)을 사용해야 하며, 공 굴리기를 위한 공도 큰 것을 사용하도록 한다.

[사진 1-9] 크고 부드러운 공을 사용함으로써 공에 대한 두려움은 줄이면서 성공의 기회를 제공해 준다.

- 걸음마 시기의 유아가 쉽게 상상할 수 있는 것으로 동작 활동을 하는 것이 중요하다. 가령, 동물이나 사물의 움직임을 가장하는 경우에 자신이 경험한 동물이나 사물의 움직임을 나타내므로 처음에는 유아의 구체적 경험과 연관된 상상 활동을 하도록 한다.
- 걸음마 시기에도 다른 사람과 함께 동작하는 경험을 통해 즐거움을 느낄 수 있으며, 자신과는 다른 사람들의 생각이나 행동에 관심을 가질 수 있으므로 소집단으로 함께 움직여 보는 활동을 계획한다.
- 걸음마 시기의 유아는 집중 시간이 매우 짧으므로 동작 활동을 짧게 진행해야 한다. 동작 활동 시간은 최대 20분을 넘지 말아야 하며, 계속해서 변화되는 활동으로 구성하는 것이 좋다. 또한 성인의 개별적인 관심을 많이 요구하므로 성인 대 유아의 비율은 1 : 4를 넘지 않아야 한다.

2) 유치원 시기

걸음마 시기 이후 만 3세부터 5세까지의 유아기를 유치원 시기로 본다(Pica, 1995). 더 많은 운동 기술을 획득하며, 인지 능력도 급격한 진보를 이루고, 언어 능력의 확장은 물론 사회적 기술도 진전된다. 유치원 시기(preschooler)를 만 3, 4, 5세로 나누어 그 발달 특징과 동작 활동에의 시사점을 살펴보면 다음과 같다.

(1) 만 3세아의 발달 특성

1 신체 및 운동 발달

만 3세 유아는 신체 운동적 발달 면에서 만 2세 때보다 신체의 움직임이 더욱 안정되고 유연해진다. 또한 대근육 운동 조절 능력이 증진되어 속도를 변화시키며 뛰거나 돌 수 있고, 계단을 오르거나 자전거 타기가 가능하다. 신체적으로 소근육을 사용하는 모든 행동의 협응이 세련되지는 못하나 양손을 사용한 신체적 기술에 관심이 많으므로 끈매기, 가위질하기 등의 감각 기능의 협응과 소근육과 눈의 협응력이 필요한 활동을 좋아한다. 그러나 놀이에 열중하면 배설 욕구를 적절히 조절하는 능력에 어려움을 보이며 옷 입고 벗기, 도구의 사용 등 기본 생활을 위한 신체적 기술이 부족하다.

[사진 1-10] 성인의 관심과 도움은 유아가 새로운 경험을 하는 데 반드시 필요하다.

만 3세에는 걸음마 시기보다 세련된 동작을 하기 시작한다. 만 3세에는 걷기, 달리기가 이루어지고, 만 3.5세 정도에는 자신이 늘 사용하는 익숙한 발로 짧은 앙감질(hopping) 동작을 할 수 있다. 여러 가지 탈것을 좋아할 뿐 아니라 균형(balancing)을 유지할 수 있는 능력도 증진된다. 만 3세에는 잠깐 동안 균형을 잡을 수 있으며, 성인이 도와주면 평균대 위를 걸을 수 있다.

2 인지 및 언어 발달

이 시기에는 인과 관계를 알고 결과를 예견하는 능력이 점차 나타나지만 주의 집중 기간이 짧고 자기 중심적이며 실제와 가상을 구별하지 못한다. 만 3세 유아는 상상력이 뚜렷이 증가하지만 추상적 사고를 다룰 수 없으며, 단순하고 구체적이며 감각적인 사고를 한다. 보고 들은 것의 재생이 가능하나 두 가지 이상의 정보를 기억하는 것은 어렵다.

명사와 동사로 구성된 문장을 사용하고 의문문과 부정문을 사용하나 문법에 맞지 않는 불완전한 문장을 사용할 때도 있다. 만 3세 유아가 사용하는 어휘는 900개 정도이며 말하는 것을 즐기고 새 단어에 관심이 높다. 또한 유머가 있는 이야기나 말놀이도 좋아한다.

3 사회 · 정서 발달

이 시기의 유아는 혼자놀이에 익숙하고, 양보하는 능력이 거의 없으며 성인과 가까이 있기를 좋아한다. 친한 친구 한두 명과 병행놀이를 주로 하며, 성별의 구별이 없이 또래와 사귄다. 놀이 시 또래와 신체적인 싸움을 하는 경우도 많지만 차례 지키기 등 규칙을 학습하기 시작한다.

이 시기의 정서적인 발달 특징은 자신의 감정을 솔직하게 표현하고 성인의 말을 부정하거나 반항하기를 많이 하며, 특히 피곤하거나 통제를 받으면 화를 잘 내고 변덕을 부린다. 성인 및 또래의 인정과 칭찬에 관심이 많으며 또래에 대한 질투의 감정이 강하게 나타난다.

(2) 만 4세아의 발달 특성

1 신체 및 운동 발달

만 4세 유아는 신체적인 기술이 발달하여 독립적이며 활동적으로 움직이면서, 다양한 신체적 기능을 활용하게 된다. 대근육 활동이 활발해지고, 소근육의 발달이 점차로 정교화된다. 단순한 협응력이 요구되는 활동은 도움 없이 독자적으로 할 수 있으나 시간이 오래 걸린다.

한 발로 서서 균형을 잡을 수 있고 놀이 시설물에 오르내리기를 할 수 있다. 만 4.5세 정도가 되어야 잘 사용하지 않는 발을 사용하여 앙감질을 하게 된다. 만 4세에서 5세 사이의 유아가 스킵(skip)하는 동작을 보면, 처음에는 동작이 끊기며, 연속적으로 이루어지지 않는데 이것은 정상적인 발달이다. 스킵이나 미끄러지기(sliding) 동작은 만 5.5세가 될 때까지 획득하지 못하는 유아도 있다.

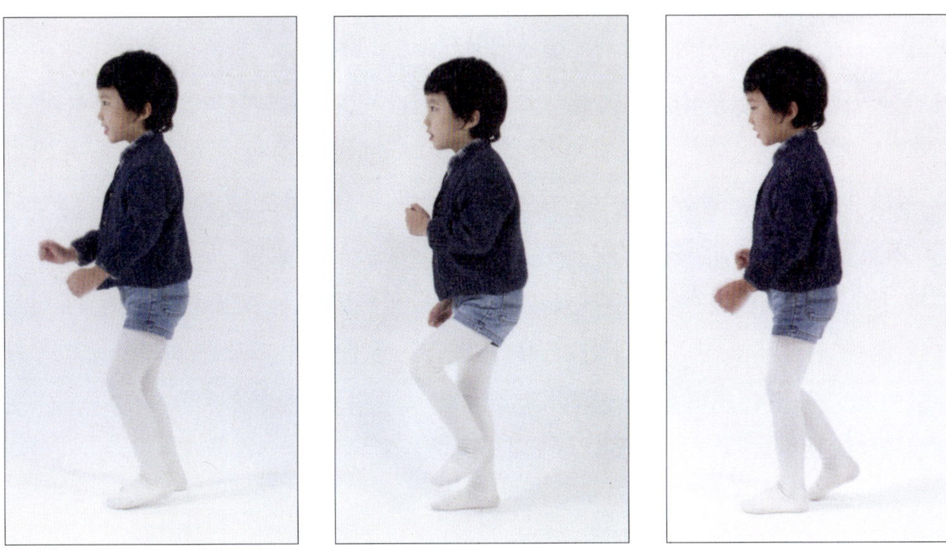

[사진 1-11] 스킵 동작이 다소 끊기기거나 팔과 다리의 동작이 불완전하게 이루어지는 것은 이 시기 유아의 발달 특성이다.

2 언어 및 인지 발달

이 시기의 유아는 인과 관계의 유추가 가능하며 간단한 사건의 이유를 설명할 수 있다. 상상과 가상을 구별하며 현실을 인식하고, 사물의 속성이나 기능의 유사점 및 차이점에 의하여 분류하고 범주화하는 능력이 형성되기 시작한다. 탐구 능력이 증가하며 논리적으로 사고하려는 경향이 발달하고, 기억력과 언어 표현력이 만 3세보다 발달하게 된다.

한 문장 안에 3~7개 단어를 사용하여 완전한 문장으로 말을 할 수 있으며, 어휘 수는 1,600개 정도가 된다. 과장이나 유머를 좋아하고 이야기를 듣거나 다른 사람과 이야기하기, 노래 부르기를 좋아한다. 글자나 숫자, 단어들을 인식하기 시작하며, 읽고 쓰기에 필요한 모양의 변별이 가능하다.

3 사회 · 정서 발달

이 시기의 유아는 친구에게 관심이 많아지며 특히 동성의 유아에게 관심이 많다. 혼자 놀이를 주로 하지만, 친구를 좋아하고 타인을 이해하는 능력이 발달하기 시작하면서 역할놀이에 참여하기도 한다. 그러나 여러 명의 유아가 역할을 분담하여 조직적으로 진행하는 놀이로 발전시키지는 못한다. 만 4세 유아는 타인의 요구 사항을 이해하게 되고 규칙을 배울 수 있으며, 상대방을 고려하고 도와줄 수 있다. 남녀의 성 역할에 대한 인식이 생겨나며, 대인 관계에 관심이 많다.

자신의 감정 표현을 통제할 수 있으며, 성인을 의식하면서 행동한다. 성인의 인정과 칭찬에 민감하게 반응하고 자기 자신과 주변에 관하여 과장을 하기도 한다. 자신감이 증가하지만 인내심이 부족하고 참지를 못하며 성인의 통제를 확인하려는 경향이 있다. 또한 이유 없는 공포심이 나타난다.

(3) 만 5세아의 발달 특성

1 신체 및 운동 발달

만 5세가 되면 유아의 신장은 성인의 65%(약 108.4㎝) 정도, 몸무게는 성인의 30%(약 18kg) 정도가 된다(김경중 · 최인숙, 1991). 신체의 비율을 보면 동체는 천천히 성장하는 반면, 팔 다리가 급속히 성장한다. 이 시기에는 뼈도 급격히 성장하며, 유아의 운동 기술을 확장시키는 데 필요한 근육의 힘도 강해져 성인의 65% 정도의 근육 강도를 이루게 된다(Curtis, 1982).

신체적 균형의 유지가 가능해지며, 대근육의 발달에 의해 뛰기, 달리기 등이 가능하며 두발자전거를 탈 수 있게 된다. 신체의 협응 능력과 소근육의 발달이 좀더 정교하게 발달하여 평균대 위에서 균형을 잡을 수 있게 된다. 던지기 동작도 더 정확해지며, 던지는 손과 반대쪽 발을 앞으로 한 발 내딛으며 던지게 된다. 이 시기의 유아는 한 발로 뛰거나 스킵을 시도해 보며, 나무 위를 기어올라가거나 그네에 엎드려 타는 등의 놀이를 통해 자신의 운동 기술을 다양하게 시험해 본다.

[사진 1-12] 만 5세 유아는 신체의 협응 능력이나 조작 능력이 정교하게 발달된다.

2 인지 및 언어 발달

주변의 사물이나 사람과 상호 작용하여 현실을 인식하고, 사물의 속성과 기능의 유사점 및 차이점에 의하여 분류하고 범주화하는 능력이 증진된다. 만 5세경에는 구체적 사물의 지각 경험과 논리적인 사고 능력에 기초한 보존 개념과 시·공간의 개념 및 인과 관계의 지각이 점차로 아동기의 수준과 비슷하게 발달되며 언어적 표현력도 발달한다.

완전한 문장으로 말을 할 수 있으며, 다른 사람과 적절히 의사소통을 할 수 있다. 만 5세 유아가 사용하는 문장의 형태와 문장 이해력은 성인의 언어 형태와 유사하며, 글자의 이름, 소리, 단어의 변별이 가능하다. 말하기에 쓰이는 어휘의 수도 의사소통에 거의 불편이 없게 되며, 쓰기와 읽기의 기본 기술이 습득될 수 있다.

3 사회 · 정서 발달

다른 유아와 상호 작용하는 기술이 발달되고 협동하기, 돕기, 협상하기 등의 사회적 기술과 규칙을 배울 수 있으며, 상대방의 생각과 견해를 인식하고 도와줄 수 있다. 또래의 인정에 민감하며 또래의 규제력이 유아의 중요한 사회적 준거가 된다. 사회적 기술과 사회화의 역할을 인식하여 개인과 타인 및 사회적 상호 작용에 관한 지식이 발달한다.

스스로 감정 표현을 할 수 있으며, 자신감이 커진다. 만 5세 유아는 상상력이 더욱 발달하여 상상적인 공포감이 나타나며 정서의 세분화로 정확한 감정 표현을 할 수 있다. 이 시기의 유아는 감정 표현을 행동으로 나타내지 않고 말이나 기호로 표현하게 되며, 상황에 맞게 부정적인 정서를 피하거나 감출 수 있다.

(4) 유치원 시기 유아를 위한 동작 활동에의 시사점

- 유아 초기에는 새로운 운동 기술이 불완전해 보이기도 한다. 따라서 교사는 유아 나름대로의 성장 시간표에 따라 운동 기술을 획득하는 데 시간이 많이 걸림을 인정해야 한다.
- 만 3세 이후 유아기 동안에는 '이동 동작'이나 '비이동 동작', '조작적 동작' 활동 등을 다양하게 경험하여 기본적인 운동 기술 능력을 증진시킬 수 있는 경험을 제공하여야 한다. 이동 동작과 비이동 동작을 연합해 보는 활동을 통해 동작 기술을 확장시킬 수 있다. 예를 들어 앙감질 동작을 하다가 몸을 돌려보는(turning) 동작을 함께 연결하여 볼 수 있다. 그러나 이러한 동작 경험은 단순한 것에서 복잡한 것의 순서로 이루어져야 한다.
- 다양한 상상 활동을 통해 유아의 표상 능력과 창작 능력을 발휘할 수 있는 기회를 주는 것이 중요하다. 이를 위해 간단한 동시나 동화를 듣고 그것을 동작으로 표현하는 활동을 제공해 줄 수 있다.

- 만 4~5세가 되면 유아가 짝과 함께 또는 간단한 집단 형태로 동작 활동을 할 수 있다. 이를 통해 협동과 같은 사회적 기술도 증진시키고 타인의 관점을 조망해 보는 기회도 갖게 된다. 또한 이러한 사회적 상황에서 일어나는 문제들을 유아 스스로 해결하고 극복하는 경험을 가져볼 수 있다.
- 유아는 호기심과 적극적인 탐색력이 있으므로 움직임을 통해 능동적인 발견을 하며 사고가 확장될 수 있도록 도와야 한다. 가령, '네 몸을 바닥에 가장 가깝게 하려면 어떻게 할 수 있겠니?', '또 다른 방법은 없을까?' 등 유아의 다양한 사고를 돕는 성인의 언어적 자극도 필요할 것이다. 또한 유아가 나타내는 동작을 보고 행동 특성이나 모양(형태, 크기 등), 위치, 자세를 설명하는 단어를 사용하여 언어화해 줌으로써 개념 형성을 도울 수 있다.
- 동작 활동을 성공적으로 경험하는 기회를 갖는 것이 중요하다. 성공적인 경험을 위한 요소는 다양하겠으나, 유아의 수준에 적합한 동작 활동을 통해 만족감과 자신감을 가지고, 성인은 이를 수용하고 인정해 주는 긍정적인 지도가 무엇보다 중요하다. 자신의 동작 능력을 탐색하며 자신감과 성취감을 높이며, 다양한 문제 상황에 대처하는 경험을 통해 자기 조절 능력을 발달시킬 수 있다.

[사진 1-13] 유아의 수준에 적절한 높낮이가 다양한 골대를 제공하여 성공을 경험하도록 돕는다.

- 때로 불안한 정서를 나타내는 유아에게는 자유로운 분위기 속에서 마음껏 동작을 표현하는 경험을 제공함으로써 안정된 정서를 갖도록 도울 수 있다. 가령

천둥소리나 동물을 두려워하는 유아에게 그 역할을 가장하는 동작 활동을 경험시켜 두려움을 감소시킬 수 있을 것이다. 그러나 유아의 상태나 상황 등을 반영하여 지도해야 한다.

3) 초등학교 초기

일반적으로 만 6세에서 만 8세까지의 아동은 발달적인 특성이 상급 학년보다는 유치원기 유아와 유사하다. 따라서 이 시기의 아동을 위한 교육 프로그램도 전인적 발달을 추구하는 유치원 교육 프로그램과 같이 능동적이고 통합적인 학습 경험으로 이루어져야 한다(Pica, 1995). 초등학교 초기(early elementary schoolers) 아동의 발달적 특징과 동작 활동에의 시사점을 살펴보면 다음과 같다.

(1) 신체 및 운동 발달

초등학교 초기 아동의 신체 발달은 영유아기만큼 급속한 성장 속도를 나타내지는 않으며, 후반부로 갈수록 느린 속도이지만 꾸준히 증가한다. 키는 매년 약 3~4㎝씩, 체중은 매년 1~2kg씩 증가한다(이영, 1993).

만 5세 정도가 되면 운동 능력이 향상되며, 만 6세가 되면 거의 모든 이동 동작 기술은 성숙된 동작 형태로 나타난다. 또한 적어도 2개의 이동 동작 기술, 예를 들어 미끄러지기와 스키핑 하기 기술을 동시에 할 수 있다.

만 6세의 유아는 대부분 기어오르는 활동을 좋아하며, 만 7세가 되면 공을 던지는 동작도 성숙 단계에 이른다. 공 던지는 준비 자세를 보면 던지는 팔과 같은 편의 발에 무게를 두고 있다가, 던지는 동작이 일어나면서 반대편 발로 무게를 옮긴다. 만 6세가 되면 구르는 공을 찰 수 있으며, 목표 지점을 향해 정확히 공을 굴려 놓을 수 있다. 만 8세에는 제자리에서 공을 튀길 수 있고, 튀겨진 공을 잡을 수 있다.

초등학교 저학년 시기의 아동은 에너지의 방출량이 많으며, 새로 습득한 신체적 기술을 보여주고 싶어 한다. 여러 가지 운동 기술이 조화되어 있는 규칙이 포함된 게임도 할 수 있다. 이 시기 유아는 짝과 함께 하는 춤 동작을 배울 수 있다.

(2) 인지 및 언어 발달

초등학교 저학년 시기의 아동은 구체적 경험을 통해 사고하고 문제를 해결하려 한다. 이 시기의 아동도 탐색과 발견을 통한 학습을 한다. 만 8세 정도가 되면 다른 사람들은 다른 생각을 가지고 있다는 것을 인식하게 되고, 다른 사람의 말에 관심을 기울이는 사회화된 언어(socialized speech) 능력을 발달시킨다.

(3) 사회 · 정서 발달

또래에 대한 관심이 증가하고 사회성 발달이 확장되는 만 6~8세의 유아는 소집단 활동을 즐긴다. 이 시기 초에는 남아나 여아가 유사한 것에 관심사를 나타내지만, 이 시기 끝 무렵부터 관심사가 달라지기 시작한다. 성에 대한 인식도 발달되며, 놀이에 변화를 일으킨다. 동성끼리의 놀이가 확장되며 이성과의 놀이는 잘 이루어지지 않는다.

아직은 성인의 승인을 받으려고 하지만, 성인이 수용해 주는 것보다 친구가 수용해 주기를 더 기대한다. 과제를 완성함으로써 자기 존중감을 높인다. 그러면서 더 잘 해내려 하고 최고가 되려는 욕구도 생긴다. 책임감이 증가되지만 자신을 완전히 통제하기는 어려우며, 성인의 도움을 필요로 한다. 그러므로 성인은 아동 스스로 책임질 수 있도록 격려해 주는 한편 독립심도 허용해 주어야 한다.

(4) 초등학교 저학년 아동을 위한 동작 활동에의 시사점

- 초등학교 저학년 아동도 행함(doing)으로써 최적의 학습을 한다. 움직임 그 자체가 행하는 것이므로 이러한 발달 특성을 반영하여 구체적인 학습 경험이 되도록 한다.
- 동작을 통한 탐색은 발견을 하도록 이끄는 과정이다. 이는 아동의 학습 과정이 학습 결과보다 더 중시되어야 한다는 입장을 강조하는 것이므로, 과정에 주안점을 두고 탐색이 이루어지는 동작 활동이 제공되어야 한다.
- 이 시기에 새롭게 얻게 된 운동 기술에 특별히 관심을 주어야 하며, 가능한 다양한 동작 기술을 충분히 경험할 기회를 주어야 한다.
- 아동들의 주의 집중 능력이 향상되므로, 집중하여 잘 듣고 정확히 반응하는 다양한 동작 활동을 할 수 있다.

- 아동이 문제 해결에 도전해 볼 수 있는 동작 활동들을 제안함으로써 사고 기술을 촉진해 줄 수 있다.
- 이동 동작과 비이동 동작을 다양하게 조화시켜 변화를 주는 동작 활동을 해볼 수 있다. 예를 들어 몸을 뻗고-흔들어 보다가-위로 높이 뛰기, 또는 걷다가-몸 돌리고-뛰어넘기, 위로 높이 앙감질하다-제자리에 앉고-굴러보기 등을 해보거나, 아동들이 원하는 동작을 조화시켜 본다.
- 신체 기술이 복합적으로 포함되어 있는 규칙이 있는 게임(공 굴리고 목표물 돌아오기, 장애물 경주 등)을 할 수 있다. 이러한 게임을 하는 경우에 득점과 관계된 경쟁력에 초점을 두기보다는 모든 아동이 참여하여 스스로의 신체 기술 능력을 발휘하고 즐거움을 성취하는 데 초점을 두어야 한다.
- 이 시기의 아동은 사물이나 동물에 대해 더 상세히 설명할 수 있는 능력이 있으므로 이를 동작 활동에 풍부히 반영함으로써 의사소통 기술도 확장시켜 줄 수 있다.
- 아동에게 특정한 리듬 패턴에 따라 움직여 보거나 율동(dance)과 같이 순서가 있는 춤에 참여할 수 있는 기회를 제공한다.
- 또래에 대한 관심이 증가되므로 집단에서의 동작 활동을 경험하도록 한다. 가령, 친구들과 함께 공통된 목표를 성취할 기회를 제공하여 누구나 이 목표에 기여할 수 있다는 것을 경험하도록 한다. 특히 이 시기의 교육과정에는 짝과 함께, 또는 집단이 함께 하는 활동을 반영해야 한다.
- 짝이나 집단과 함께 하는 활동은 자의식(self-consciousness)을 높여주는 기회가 된다. 자기 혼자 활동할 때보다는 다른 사람과 함께 활동하면서 자신에게만 중심을 두는 특성이 감소된다. 그러므로 짝과 함께 또는 집단으로 기하학 모양 만들기, 둥글게 서서 한 발로 균형잡기, 한쪽 방향으로 기울어지기, 낙하산 놀이하기 등의 활동을 해볼 수 있다.

Chapter 2

창의적 동작 교육의 내용

1 동작의 기본 요소

일반적으로 동작의 기본 요소는 Laban(1948)이 인간의 움직임을 분석하였던 네 가지 기준으로 설명된다. Laban에 따르면 인간이 움직이려면 동작을 하는 데 반드시 필요한 '신체(body)', 몸을 움직이려는 '노력(effort)', '공간(space)'이 있어야 하며, 몸이 움직이면서 '관계(relationship)'가 형성되므로 이를 중심으로 움직임을 분석하고 이해해야 한다.

동작 표현은 심적 내용을 신체적 운동에 의해서 나타내는 것이다. 따라서 표현 교육이라 함은 신체적 기술을 교육하는 것만을 뜻하는 것이 아니라, 표현하고자 하는 심적 내용을 신체적 기술과 관련시킬 수 있도록 교육함을 뜻한다.

심적 내용을 신체를 이용하여 표현하고자 할 때에 반드시 이해해야 하는 동작의 기본 구조는 [그림 2-1]과 같이 나타낼 수 있다.

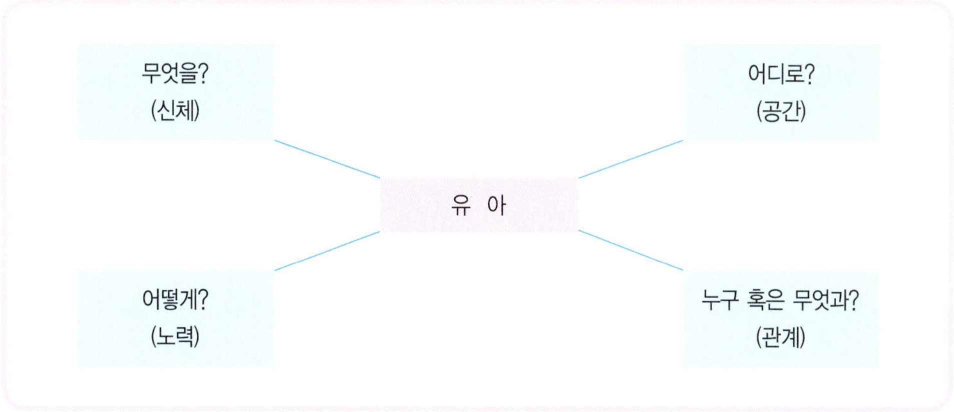

그림 2-1 동작의 기본 구조 (Slater, 1993)

[그림 2-1]을 보면, 인간의 동작은 동작의 기초가 되는 요소인 신체, 공간, 노력, 관계로 구성되며, 이들의 관계를 이해함으로써 유아는 신체의 어느 부분을, 어디로, 어떻게 움직일 수 있는가를 더 명확하게 인식하게 된다. 특히 유아의 동작은 처음

에는 단순하고 자연스러우며 비형식적인 것이 특징이지만, 동작의 기초가 되는 기본 요소가 무엇인지를 경험하면서 적절히 공간을 이용하는 법을 배우며 좀더 구조적인 동작도 발달하게 된다. 동작은 언어와 같아서 구(phrase)나 문장(sentence)이 있으며 어휘 · 문장 · 구가 연합하면 좀더 정교한 동작이 만들어진다(North, 1973).

이들의 내용을 표로 정리하면 [그림 2-2]와 같으며, Purcell (1994)은 이를 동작 교육의 내용으로 제시하고 있다. 계속해서 이러한 내용을 자세히 살펴보기로 한다.

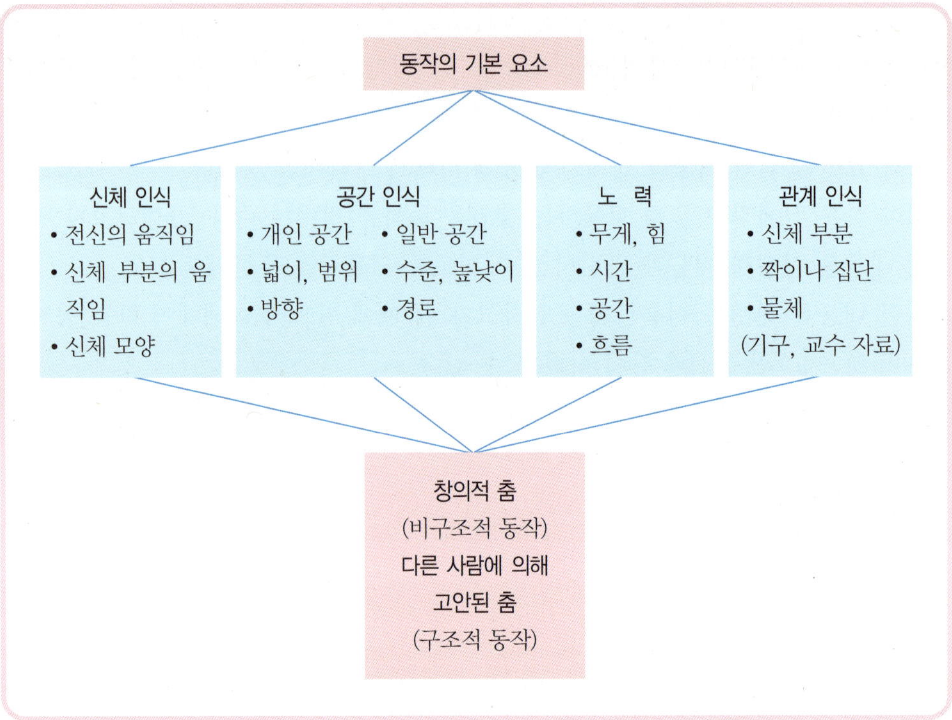

그림 2-2 동작 교육 과정의 내용 (Purcell, 1994)

1) 신체 인식

동작 활동에서 신체는 표현과 의사소통의 도구이다. 동작 활동에서 사용되는 모든 동작들은 개인의 정신과 신체가 함께 창조해 내는 것이다. 동작을 통해서 학습자들은 움직임에 대한 무한한 가능성과 관련된 지식을 탐색하고 발견하며 얻는다.

움직임을 통해 학습자들은 자신의 신체에 대해 더 잘 알게 되며 자신의 움직임을 어떻게 조절해야 하는지에 대해 더 잘 알게 되는 것이다(Purcell, 1994).

신체 인식(body awareness)이란, '무엇을 움직이는가?'를 의미하는 것으로, 신체 부분들의 명칭과 위치를 알 수 있는 능력과 여러 가지 다른 방법, 즉 신체 각 부분들을 독립적으로 움직이거나(신체 부분들의 움직임), 혹은 전신을 움직일 수 있는 능력(전신의 움직임과 신체 모양)을 말한다.

유아는 기능적인 목적을 위해 신체를 움직이는 것과 자신의 느낌과 생각을 다른 사람들에게 전달하거나 표현하고자 하는 목적으로 움직이는 방법에 대해 이해하고자 할 때 다양한 경험에 참여할 필요가 있다. 예를 들어 [사진 2-1]처럼 각기 다른 신체 부분들이 서로 어떻게 기능할 수 있는지를 탐색하려면 관절 부분이 움직이는 목각 인형의 동작을 보면서 움직여진 신체 부분(머리, 허리, 팔, 다리, 손목, 발목)이 어디인지 알아보고, 이러한 부분으로 어떻게 움직일 수 있는지 탐색해 본 다음 직접 동작을 해봄으로써 신체의 움직임에 대한 가능성을 알아볼 수 있다.

혹은 팔꿈치를 무릎 가까이에 가져가 보거나 팔꿈치를 무릎에서 멀리 떨어지게 해봄으로써 신체의 동작 가능성을 탐구하게 되는데, 이때 신체 탐색을 위한 활동에는 신체의 각 부분에 대한 강조, 특정한 신체 부분을 사용해서 동작하기, 대칭 모양과 비대칭 모양 만들기, 접촉하는 신체의 부분 알기, 제스처 · 스텝 · 이동하기 · 도약하기 · 돌기 · 정지하기 등이 포함된다. 이러한 신체 인식 활동은 낮은 연령의 유아에게도 적절한 활동이다.

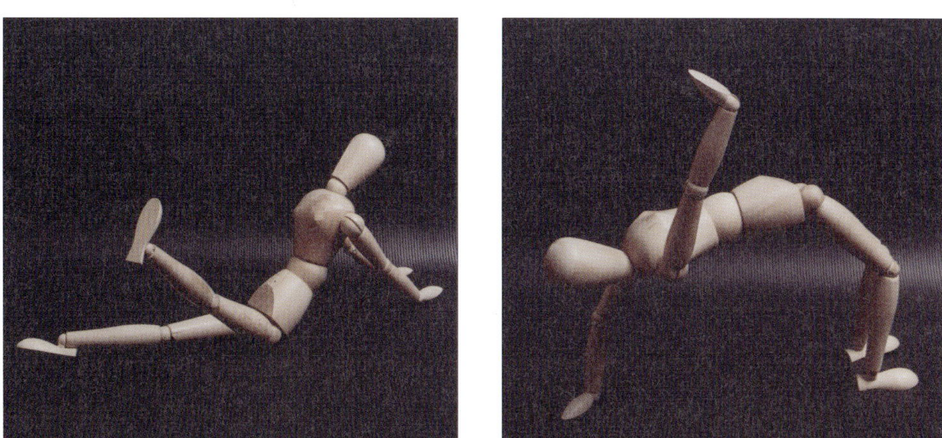

[사진 2-1] 관절이 움직이는 목각 인형을 통해 신체 움직임의 가능성을 탐색할 수 있다.

(1) 전신의 움직임

전신이 움직일 때는 신체의 모든 부분이 그 움직임에 사용된다. 물론 어떤 한 가지 신체 부분이 다른 부분보다 좀더 많이 강조될 수는 있다. 예를 들어 스킵을 할 때에는 발과 다리가 주가 되어 동작과 리듬을 나타내지만, 발과 다리 외에도 팔, 머리, 몸통 역시 움직임에 기여하게 된다. 전신의 동작은 이동 동작과 제스처(body gesture, 혹은 비이동 동작)의 두 가지 유형으로 대별할 수 있다(Purcell, 1994).

이동 동작은 신체를 공간 안에서 다른 위치로 데리고 가는 것이다(A지점 → B지점). 달리거나, 점프하거나, 걷거나 혹은 도약하기 등에서와 마찬가지로 주로 발을 사용하여 이동할 수 있지만, 다른 신체의 부분을 사용해서 다른 방법으로 이동할 수도 있다([표 2-1] 참조).

전신 동작의 두 번째 유형은 제스처이다. 제스처의 사전적 의미는 "생각, 감정, 의견을 표현하거나 강조할 때 신체, 혹은 사지를 사용한 대략적인 움직임(한글학회, 1995)" 이다. 제스처는 어떤 한 가지 신체 부분이 독립적으로 사용될 수도 있고, 신체의 모든 부분이 동시에 사용될 수도 있다. 예를 들어 유아가 단순히 한 손만을 흔

표 2-1 전신의 움직임

이동 동작	제스처(비이동 동작)
• 발을 사용하여 이동하기 –걷기(walk) –달리기(run) –앙감질(hopping) –스텝-홉(step-hop) –스킵(skip) –뛰어오르기(leap) –미끄러지기(slide) –말뛰기(gallop) • 신체의 다른 부분을 이용하여 이동하기 –구르기(roll) –기기(creep: 배를 바닥에 붙이고 기기) –기어가기(crawl: 두 손과 두 발을 이용하여)	• 흔들기 shaking • 흔들거리기 –wiggle: 벌레 등이 꿈틀거리기 –swing: 매달린 것이 일정한 축을 중심으로 앞뒤로 또는 뱅글뱅글 규칙적으로 움직이기 • 흔들리기 –sway: 외부의 힘에 의해 불안정하게 흔들리기 –rock: 천천히 규칙적으로 전후좌우로 흔들리거나 심하게 진동하기 • 돌기(turning: 방향을 바꾸면서) • 꼬기(twisting: 비틀어 돌리기) • 구부리기/펴기(bend/stretch) • 솟아오르기(rise) • 떨어져 내리기(fall) • 멈추기(stop) • 밀기/당기기(push/pull)

들 수도 있고 전신을 흔들 수도 있다. 유아의 무게가 한 부분에서 다른 부분으로(예 앞뒤로) 이동할 때에 유아의 몸, 즉 전신이 흔들기에 사용된 것이다.

트위스트를 추면서 팔을 양옆으로 흔드는 것과 같이 새로운 동작을 만들어 내려고 두 가지 이상의 제스처가 통합되기도 한다. 또한 좀더 복잡한 형태의 동작을 만들어 유아의 생각이나 감정을 잘 표현하고자 이동 동작과 제스처가 결합되기도 한다. 나뭇잎이 공중으로 날아 올라가는 모습을 표현하기 위해 달리다가 도약할 수도 있고, 도약하면서 팔을 흔듦으로써 나뭇잎의 모양을 나타낼 수도 있으며, 공중으로 그 잎사귀를 들어올리는 바람 부는 길의 모양을 표현할 수도 있다. 이렇게 여러 가지 유형의 동작을 함께 조합해 보는 기회를 제공함으로써 교사는 유아가 알고 있는 것 이상의 동작 어휘를 경험할 수 있도록 도와주며, 유아에게 움직이는 새로운 방법을 창조하고 학습하고 연습할 수 있는 기회를 제공해 줄 수 있게 된다.

(2) 신체 부분의 동작

신체 부분들이 이동 동작을 하거나 혹은 제스처를 만드는 방법은 각각의 신체 부분들을 분리하여 움직이기, 어떤 한 가지 동작을 이끌어 내면서 움직이기, 몸무게를 지탱하면서 움직이기 등의 세 가지 유형으로 나누어질 수 있다.

우선 신체 부분들이 분리된 동작은 신체의 어떤 한 부분은 움직이고 나머지 부분은 가만히 있는 것을 말한다. 이러한 유형의 동작은 매우 단순해 보이지만 실제로 어린 유아에게는 어려운 동작 형태이다. 신체를 움직이지 않고 가만히 있으면서 단지 한 가지 부분만을 움직이는 것은 신체의 균형, 체력 및 집중력이 요구되기 때문이다.

두 번째로, 신체의 어느 한 부분이 한 가지 동작을 먼저 이끌어 내고 나머지 신체 부분은 같은 동작을 하며 뒤를 따르게 된다(예 오른팔을 먼저 위로 들어올리고, 뒤이어 왼팔을 위로 들어 올리는 동작). 이처럼 전신을 움직일 때에는 신체의 한 부분이 공간 속에서 다른 나머지 신체의 부분보다 앞서서 움직이면서 동작을 만들어 낼 수 있다.

세 번째 유형은 몸무게를 지탱하는 것이다. 전통적인 춤은 두 발로 몸무게를 지탱하는 것이 일반적이다. 그러나 브레이크 댄스처럼 양손, 머리, 등, 무릎, 어깨 등과 같은 신체의 부분이 몸무게를 지탱할 때 사용되기도 한다. [사진 2-2]에서 볼 수 있는 것처럼 유아들의 동작에서도 다양한 신체의 부분이 사용된다.

[사진 2-2] 창의적 신체 표현에서도 무릎이나 등이 두 발과 함께 몸무게를 지탱하며 동작을 구성하고자 사용되기도 한다.

(3) 신체 모양

신체를 이용하여 모양을 만드는 방법은 매우 다양하다. 움직이거나 앉거나 서거나 눕거나 무릎을 꿇고 가만히 있을 때조차도 신체는 어떠한 형상을 만들어 낸다. 유아들은 간혹 신체의 모양을 인식하며 어떤 특별한 모양을 만들려고 계획을 하기도 한다. 이때 만들어진 신체 모양(body shapes)은 의도적인 메시지를 전달한다. 동작 표현에서 만들어지는 신체 모양은 직선 모양, 곡선 모양, 꼬인 모양 등의 세 가지로 분류할 수 있다.

우선 직선 모양(straighted shape)은 전신을 사용해서 혹은 신체의 부분을 사용하여 만들어질 수 있다. 팔꿈치, 무릎, 손목, 손가락, 등뼈 등을 각지게 구부리면 신체는 쭉 뻗어서 직선 모양을 만들었을 때보다 크기가 작은 여러 가지 직선 모양들로 이루어진 각진 형태를 만들 수 있다.

곡선 모양(curved shape)은 가급적 척추를 둥글게 구부려서 앞쪽으로, 뒤쪽으로, 옆쪽으로 신체를 둥글게 만드는 것이다. 팔과 다리도 전신의 모양에 덧붙여서 둥글게 만들 수 있으며, 유아가 만든 곡선 모양을 표현할 때 구불구불한 모양, 아치 모양, 나선형 모양 등의 용어가 사용되기도 한다.

꼬인 모양(twisted shape)은 신체가 동시에 각각 반대가 되는 방향으로 회전하는 형태를 말한다. 대부분의 꼬인 모양은 허리를 중심으로 다리와 엉덩이가 한쪽 방향으로 향하고, 상체는 그 반대 방향을 향하게 된다. 신체의 한 부분으로 꼬인 모양을 만들려면 나머지 부분과 반대 방향으로 신체를 회전시켜야 한다. 예를 들어 상체로부터 팔을 멀리 떨어뜨려서 꼬거나, 다리를 함께 꼬아서 형태를 만들 수 있다.

그 밖의 모양으로 신체의 대칭 모양과 비대칭 모양을 들 수 있다. 대칭 모양은 신체의 오른쪽과 왼쪽이 정확하게 같은 모양을 취하는 것을 말하며, 반대로 비대칭 모양은 신체의 양 측면이 서로 다른 모양을 취하는 것을 말한다. 이러한 신체의 모양은 조각상과 같이 정적인 상태에서도 이루어지며, 공간을 따라 이동하면서도 만들어질 수 있다. 예를 들어 직선의 대칭 모양과 점프가 결합되어 움직임을 표현할 수 있다.

[사진 2-3] 쇠라의 〈라 그랑자트 섬의 일요일 오후〉를 감상한 뒤 작품 속 등장인물의 모습을 표현하고 있는 유아들. 유아들의 모습에서 직선, 곡선, 꼬인 모양, 대칭, 비대칭 모양을 찾아볼 수 있다.

2) 공간 인식

동작에 있어서 공간(space)의 의미는 '어디로 움직일 수 있는가'를 이해하는 것을 뜻한다. 공간 인식(space awareness)이 발달한 사람은 다른 사람들과 충돌하지 않으면서 공간 속에서 움직일 수 있고, 움직이면서 신속히 높이를 변화시킬 수 있으며, 짝과 함께 혹은 물체를 가지고 잘 움직일 수 있을 뿐 아니라, 신체 부분의 공간 관계를 섬세히 변화시킬 수 있다(Hoffman, Young, & Klesius, 1981).

공간이라는 요소는 개인 공간 혹은 자기 공간(personal space or self space)과 일반 공간 혹은 공유된 공간(general space or shared space)이라는 두 개의 영역으로 구성된다. 개인 공간이란 유아의 신체와 아주 가까이 있는 영역으로 유아가 몸으로 커다란 풍선을 만들 수 있는 만큼, 즉 다른 사람의 공간을 침해하지 않고 자신에 의해서만 차지되는 자신의 공간을 뜻한다. 개인 공간을 탐색할 때 훌라후프를 바닥에 놓고 그 안에서만 움직여 보거나, 유아가 서 있는 자리에서 몸을 최대한으로 낮게 해보거나 최대한으로 높게 해보는 활동을 할 수 있다.

일반 공간이란 신체가 도달할 수 없는 주변 영역을 뜻하며, 이동하면서 집단이 함께 사용하는 공간을 말한다. 일반 공간을 탐색할 때 훌라후프를 두 손으로 잡고 허리 정도 위로 들어 올리고, 자신이 가고 싶은 곳으로 움직이는 비눗방울이 되어 친구 비눗방울과 부딪히지 않도록 하면서 교실 주위를 걷거나 뛰어볼 수 있다.

[사진 2-4] 신체의 부분들은 가깝게 함으로써 팽창되기 전의 풍선의 모습과 신체의 부분들을 멀리 떨어뜨림으로써 다양한 모습으로 팽창된 모습을 표현하는 유아들

동작이란 공간에서 이루어지는 움직임의 전후 관계를 지속시켜 주는 신체의 표현이므로 공간에 대한 개념을 발달시키는 것은 매우 중요하다. 공간에는 높은 수준, 중간 수준, 낮은 수준이 있다. 동작 활동을 통해 유아는 공간에서 공간으로 이동하는 여러 가지 다른 방식들을 경험할 것이며, 각각의 수준에서 여러 가지 다른 방식으로 움직이는 것을 학습하고, 한 가지 수준을 유지하며 이동하거나, 한 가지 수준에서 다른 수준으로 변화시키며 움직이는 것을 학습하게 된다.

또한 유아는 자신의 신체와 가까운 공간과 멀리 떨어져 있는 공간의 차이를 인식하여야만 한다. 유아는 '앞으로', '뒤로', '옆으로'와 같이 다른 방향에 대해 탐색할 것이며, 동작 활동에 참여한 다른 유아와 공간을 공유하고 있다는 것을 학습하게 된다. 유아는 '위쪽으로', '아래쪽으로', '맞은편으로', '주변으로', '멀리 떨어져', '뒤쪽으로' 등과 같은 공간 관계어들을 사용하며 자신들만의 고유한 동작 순서를 창조해 낼 것이다.

(1) 넓이 · 범위 (extent)

넓이 혹은 범위란 동작의 크기 혹은 몸이 미치는 한계를 정의하는 것으로 하나의 동작이 얼마나 큰지 작은지, 긴지 짧은지, 넓은지 좁은지를 나타내는 것이다. 이것은 대체로 다음과 같은 세 개의 범주로 나누어 볼 수 있다.

- 작다(신체의 부분들이 서로 가깝게 있는 것)
- 크다(신체의 부분들이 서로 멀리 떨어져 있는 것)
- 중간 정도의 크기

[사진 2-5] 신체의 부분들을 완전히 떨어뜨림으로써 가장 커다랗게 만들어 풍선의 터진 모습을 표현한 유아

(2) 수준 혹은 높낮이 (level)

동작이 만들어질 때에 생기는 높낮이를 뜻하는 것으로 각기 다른 세 종류의 높이를 의미하게 된다.

- 높게(high)
- 낮게, 깊게(deep)
- 중간(medium)

낮은 수준은 지면에 가까운 무릎 아래 공간을 뜻한다. 웅크리기, 기기, 구르기, 바닥에서 스트레칭하기와 같은 동작을 할 때에 사용되는 공간이다. 중간 수준은 높은 수준과 낮은 수준 사이를 뜻하는 것으로 무릎에서 어깨까지의 공간을 말한다. 걷기나 달리기와 같은 동작은 중간 수준에서 이루어지는 동작의 예이다.

어깨 위쪽의 공간은 높은 수준으로 정의할 수 있다. 신체를 위로 도약시켜서 바닥에서 떨어지게 하는 동작, 즉 홉핑, 점프 등이나 팔을 위쪽으로 높게 뻗어 올리는 동작은 높은 수준에서 이루어지는 동작의 예이다.

[사진 2-6] 꽃이 피는 모습을 표현하기 위해 다양한 수준을 이용하여 움직이기

(3) 방향 (direction)

동작이 어느 쪽으로 이동하는지를 나타내는 것으로 앞으로, 뒤로, 옆으로(오른쪽이나 왼쪽으로), 위 · 아래로 등과 같이 6개의 방향이 있다. 처음 4가지 기본 방향인 앞으로, 뒤로, 오른쪽으로, 왼쪽으로는 다양한 방법으로 위 · 아래 방향과 조합될 수 있다. 각각의 방향으로 행해지는 같은 동작은 각기 다른 느낌을 가지고 다른 생각을 전달하게 된다. 예를 들어 손과 팔을 사용하여 어딘가에 도달하려는 동작으로, 위를 향함으로써 씨앗이 점차 자라서 태양을 향하려는 동작을 나타낼 수 있다.

(4) 경로 (pathways)

경로는 공간에서 몸이 이동하는 장소를 뜻한다. 모든 경로는 직선, 곡선, 혹은 직선과 곡선의 조합으로 이루어져 있다.

그림 2-3 바닥과 공중의 경로 (Purcell, 1994)

동작 활동을 할 때 두 종류의 경로가 생긴다. 원 모양을 만들며 달리기 혹은 직선 위에서 스킵하기와 같이 이동 동작에 의해 만들어지는 바닥에서의 경로(floor pathway)와 신체의 일부나 리본 테이프와 같은 소도구를 이용하여 공중에 지그재그를 그릴 때처럼 신체 주위의 공간에서 움직이는 몸짓에 의해 만들어지는 공중의 경로(air path way)이다. 움직임에 따라 공중에 그려지는 모양은 직선, 각진 선, 곡선 및 꼬인 선 등으로 다양하다. [그림 2-3]은 바닥과 공중에 만들어질 수 있는 경로의 예이다.

3) 노력

노력(effort)은 무게 혹은 힘(force), 시간(time), 공간(space), 흐름(flow)을 통해 동작이 어떻게 확장되는지를 설명하는 4개의 요소로 구성된다.

노력의 4요소는 모든 동작에 존재하는 것으로 무겁고[강하고] 가벼운 것[약하고](무게), 빠르고 느린 것(시간), 직접적 공간과 간접적 공간(공간), 탄력 있는 동작과 유연한 동작(흐름)으로 세분화할 수 있다. 이들은 동작의 의도에 따라 각기 다르게 조합되어 움직이는 사람의 의도를 나타낼 수 있다. 예를 들어 분노의 감정을 표현하려면 느리고 규칙적인 리듬으로 바닥에 발을 구를 수 있다. 낙엽의 움직임을 나타낼 때에는 가볍고 유연한 움직임을 사용하면서 손을 구불구불한 경로로 빨리 움직일 수 있다. 이들은 동작의 질적 수준을 좌우하게 되므로(Laban, 1948) 유아는 자신의 동작에 '강함이나 약함, 혹은 무거움과 가벼움'을 도입하기, 움직임에 주어지는 소리의 길고 짧음이나 빠르고 느림 등의 차이에 반응하여 변화 있게 움직이기, 공중이나 마루에 동작으로 어떤 흔적 남기기, 신체의 흐름—탄력적인 흐름과 유연한 흐름(bound and controlled or freely flowing)—의 과정을 탐색하기와 같은 기회를 경험하여야 한다.

(1) 무게 혹은 힘

무게란 신체의 움직임에 있어서 위치의 변화나 평형 상태를 유지할 때에 필요한 근육의 수축 정도를 말한다. 동작에서의 이 힘, 즉 에너지는 무거울 수도 있고 가벼울 수도 있다. 강한 힘을 긴장하여 사용하면 단단한 근육과 상당한 양의 에너지가 강력한 동작으로 나타난다. 반면 가벼운 힘을 느슨하게 사용하면 이완된 근육이 부드럽고, 온화하고, 섬세한 동작으로 나타난다. 동작의 의도는 힘의 정도를 결정하게 된다. 강한 천둥소리를 표현할 때 동작에 강한 힘을 사용할 수 있으며, 나비의 움직임을 표현할 때에는 가볍게 이동할 수 있다.

[사진 2-7] 라파엘로의 <그리스도의 변모>를 감상하고 난 다음 인상적인 등장인물의 모습을 표현하고자 신체를 긴장시키고 있는 모습의 유아

(2) 시간

시간이란 전신이나 신체의 각 부분을 여러 가지 속도로 움직이는 것으로 지속적인(sustained) 동작과 갑작스런(sudden) 동작으로 나누어 볼 수 있다. 시간의 요소 속에는 지속성(duration)과 속도(speed)가 포함되며, 강세(accent)와 가속 · 감속 등이 결합됨으로써 더 다양한 동작이 만들어질 수 있다. 예를 들어 폭풍우를 표현할 때 처음에는 폭풍우의 시작을 나타내려고 느린 속도로 시작해서 동작의 속도를 가속하여 강한 폭풍우를 표현하며 폭풍우의 끝을 알리는 마지막 빗방울을 표현하려고 속도를 감속하여 끝낼 수 있다.

(3) 공간

공간이란 신체를 수용하고 움직임이 이루어지도록 시각적으로 마련된 장소이다. 신체나 신체의 각 부분이 여러 방향으로(앞, 뒤, 옆), 여러 궤도로(똑바로, 돌아서) 움직임에 따라 공간에 생기는 길(space pathway)도 다양해진다. 노력의 한 요소로 범주화될 때 공간은 '똑바로', 혹은 '돌아서'를 의미한다. 똑바로 하는 동작(direct)은 시작점에서 끝점까지 변경이나 방해 없이 곧장 앞으로 가는 경로로 이루어진다.

동작의 똑바름은 목표물을 향해 움직이는 화살의 움직임과 비교될 수 있으며, '차기'를 예로 들 수 있다. 공간에서 똑바르지 않게 돌아서 움직이기(indirect)는 시작부터 끝까지 계속 직선적인 경로에서 벗어나면서 빙 돌아서 움직이는 동작이다. 이러한 공간의 사용은 종이에 선을 긁적이는 것과 비슷하다. 이때 선은 특정 장소에서 시작과 끝이 이루어지지만 종이 전체의 위를 움직이게 되는 것과 같다.

(4) 흐름

흐름은 한 동작에서 힘이 어떻게 조절되는지를 말한다. 흐름을 설명할 때 흔히 사용되는 두 단어는 유연하게(free)와 탄력 있게(bound)이다. 이때 탄력적인 흐름이란 동작이 어느 순간이라도 쉽게 정지할 수 있거나 그 상태를 유지할 수 있는 움직임을 뜻한다. 반대로 유연한 흐름이란 갑자기 멈추기 어려운 움직임을 뜻한다.

4) 관계 인식 (relationship awareness)

동작에 있어서 관계(relationship)란 신체 어느 한 부분과 다른 부분과의 관계, 사람과 사람의 관계, 신체 어느 부분과 물체와의 관계를 의미하는(Hoffman et al., 1981) 것으로 관계는 동작 활동에서 대단히 중요하다. 관계는 다른 유아들과 하나의 공간을 사용하는 것을 알게 할 뿐만 아니라, 유아에게 다른 유아와 함께 하나의 공간을 공유하고, 이끌거나, 따라해 볼 수 있는 기회를 준다.

따라서 혼자서, 둘이서(짝과 함께), 셋이서, 소집단으로 그리고 대집단으로 움직여 볼 수 있는 기회를 유아에게 부여하는 일이 필요하다. 또한 물체와 신체 부분 간의 관계는 공간 속에서 물체를 조정하는 능력을 의미하는 것으로 공을 던지기, 잡기, 치기 같은 활동을 통해 공을 다루는 방법을 익히는 것을 예로 들 수 있다. 이러한 활동을 통해 물체와의 관계에서 나타나는 '가까이/멀리, 앞/뒤, 위/아래, 나란히/비스듬히, 안에/밖에' 와 같은 개념도 익힐 수 있다.

[사진 2-8] 혼자서 물고기가 되어 바닷속을 헤엄치는 모습

[사진 2-9] 여러 명의 유아가 함께 커다란 물고기를 만드는 모습

(1) 신체 부분들과의 관계

신체의 부분들은 주변의 공간과 다른 신체 부분들을 연합시키며 수많은 다양한 동작을 만들어 낼 수 있다. 각각의 신체 주변의 공간과 다른 신체 부분들은 '서로 만나고/헤어지고, 위쪽에/아래쪽에, 앞에/뒤에, 옆에, 멀리/가까이' 에 관계를 형성하며 다양한 동작을 만들게 된다.

예를 들어 땅 속의 작은 꽃씨로 시작되는 동작 활동(p.50 참조)에서 유아의 신체 부분들은 작은 꽃씨를 표현할 때 작고 둥근 모양을 만들며 서로 가깝게 닿아 있을 것이다. 꽃씨가 싹트기 시작할 때 유아는 손을 다른 신체 부분으로부터 멀리 떨어뜨림으로써 꽃이 피어나고 태양을 향해 자라는 것을 표현할 것이다.

(2) 짝이나 집단과의 관계

유아는 다른 유아들과 짝이 되어, 혹은 집단의 일원으로 움직일 때에 서로 각기 다른 세 가지 방법으로 관계하게 된다. 첫째, 짝과 서로 마주보거나, 등을 마주 대거나, 한 사람 뒤에 다른 사람이 서거나 옆으로 나란히 있는 것처럼 공간 속에서 서로 연결되어 있는 관계이다. 둘째, 동작이 서로 비슷한지 다른지, 즉 같이 한 사람의 동작과 다른 사람의 동작의 유사성에 있어서의 관계이다. 세 번째는 짝이나 집단 멤버 사이에서 동작이 일어나는 시기에 의한 관계이다. 동작이 동시에 일어나는가, 다른 사람에 이어 즉시 일어나는지, 조금 시간을 두고 일어나는지 등을 뜻하며, 이들 중 가장 흔한 방법은 개인이나 집단이 리드하는 사람이나 집단 뒤에서 같은 동작을 동시에 하는 것이다. 동작 활동에서 사용되는 짝과 집단이 서로 연결되는 관계에 대해 좀더 자세히 설명하면 다음과 같다.

- 모방 · 흉내(copy · match): 서로 똑같은 동작하기
- 거울(반사, mirror): 짝과 마주보고 거울을 보는 것처럼 반대쪽을 사용하여 같은 동작을 하기. 따라하는 사람은 리더와 거의 동시에 동작을 하게 됨
- 반향(echo): 리더는 동작을 하고 따라하는 사람은 잠깐 쉰 다음 같은 동작을 하기. 동작과 동작 사이에 시간차가 발생하게 됨
- 일치(unison): 두 명이나 한 집단이 모두 동시에 같은 동작을 하기
- 연속(successive): 도미노처럼 한 사람이 동작을 시작하면 인접해 있는 사람이 거의 동시에 같은 동작을 하는 것
- 그림자(shadow): 한 사람이 다른 사람의 뒤를 따라가면서 동시에 같은 동작하기

[사진 2-10] 거울의 예

- 부르고 반응하기(call & respond): 이 관계는 언어 대신 동작으로 의사소통을 하는 것과 같다. 한 사람이나 집단이 첫 번째 동작을 하면, 즉 부르면 다른 사람이나 집단은 두 번째 동작, 즉 반응을 한다. 부르는 사람과 반응하는 사람의 동작은 똑같을 수도 있고 아주 다를 수도 있다.
- 대조(contrast): 짝이나 다른 집단의 동작과 반대되는 정지 동작(모양)을 하는 것, 쫙 펼친 동작과 닫히고 둥근 동작, 앞으로 움직이는 동작과 뒤로 움직이는 동작, 강한 동작과 가벼운 동작은 서로 대조되는 것인데 이러한 대조는 시간의 사용에서도 나타날 수 있다. 즉, 동작은 다른 사람의 동작과 똑같지만 속도는 반대가 될 수 있다.
- 연결(connect): 두 명 이상이 한 곳 이상의 신체 부위를 연결하고 정지된 모양을 만들거나 움직이는 것
- 지지(support): 한 명 이상의 유아가 다른 사람에게 기대거나 다른 사람을 들어 올리거나 해서 다른 사람의 체중의 일부나 전체를 지탱하는 것
- 만나고 헤어지기(meeting & parting): 짝이 된 유아가 서로를 향해 이동하여 만나고 난 후 다시 반대쪽으로 이동하면서 헤어지는 것을 표현하는 것

[사진 2-11] 만나고 헤어지기의 예

(3) 물체와의 관계

소도구나 기구가 신체와 어떻게 관련되는지를 설명하는 것이다. 유아교육기관에서 사용할 수 있는 소도구는 스카프, 리듬 막대, 모자, 리본 테이프, 후프, 풍선, 공 등으로 다양하다. 큰 장비는 기어오를 수 있는 구조물, 의자, 타이어, 매트, 마분지 상자 등이다. 유아는 물체 주위의 공간을 움직이거나 신체의 주변으로 물체를 움직여서 물체를 자신의 몸과 관련시킬 수 있다. 공간과의 관계에 대한 인식을 탐색할 때 사용할 수 있는 단어들은 '근처에, 가까이, 멀리, 떨어져서, 위로, 아래로, 통과하여, 앞에, 뒤에, 옆에, 주위에, 사이에, 안에, 밖에' 등이다. 소도구인 후프는 튜브 속에서 빠져나오는 크림의 모습을 표현할 때 사용될 수도 있고, 비눗방울의 모습을 표현할 때 유아 개개인이 들고 이리저리 움직이는 데 사용될 수도 있다.

[사진 2-12] 소도구인 후프는 튜브의 입구를 표현하기 위해 사용될 수도 있다. 튜브를 빠져 나온 유아들은 나름대로 상상하여 자신이 만들고 싶은 재미있는 모양을 만들며 이동할 수 있게 된다.

2 기본 동작

기본 동작(fundamental movement)이란 기본이 되는 신체적 동작을 말한다. Gallahue의 운동 발달 단계의 세 번째에 해당되는 것으로 제2단계인 초보적인 동작 단계에 기초를 두고 훈련 없이 나타나는 운동 유형이다. 기본 동작은 비이동 동작, 이동 동작 및 조작적 동작의 세 가지 범주로 나눌 수 있다.

표 2-2 기본 동작의 유형

비이동 동작	이동 동작	조작적 동작
• 구부리기와 뻗기 (bend & stretch) • 회전하기(turn) • 흔들거리기(rock & sway) • 흔들리기(swing) • 꼬기(twist) • 구르기(body rolling) • 재빨리 피하기(dodge) • 균형 잡기(balance)	• 기기(crawl; 배를 이용해서 기기) • 기어가기(creep; 두 팔과 다리를 이용해서 기기) • 걷기(walk) • 달리기(run) • 점프하기(jump) • 도약하기(leap) • 말뛰기(gallop) • 홉핑(hopping) • 미끄러지기(slide) • 스텝-홉(step-hop) • 스킵(skip)	• 밀고 당기기(push & pull) • 들어올리기(lift) • 치기(strike) • 던지기(throwing) • 차기(kicking) • 공 굴리기(ball rolling) • 공 되받아 치기 혹은 되받아 차기(volleying) • 튀기기(bouncing) • 잡기(catching)

기본 동작은 2세 이후부터 7세까지 지속되는 것으로 유아는 초보적인 동작 단계에서 점차 다양한 기본 동작을 성숙하게 수행할 수 있는 단계로 발전한다. 신체를 안정된 자세에서 굽히고, 뻗고, 흔드는 비이동 동작은 물론, 달리고, 높이 뛰고, 기어오르는 등 다양한 이동 동작이 발달되며, 공을 던지고 잡는 등 물체를 조작하는 동작도 발달된다.

종래에는 기본 동작 유형들이 대부분 학습되기보다 성숙에 의해 이루어진다고 보았으나, 최근에는 좀더 정교한 동작 기술을 발달시키고자 유아기부터 기본적인 동작 기술을 경험해 보는 기회를 가져야 한다고 본다(한국유아교육학회, 1996). 구체적인 기본 동작의 유형은 [표 2-2]와 같다. 기본 동작의 출현 시기 및 동작 능력은 '부록 3' 에 제시하였으니 참고하기 바란다.

1) 비이동 동작

몸을 축으로 하여 장소를 옮기지 않고 자기 자리에서 움직이는 동작을 말한다. 구부리기, 뻗기, 회전하기, 흔들기, 흔들거리기, 꼬기, 구르기, 재빨리 피하기, 균형 잡기 등의 동작이 이에 속한다.

효과적인 신체 관리를 위해서는 동작의 다양성뿐만 아니라 동작의 효과적인 통제도 아주 중요하기 때문에 융통성이 제한된 비이동 동작(nonlocomotor skill)도 중요한 의미를 가진다(한국유아교육학회, 1996).

(1) 구부리기와 뻗기

구부리기(bending)는 신체의 일부를 수축하여 근접하도록 하는 동작이다. 팔, 손가락, 다리, 목, 허리 등 모든 신체 부분이 구부러질 수 있다. 뻗기 동작은 신체의 한 부분이나 여러 부분을 수직으로, 수평으로 뻗어 늘리는 것이다. 신체를 뻗는 동작은 근육이 수축되는 것을 막으며, 몸을 더 차분하게 한다. 굽히는 동작(bend)과 쭉 펴는 동작(stretch)은 함께 병행할 수 있는 자연스러운 움직임이다.

탐색 활동의 예

- 선 자세로 또는 무릎을 꿇은 채로, 앉은 채로 천장을 향해, 바닥을 향해 몸을 뻗는다.
- 등을 대고 눕거나, 엎드려서 몸을 길게 늘여본다.
- 한쪽 팔은 높게, 한쪽 팔은 낮게 뻗어본다.
- 오른쪽으로 두 팔을 모두 뻗고, 다시 왼쪽으로 두 팔을 뻗는다.
- 누워서 한쪽 다리는 바닥에, 다른 쪽은 천장을 향해 쭉 뻗는다.
- 선 자세로 한 팔을 앞으로 뻗고, 한쪽 다리는 뒤로 뻗는 동작을 한다.
- 우리 몸 중에서 구부러질 수 있는 곳을 찾아본다.

- 상상 활동을 통해 굽히고 펴는 동작을 탐색한다.
  - 높은 나무 위에 달려 있는 열매를 따는 것처럼 몸을 쭉 펴기
  - 봉제 인형이 털썩 주저앉는 모습처럼 몸을 굽히기
  - 잠에서 깨어 일어나며 하품하는 것처럼 쭉 펴기
  - 운동화 끈을 매는 것처럼 굽히기
  - 높은 선반 위에 물건을 올려놓는 것처럼 몸을 쭉 펴기
  - 아주 작은 강아지나 고양이를 쓰다듬어 주려고 몸을 굽히기
  - 멀리 떨어져 있는 훌라후프 안으로 공을 던져 넣기 위해 몸을 펴기
  - 바닥에 떨어져 있는 동전을 줍기 위해 몸을 굽히기
  - 사다리를 올라가는 것처럼 몸을 펴기
  - 바닥에 떨어져 있는 꽃이나 과일을 들어올리는 모습을 상상하며 몸을 굽히기
  - 별에 닿을 수 있을 만큼 쭉 펴기
  - 고양이가 하품하는 것처럼 뻗기

(2) 회전하기

몸을 중심으로 하여 자신의 신체 부분이나 전체를 거의 완전히 돌려보는 동작이다. 몸을 회전(turn)시킬 때에는 팔과 머리도 돌리는 방향으로 움직여야 한다.

유아에게 방향을 제시할 때는 시계 반대 방향 또는 시계 방향이라는 용어보다는 오른쪽 · 왼쪽이라는 용어를 사용해야 하는데(Graham et al., 1993), 이 용어에 익숙해질 때까지는 먼저 구체적인 방향, 예를 들어 '창문이 있는 쪽으로' 등을 지칭해 주어야 한다.

탐색 활동의 예

- 우리 몸에서 돌릴 수 있는 신체 부분들을 찾아본다.
- 몸을 축으로 하여 돌 때에 동작의 요소(천천히, 빨리, 높게, 낮게 등)를 사용해 본다.
- 걷다가 또는 달리다가 몸 돌리기를 한다.

(3) 강하게 흔들기와 유연하게 흔들기

몸의 근육을 긴장시켜 좀더 세차게 흔드는 동작(rock)과 유연하고 가볍게 흔드는 동작(sway)으로 나누어 볼 수 있다.

탐색 활동의 예

- 강하게 흔들기
  - 가볍게 흔들던 동작의 강도를 점점 높여 세차게 흔드는 동작이 되도록 한다.
  - 다시 부드럽게 흔드는 동작이 되도록 하면서 반복해 본다.
- 유연하게 흔들기
  - 산들바람이 불어 잔디나 꽃이 흔들리는 모습처럼 해본다.

(4) 흔들거리기

흔들거리기(swing)는 한쪽 끝이 고정된 물건이 진동에 의해 포물선을 그리는 것이다. 신체 부분, 즉 머리, 팔, 다리 등으로 스윙을 할 수 있으며, 몸 전체로도 스윙을 할 수 있다. 스윙 동작은 편안하고 리드미컬해야 하며, 잘 흔들거릴 수 있도록 몸의 중심을 꼿꼿하게 잘 유지해야 한다.

탐색 활동의 예

- 로프나 그네 등을 보며 흔들리는 모습을 탐색한다.
- 신체의 어떤 부분으로 스윙 동작을 할 수 있는지 찾아보고, 앞뒤로, 옆으로 흔들어 보도록 한다.
  - 팔을 앞뒤로 흔들어 본다.
  - 팔이 가슴 앞으로 지나가도록 흔든다.
  - 한쪽 다리를 앞뒤로 흔들어 본다.
- 상상을 하면서 흔들거리는 동작을 해본다.
  - 자동차 앞 유리에 있는 와이퍼의 움직임처럼 동작한다.
  - 시계의 추나 종 속에 달린 추의 움직임처럼 동작한다.
  - 그네에 앉아 있는 것처럼 흔들거려 본다.
  - 코끼리의 코가 흔들거리는 모습처럼 동작해 본다.

(5) 비틀기 혹은 꼬기

몸 전체를 돌리는 동작과는 달리, 비틀기(twisting)는 신체의 축을 중심으로 몸의 부분들을 돌리며 꼬는 동작이다. 신체 부분인 목 · 몸통 · 팔 · 다리는 쉽게 비틀 수 있는 부분들이고, 손목 · 발목 · 어깨 · 엉덩이는 비틀기가 어려운 부분들이다.

탐색 활동의 예

- 모래 위에서 발로 구멍을 파내는 움직임을 한다.
- 발로 모래를 섞는 모습처럼 동작한다.
- 훌라춤 동작을 해본다.

(6) 구르기

구르기(body rolling)는 신체를 앞으로 뒤로 또는 옆의 방향으로 옮기며 무게를 수평으로 이동하는 동작이다. 이 동작은 신체와 공간 인식 및 균형을 발달시키는 좋은 활동이다.

탐색 활동의 예

- 통나무처럼 굴러보기(log rolls): 팔을 머리 위로 올려 몸을 길게 쭉 편 채로 양 방향으로 구른다.

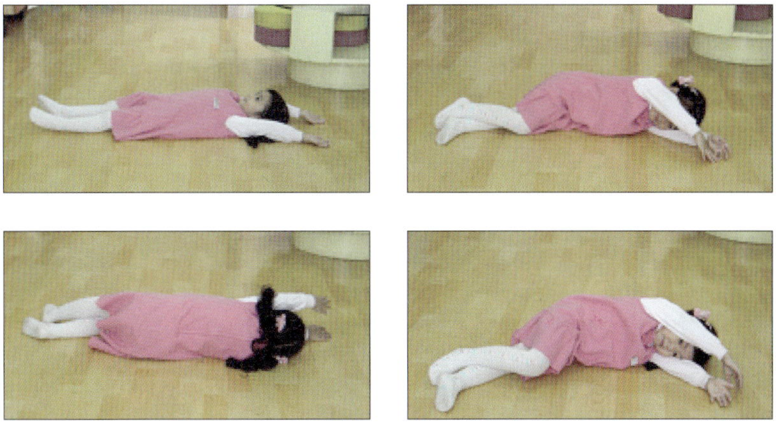

[사진 2-13] 구르기

- 달걀 모양이 되어 굴러보기(egg rolls): 무릎을 가슴 쪽으로 끌어서 팔을 엇갈려 꽉 잡고, 머리를 숙여 안쪽으로 끌어당긴 채 매트 위에서 구른다.
- 발을 맞대고 굴러보기(footsie rolls): 두 명의 유아가 짝이 되어 등을 대고 눕는다. 서로 발바닥을 맞대고 발이 떨어지지 않도록 하며 굴러본다.

(7) 재빨리 피하기 (dodging)

사물이나 사람을 피하기 위해 아주 재빨리 움직이며 몸 전체를 사용하는 동작이다. 이 동작은 고정된 상태에서 이루어지기도 하며, 달리면서 이루어지기도 한다. 서 있거나 고정된 상태에서는 굽히거나 뻗기, 꼬기 같은 비이동 동작이 포함되며, 달리기와 함께 피하는 동작을 하는 경우는 이동 동작 기술이 된다.

탐색 활동의 예

- 상상을 하면서 피하는 동작을 해본다.
  - 플라스틱 원반 던지기
  - 나무에서 떨어지는 나뭇잎 피하기
  - 눈싸움하기

[사진 2-14] 상상하며 재빨리 피하기

(8) 균형 잡기 (balancing)

균형을 잡는다는 것은 척추가 몸을 잘 지지하여 주는 것으로 한 발 또는 두 발로, 두 손으로, 또는 머리와 두 팔로 균형을 유지할 수 있다. 넓은 곳에서 균형을 잡는 것은 좁은 곳에서 균형 잡는 것보다 쉽다. 균형 잡기는 정지 상태와 이동하면서 모두 가능하다. 한 발로 서 있기처럼 정지 상태에서 균형을 잡는 것을 정적 균형(static balance)이라고 하며, 평균대 위를 걸어가기와 같은 동작을 역동적 균형(dynamic balance)이라고 부른다.

[사진 2-15] 정적 균형과 역동적 균형

탐색 활동의 예

- 균형 동작을 위한 기초 활동으로 바닥에 붙인 마스킹 테이프 위를 걸어본다.
- 줄을 따라 앞으로 걸을 때 한 발 바로 앞에 다른 발을 놓도록 한다.
- 균형을 잡고 앞으로 걷는 동작이 익숙해지면 옆으로, 뒤로 움직이며 균형을 잡도록 한다.
- 높이가 낮은 평균대를 사용하다가 익숙해지면 좀더 높은 평균대 위를 걷는다.
- 다양한 신체 부분을 사용하여 높고 낮은 수준을 유지하며 균형을 잡아본다.
  - 무릎을 구부리고 균형 잡기
  - 엉덩이만으로 균형 잡기
  - 배로 균형 잡기
  - 발끝을 들고 균형 잡기
  - 눈을 감고 발끝으로 균형 잡기

2) 이동 동작

공간 속에서 신체의 위치를 바꾸면서 일어나는 동작을 말한다. 이동 동작(locomotor movement)에는 걷기, 달리기, 뛰어넘기, 점프, 앙감질, 스킵, 미끄러지기, 말뛰기 등이 있다. 이동 동작은 비이동 동작과 함께 이루어지는 경우가 많으며, 경험을 많이 할수록 유아의 율동적 운동 능력과 표현 능력이 증진된다.

(1) 걷기

걷는 것은 발끝(toe)과 뒤꿈치(heel)에 무게를 옮김으로써, 공간 속으로 자신의 신체를 옮기는 동작이다. 대개 1세경부터 걷게 되지만 이때는 불안정한 자세를 보인다. 즉, 균형을 잡기 위해 팔을 양옆으로 들어올리고 발바닥 전체를 바닥에 닿게 하고 걷는다. 점점 성숙하면서 뒤꿈치를 바닥에 닿게 하면서 걷고, 걸을 때에 앞발의 무릎이 약간 굽혀지며, 팔도 약간 굽히며 다리와 반대로 자연스럽게 흔들며 걷게 된다. 걷기 동작은 머리를 똑바로 들고 시선은 눈높이로 앞을 주시하며, 팔은 자연스럽게 움직이며 바르게 걷도록 지도해야 한다. 몸을 곧게 세우고, 발끝은 모두 앞을 향하여 일직선이 되어야 하며, 몸의 무게가 다섯 개의 발가락에 골고루 분배되어야 한다.

[사진 2-16] 만 1세아의 걷기

탐색 활동의 예

- 동작의 기본 요소(공간, 시간, 힘, 흐름)를 활용하여 걷기 활동을 변형시켜 본다.
- 제자리에서 빠르게 혹은 느리게 걸어본다.

- 직선, 곡선, 지그재그 선을 따라 빠르게, 느리게 또는 가볍게, 무겁게, 키를 크게 해서, 키를 작게 해서, 거인처럼, 난쟁이처럼 걷는다.
- 재미있는 모양을 만들며 걸어본다.
- 걷다가 잠깐 멈추었다가 다시 걸어본다.
- 상상을 하면서 걷기: 눈 속, 비가 많이 내려 젖은 진흙 속, 모래 속을 걸어보는 활동을 한다.

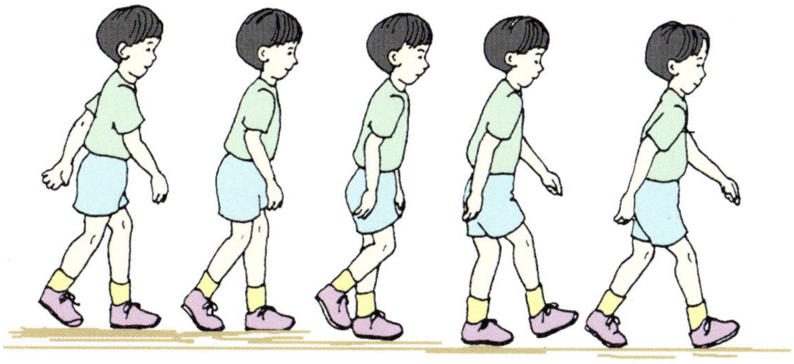

걷 기

자료: Gallahue & Ozmum (1982)

(2) 달리기

달리기는 몸을 순간적으로 공중에 뜨게 하며 몸의 무게를 한 발에서 다른 발로 옮기는 동작이다. 이때 신체는 약간 앞으로 기울고, 팔은 약간 굽히고 발과 반대쪽 팔을 흔들게 된다.

탐색 활동의 예

- 달리다가 신호 소리가 들리면 멈추고, 다시 신호 소리가 들리면 방향을 바꾸어 달린다.
- 상상을 하면서 다양하게 달리는 활동을 한다.
  - 잡기 놀이를 할 때, 농구할 때, 육상 경기할 때

달리기

자료: Gallahue & Ozmum (1982)

(3) 점프 (jump)

점프는 두 발 또는 한 발을 이용해서 날아오르듯 몸을 위로 올려 뛰는 것이다. 땅 위에서 튀어 오를 때 바닥과 마지막으로 닿는 부분이 발끝(toe)이며, 다시 바닥에 내려올 때는 발 뒤꿈치가 먼저 닿고 그 다음 발바닥 부분, 발 끝이 닿는다.

무릎은 바닥에 닿을 때의 충격을 흡수하기 위해 굽혀야 한다. 점프에는 높이뛰기(jumping for height)와 멀리뛰기(jumping for distance) 동작, 그리고 높은 곳에서 뛰어내리기(jumping from height) 동작 등이 포함된다.

점프(멀리뛰기)

자료: Gallahue & Ozmum (1982)

탐색 활동의 예

- 두 발 모아 뛰기, 한 발로 뛰기
- 점프하면서 앞, 뒤, 옆으로 방향 바꾸기

- 점프했다가 바닥에 내려올 때 한 발은 앞으로, 다른 발은 뒤로 하며 바닥에 닿기
- 물체에 닿도록 높이 뛰어보기(줄이나 벽에 동물 그림 등을 걸어 놓는다.)
- 동물이 뛰는 모습 표현: 토끼, 캥거루, 개구리
- 상상하면서 동작하기: 공이 튀어 오르는 모습, 큰 소리에 놀라 펄쩍 뛰는 모습

(4) 홉핑 (앙감질, hopping)

이 동작은 한 발에 몸의 무게를 주고 바닥에서 밀어 올리고 나서 같은 발이 다시 바닥에 닿는 것으로, 한쪽 다리를 들어올린 채 균형을 유지해야 한다.

탐색 활동의 예

- 팔을 많이 흔들면서 무릎을 높이하여 홉핑한다.
- 발을 바꾸어 홉핑한다.
- 바닥에 훌라후프를 놓고 안과 밖으로 홉핑한다.
- 긴 줄을 바닥에 놓고 한쪽에서 반대편 쪽으로 홉핑하며 끝까지 가본다.
- 앞, 뒤, 좌, 우로 홉핑한다.

홉 핑

자료: Gallahue & Ozmum (1982)

(5) 말뛰기와 미끄러지기

말뛰기(galloping)는 엇박자로 일어나는데, 한 발은 앞으로 걷고 다른 발은 달리기를 하며 바닥을 밟게 된다. 한쪽 다리를 앞으로 내밀고 다른쪽 다리를 앞으로 내민 다리에 빨리 끌어다 붙이는 것이다. 말이 뛰는 모습으로 움직이며, 유아가 말뛰

기를 할 때 손뼉이나 북을 사용하여 갤로핑 박자를 들려주면 쉽게 동작할 수 있다.

미끄러지기는 옆으로 갤로핑하는 동작과 같다. 한 발이 먼저 앞으로 나가면 다른 발은 따라잡듯이 동작하는 것으로 이 동작도 엇박자로 이루어진다.

말뛰기

미끄러지기

자료: Gallahue & Ozmum (1982)

탐색 활동의 예

- 여우와 사냥개 게임(Hammett, 1992)
  - 유아의 앞발은 여우, 뒷발은 사냥개라고 가장한다. 이때 신발 위에 여우 그림과 사냥개 그림을 붙여준다. 앞발(여우)은 언제나 멀리 달아나는 동작을 하게 되며, 뒷발(사냥개)은 좇아가는 동작을 하며 말뛰기를 해본다.

[사진 2-17] 여우와 사냥개 게임 자료

[사진 2-18] 말뛰기를 재미있게 할 수 있는 자료

- 교사가 유아의 뒤에 서서 같은 발을 내밀도록 하며 미끄러지기 동작을 이끌 수 있다.
- 교사가 유아와 마주 볼 때에는 반대편 발을 내밀며 미끄러지기 동작을 이끌 수 있다.
- 여러 유아들과 원을 만들어 손을 잡고 한쪽 방향으로 먼저 미끄러지기를 하고 다시 다른쪽 방향으로 바꾸어 동작한다.

(6) 뛰어넘기

뛰어넘기(leaping) 동작은 무릎과 발목에 힘이 더 많아지는 것 외에는 달리기와 유사하다. 뛰어오를 때에 무릎은 더욱 앞쪽으로 향하고, 멀리 한 발 뛰어 바닥에 내린다. 달리기보다 더 많은 공간과 힘이 요구되며, 뛰어넘기는 더 멀리, 더 높이뛰기 위해 달리기와 함께 이루어지기도 한다.

탐색 활동의 예

- 소도구(예 로프, 훌라후프 등)를 바닥에 놓고 뛰어넘기
- 상상 활동을 하면서 동작하기
  - 웅덩이 뛰어넘기, 장애물 뛰어넘기, 슈퍼맨이 되어 뛰어넘기, 숲 속에 쓰러져 있는 나무를 뛰어넘는 사슴이 되어보기

뛰어넘기

자료: Gallahue & Ozmum (1982)

(7) 스킵

스킵은 한 발짝 앞으로 걷고(step) 가볍고 빠르게 뛰어오르는(hop) 동작이 함께 일어나는 움직임이다. 뛰어오르는 동작보다는 걷는 동작에 더 강조를 두며, 한 발이 순간적으로 바닥 위로 올라가며 가볍게 미끄러지는 듯한 움직임으로 나타나며, 동시에 다른 발로 바꾸어 같은 동작을 반복한다.

유아가 처음에 한쪽 발로만 계속 스킵하는 것은 정상적인 발달 단계로 보아야 한다. 교사는 시범을 보이고 유아가 따라해 볼 수 있는 기회를 제공한다.

스 킵

자료: Gallahue & Ozmum (1982)

탐색 활동의 예

- 〈열 꼬마 인디언〉 노래를 다음과 같이 개사해서 다음의 활동을 해본다.
  - 2~3세 유아는 한 발 들고, 반대 발 들고, 연속해서 두 번 들어보고 등의 언어적 지시에 따라 활동해 본다.

- 3~4세 유아는 한쪽 발로 앙감질(hop)하고 다시 반대 발로 앙감질해 보도록 한다.
- 4~5세 유아는 걷고 뛰고(step-hop)를 연결해서 해본 다음 스킵해 본다.

꼬마 인디언

3) 조작적 동작

조작적 동작(manipulative movement)은 물체와의 관계에서 이루어지며 사물에 힘을 주고, 사물로부터 힘을 받게 되는 것을 뜻한다. 추진적 동작(propulsive movements)은 물체를 신체에서 멀리 떨어뜨리는 활동을 말한다. 던지기, 차기, 치기, 공 굴리기 같은 활동은 대표적인 조작적 동작이다.

흡수적 동작(absorptive movements)은 신체나 신체의 일부로 물체를 멈추게 하기 위해서 움직이고 있는 물체를 방해하는 자세를 말한다. 이러한 동작의 예로는 잡기가 있다. 조작적 동작은 일반적으로 동작의 다른 형태와 결합되어 사용된다.

예를 들어 추진적 동작은 뛰기(jump), 달리기, 흔들기(swing) 및 뻗기와 결합된다. 반면 흡수적 동작은 일반적으로 구부리기나 뛰기와 결합된다. 그러나 유아기에 있어서 조작적 동작은 동작의 형식에 그 초점이 있기보다는 물체의 조작을 통해서 공간 속에서 움직이는 물체와의 관계를 탐색하는 것에 중요점을 두어야 한다. 따라서 다음에서 제시되는 공을 다루는 활동 외에도 다양한 물체(예 리본 테이프, 스카프, 훌라후프, 리듬막대 등)를 다루는 활동이 첨가되어야 할 것이다.

[사진 2-19] 다양한 물체를 다루는 경험의 예

(1) 공 굴리기

굴리기는 던지기처럼 손을 사용하여 멀리 보내는 동작을 말한다. 다만 던지기가 공중으로 공을 보내는 것이라면 굴리기는 바닥으로 공을 굴려 멀리 보내는 움직임이라는 점에서 다르다. 공 굴리기(ball rolling)는 볼링이나 발야구 같은 게임에서 활용되기도 한다.

탐색 활동의 예

- 벽을 향해 다양한 크기의 공을 굴려본다.
- 플라스틱으로 된 병들(1.5리터 페트병)이나 볼링 핀을 바닥에 놓고, 처음에는 큰 공을 굴려서 맞추기를 하다가, 점차 공의 크기가 작은 것을 사용해 본다.
- 경사진 면을 이용하여 공 굴리기를 해본다.

(2) 던지기

던지기(throwing)는 손을 사용하여 물체를 공중으로 멀리 날려 보내는 동작이다. 영아기나 걸음마 시기에는 대부분 물체를 아래쪽을 향해 던진다. 점점 연령이 높아지면서 처음에는 두 손으로 밑에서 던져 올리다가(underhand throw), 다음에는 한 손으로 밑에서 던져 올리고, 마침내 어깨 위로 던지게(overhand) 된다. 던지기의 자세는 공(ball) 등 사물의 크기와 무게나 거리에 따라 달라진다.

낮은 연령의 유아들에게 던지기를 지도하고자 할 때에는 정확성에 초점을 두기보다는 던지는 동작에 익숙해지는 것에 초점을 맞추어야 한다.

던지기

자료: Gallahue & Ozmum (1982)

탐색 활동의 예

- 털실 뭉치 같은 작은 공을 벽을 향해 던져본다.
- 던지기 동작이 익숙해지면, 벽에 훌라후프를 걸어 놓고 그 후프 안에 들어가도록 던지기를 한다. 또는 큰 상자 안에 던져서 넣어 보도록 한다.
- 던지기 기술이 더 능숙해지면 목표물의 크기를 감소시킨다.

(3) 차기

차기(kicking)는 물체에 힘을 가하기 위해서 발을 사용하는 것이다. 차기에는 바닥에 정지되어 있는 공을 차는 동작과 공중에 올려진 공이 바닥에 닿기 전에 차는 동작이 있다. 공을 찰 때에는 대부분 발의 안쪽 면이나 발끝으로 차게 된다. 이 기술은 눈과 발의 협응, 신체 조절, 힘과 방향의 정확성을 요한다. 정확한 동작을 능숙하게 하기 위해서는 한 발로 서서 몸의 균형을 유지해야 한다.

처음에는 힘을 가하기 위해 몸의 다른 부분을 사용하지 못하고 발로만 찬다. 그런 다음 힘을 가하기 위해 몸을 약간 뒤로 젖히고 다른쪽 다리의 무릎을 굽히며 차는 다리를 뒤로 굽혔다가 앞으로 뻗으며 공을 차는 능숙한 단계가 된다. 거리를 조절하여 능숙한 차기 기술이 발달하도록 도와야 하며, 능숙한 동작이 발달되기 전에 차는 동작의 정확한 자세를 취하는 것에만 관심을 두는 지도는 옳지 않다.

탐색 활동의 예

Hammett(1992)는 유아가 공 차기를 실패하는 경험을 하지 않도록 비치볼(beach ball)을 사용하여 차는 동작을 시작하는 것이 좋으며, 유아가 원하는 발로 공을 차도록 허용해야 한다고 하였다.

- 비치볼을 차본다.
- 두 명의 유아는 긴 줄을 잡고 서 있고, 다른 유아들은 줄의 위쪽이나 아래쪽으로 공을 찬다.
- 차는 동작이 능숙해지면 고무공을 사용한다.

차기 A: 바닥에 정지해 있는 공 차기

차기 B: 공중으로 들어올려진 공 차기

자료: Gallahue & Ozmum (1982)

(4) 치기 (hit)

도구(나무 라켓이나 야구 방망이)를 사용해서 사물에 힘을 가하는 동작이다. 이 동작은 날아가는 사물을 시각적으로 추적하는 기술이 미숙한 유아에게 눈과 손을 협응시켜 멀리 던져보는 기술을 발달시킨다. 이때 사용하는 도구의 길이에 따라 치기에 어려움이 따르기도 한다.

따라서 적절한 도구들로 바꿔가면서 '치기'를 경험해 보도록 한다. '치기' 동작은 야구, 테니스, 배드민턴, 골프 같은 활동에서 필요한 기술이다. 각각의 운동 기술은 독특한 기교를 가지고 있으며, 각기 다른 장비를 필요로 한다. 그러나 기본적으로 공을 치는 동작은 일정한 방법으로 발달한다.

탐색 활동의 예

- 공이 움직이지 않게 놓을 수 있는 얕은 구멍 위에 공을 올려놓고 라켓으로 친다.
- 유아가 정지하고 선 상태에서 움직이는 사물(공중으로 올려친 비치볼)을 라켓으로 친다.
- 사물의 움직임에 따라 유아 자신도 몸을 움직여 가며 라켓으로 사물을 쳐본다.

치 기

자료: Gallahue & Ozmum (1982)

(5) 공 되받아 치기

'공 되받아 치기(volleying)'는 손을 어깨 위로 올려서 치는 동작의 한 형태로, 농구나 배구에서 많이 사용되는 기술이다. 이 동작을 연습하기 위해서는 실제 농구공이나 배구공 같은 것을 사용하기 전에 풍선이나 비치볼 같은 것을 사용해 보도록 한다. 이 기술은 시각적으로 공을 계속해서 추적하는 기술이 필요하다.

탐색 활동의 예

- 풍선이나 비치볼처럼 색깔이 있고 가벼운 공을 사용한다.
- 크고 작은 풍선들을 두 손으로 위로, 앞으로 계속해서 쳐본다.
- 한쪽 손만 이용해서 공을 쳐내는 동작을 한다. 처음에는 주로 사용하는 손으로, 그 다음에는 잘 사용하지 않는 손으로 해본다.

공 되받아 치기

자료: Gallahue & Ozmum (1982)

(6) 공 잡기

잡기(catch)는 던져진 물체를 멈추게 하기 위해서 손을 사용하는 것이다. 잡기는 밑에서 받기와 위에서 받기의 두 가지로 나눌 수 있으나 이 둘은 기본적으로는 같은 기술이다. 주된 차이점은 물체와 부딪치게 되는 손의 자세이다. 밑에서 받기는 물체를 허리 아래에서 잡게 될 때 사용된다. 손바닥과 손목은 위쪽으로 향하게 된다.

물체가 허리 위쪽에 있을 때는 손바닥은 몸에서 멀리 떨어져서 날아오는 물체를 향하게 된다. 자신에게 날아오는 공에 두려움을 느끼는 유아는 잡기 동작을 아주 어려워한다.

그러므로 부드럽고 가볍고 색깔이 있는 물체(스카프, 팥주머니, 풍선, 헝겊공)나, 크더라도 부드러운 공(㉢ 비치볼)을 사용해서 날아오는 물건에 대한 두려움을 경감시키거나, 날아오는 물체를 시각적으로 더 쉽게 추적하도록 한다.

탐색 활동의 예

- 처음에는 바닥에 튀겼다가 오르는 공을 잡는 동작을 한다.
- 공을 정확히 던져 주어 공 잡는 동작이 즐거운 경험이 되도록 한다.
- 공을 공중으로 올려서 치는 동작(toss)을 해본다.

공 잡기

자료: Gallahue & Ozmum (1982)

3 창의적 동작 표현 활동

1) 창의적 동작 표현 활동의 개념

창의적인 동작 표현은 춤의 한 형태로 유아가 동작을 통해서 새로운 생각을 창출해내고, 자신의 생각을 다른 사람에게 전달하도록 도와주는 것이다. 움직임을 통해서 유아는 심미적 발달을 도모하고, 리듬을 느끼며, 음악, 시, 타악기의 박자 등을 즐기며 익힐 수 있다. 이러한 창의적인 동작 표현은 유아기에 특히 적합한 것으로, 교사를 모방하는 것이 아니라, 유아 스스로 춤을 발견하는(discovering the dance) 활동을 뜻하는 것이다(Stinson, 1988). Rugg(1963)도 창의적 동작에 내재되어 있는 특성인 '생각을 느끼며(feel thought) 춤을 발견해 나가는 과정'은 유아가 자아를 인식하고, 주변 환경을 이해하는 중요한 방법이라고 하였다.

즉, 창의적 동작 표현 활동은 유아에게 생각과 상상을 할 수 있는 다양한 기회를 제공해 주며, 자신의 생각과 느낌을 자유롭게 표현할 수 있는 기회를 제공하는 교육 활동이라 할 수 있다. 그러므로 창의적 동작 활동을 시행할 때 교사는 유아가 자기 표현을 할 수 있도록 허용해 주고, 다양한 방법을 모색해 볼 수 있도록 안내해 주며, 유아의 시도와 도전을 격려해 주어야 한다.

유아가 창의적으로 움직일 수 있도록 유아의 상상력을 자극하는 이야기나 사건 등의 다양한 소재를 활용하고, 창의적으로 움직일 수 있도록 적절한 질문을 해서 생각한 것을 신체로 어떻게 표현할 수 있을지 깨닫도록 도와주어야 한다. 창의적 동작이란 완성해야 하거나 올바로 연습해야 하는 일정한 형식이 있는 것이 아니라 (Mayesky, 2002), 탐색 과정을 통해 유아 나름대로의 독특한 표현을 나타내는 활동인 것이다.

특히 동작의 교육 내용인 기본 동작과 기본 요소는 응용 동작의 하나인 동작 표현의 기초로서 활용된다. 실제로 모든 기본 동작들은 동작을 통해 느낌과 감정을 표현하는 유아의 능력을 신장시키며 확장시키는 것이다. 따라서 표현적인 동작의 초점은 단순히 특별한 동작-돌기나 혹은 균형 잡기-을 수행한다는 의미가 아니라, 유아가 신체를 활용하여 느낌과 생각을 표현하는 것에 더 큰 비중을 둔다.

예를 들어 유아가 기본 동작인 돌기를 잘 할 수 있게 되면, 계속해서 돌기의 여러 가지 다른 특성-느리고 주저하는 듯한 돌기, 혹은 빠르며 갑작스러운 돌기 등-들을 실험해 보기 시작한다. 결국 돌기의 이와 같은 특성들은 내적인 감정이나 태도를 표현하는 데 사용될 수 있다. 즉, 느리며 주저하는 듯한 돌기는 슬픔이나 불확실함을 묘사하는 데 사용되며, 갑작스럽고 빠른 돌기는 분노, 좌절, 기쁨 등을 표현하는 데 사용될 수 있다.

창의적 동작 표현 활동은 다음과 같은 두 가지 유형으로 구성할 수 있다.

첫째, 음악을 활용한 동작 활동이다. 이는 다시 음악의 요소에 초점을 맞추어 움직여 보는 방법과 음악의 제목이나 분위기 및 줄거리에 초점을 맞추어 움직여 보는 방법으로 나누어 볼 수 있다. 음악을 중심으로 하는 창의적 동작 표현 활동도 처음에는 간단한 리듬에 맞추어 유아 자신의 느낌을 단순하게 표현하는 활동을 경험하도록 하고, 차츰 음악의 요소들이 조화된 좀더 긴 음악을 들려주고 그에 따라 다양한 상상을 신체로 표현해 보도록 한다.

둘째, 짧은 이야기나 동시를 듣고 상상하여 동작으로 표현하는 활동인 그림책을 활용하는 방법이다. 문학 작품이나 이야기를 중심으로 하는 창의적 동작 표현 활동의 소재는 사람, 사물, 동물, 자연 현상 등으로 매우 다양하다. 동작 활동에 활용되는 문학 작품이나 이야기는 유아가 이해할 수 있는 내용이어야 하며, 초기에는 단순한 행동이나 상황을 표현하는 활동들을 경험하도록 하고, 익숙해지면 더 긴 내용의 이야기를 중심으로 창의적 표현을 하도록 이끈다. 이야기를 동작 교수 방법에 활용하기 위해서는 다양한 동작 동사나 표현이 포함되어 있는 책을 선정하거나, 이야기에 특별한 이동 동작이나 비이동 동작을 포함시키거나 줄거리를 확장시킴으로써 이야기를 재구성하여 제시할 수 있다.

2) 창의적 동작 표현 활동의 유형

(1) 음악을 활용한 창의적 동작 표현 활동

음악에 맞추어 동작 활동을 진행하는 방법은 대단히 다양하다. 그러나 여기에서는 구조적 리듬 활동과 반구조적 리듬 활동 및 비구조적 리듬 활동의 세 가지로 나누어 살펴보겠다.

구조적 리듬 활동(structured-rhythmical activity)이란 교사가 유아를 위해 음악에 맞추어 움직임의 형태를 보여주거나 움직임을 위해 특별한 제시를 하거나 노랫말이나 노래 제목에 맞도록 정해진 동작을 하는 활동을 말한다.

유아는 모방을 통해서 많은 것을 배우며, 모방하는 경험을 통해 음악적 반응과 동작 반응을 이끌어낼 수 있게 되며, 이는 창의적으로 움직일 수 있는 바탕을 마련하는 것이다. 예를 들어 '옆에 옆에 옆에 옆으로~' 나 '머리 어깨 무릎 발~' 과 같이 노랫말 자체에 이미 동작 표현적인 용어가 들어 있어서 그대로 따라할 수 있는 활동이나, 노랫말에 따라 상징적인 신체 동작을 교사가 임의로 정해놓은 활동(㉮ 반짝반짝 작은 별)은 구조적 리듬 활동이라 할 수 있다.

반구조적 리듬 활동(semistructured-rhythmical activity)이란 교사가 한 가지 동작 활동 내에 사용될 기초 동작에 대한 제시를 주고, 일정 부분은 유아가 창의적 동작을 구성해 보거나 자유롭게 움직여 보는 활동을 말한다.

즉, 반구조적 리듬 활동은 일정한 소절까지는 교사가 동작을 만들어 놓고 노랫말의 부분부분은 유아가 동작을 만들어 보도록 하는 것으로 '비눗방울(만화영화 〈둘리〉 삽입곡)'과 같이 노랫말과 노랫말이 없이 음향으로만 이루어진 부분이 일정 부분 반복적으로 나타나는 형태의 음악이 적당하다.

유아들은 다른 유아들과 함께 의논하여 여러 가지 다양한 동작을 만들어 볼 수도 있고, 각각의 유아가 나름대로 자유롭게 움직여 볼 수도 있다. 이는 구조적 리듬 활동보다는 좀더 창의적인 활동이라고 할 수 있다.

비구조적 리듬 활동 혹은 동작 활동은 음악을 이용하여 유아의 사고를 자유롭게 표현하도록 하는 가장 대표적인 활동이다. 대부분의 비구조적 동작 활동에는 음악－목소리, 타악기, 레코드 음악, 그 밖의 음악－이 사용된다. 음악은 움직임에 대한 아이디어, 동작의 빠르기나 리듬, 움직임을 일으키게 하는 독특한 분위기를 제공해 준다.

움직임을 지시하는 교사의 목소리를 다양하게 변화시킴으로써 유아들의 반응을 다양하게 이끌어 낼 수 있다. 예를 들어 '철썩'이라는 단어를 크고, 빠르고, 날카로운 목소리로 했을 때와 부드럽고, 느리고, 조용하게 했을 때에 유아의 움직임은 분명히 차이가 있다. 또한 교사의 목소리는 동작 활동을 유도하고자 할 때 노래를 부를 때 사용될 수 있다. 예를 들어 '거미가 줄을 타고 올라갑니다'와 같은 노래를 부르면서 올라갈 때와 내려갈 때의 목소리에 변화를 줌으로써 유아는 동작의 높낮이를 변화시키며 움직일 수 있다.

교사의 목소리뿐 아니라 유아의 목소리도 자극물로 사용될 수 있다. 세탁기의 움직임을 신체로 표현하면서 유아는 자신들의 목소리를 이용하여 세탁기가 움직일 때에 나는 소리를 묘사할 수 있다.

여러 가지 타악기류는 동작 활동에 대단히 흥미로운 자료가 될 수 있다. 동작 활동을 계획하면서 큰북의 강한 박자, 트라이앵글의 가볍고 공중을 떠다니는 것 같은 소리, 마라카스를 이용하여 빠르면서 떨리는 소리를 적절히 활용함으로써 동작 활동을 더 풍요롭게 만들 수 있다. 드럼, 트라이앵글, 우드블록, 마라카스 등의 전통적인 타악기 외에 유아가 만든 타악기를 이용한 재미있고 이상한 소리를 동작 활동에 사용하는 것도 한 가지 방법이 될 수 있다. 타악기를 이용하여 동작 활동을 하기 위해서는 악기를 치고, 긁고, 흔드는 방법에 미리 익숙해져야 한다.

동작 활동에 활용할 수 있는 음악 목록을 작성해 보는 것도 도움이 된다. 음악을 선정할 때에는 박자가 분명한 음악, 느리고 지속적이거나 혹은 빠른 동작을 할 수 있는 다양한 빠르기의 음악, 스킵, 달리기, 점프하기와 같이 다양한 리듬을 경험할 수 있는 음악, 조용하거나 시끄러운 분위기를 경험할 수 있는 음악, 상상이나 느낌을 불러일으킬 수 있는 음악, 다양한 문화와 시대를 경험할 수 있는 음악, 다양한 장르–클래식, 재즈, 뉴에이지, 록, 보컬, 유아용 음악, 현대 음악, 민속 음악 등–의 음악이 목록에 첨가되어야 한다.

교사는 활동에 적용하기 위해 선정한 음악을 철저히 파악하고 있어야 하며, 음악을 사용할 때에는 음량이 적절해야 하고, 활동과 잘 어우러져서 적절한 순간에 음악이 정확하게 시작되어야 한다. 유아가 활동을 하려고 준비하고 있는데 음악이 적절한 순간에 시작되지 않거나 기기가 작동되지 않으면 활동에 흥미를 줄 수 없다.

다음은 음악의 요소를 중심으로 동작 활동을 진행하거나 음악 그 자체를 활용하여 동작 활동을 진행하기 위해 교사가 알아야 할 내용과 방법이다.

1 음악의 요소를 활용한 동작 활동

유아는 주변에서 듣게 되는 여러 가지 소리에 대한 경험과 자신의 목소리나 도구를 가지고 내보는 연주 경험과 음악에 대한 창의력을 개발하면서 나름대로 음악의 개념을 발달시켜 나간다. Nye는 유아기에 다루어야 할 개념을 음악의 표현적 요인과 구성적 요인으로 나누어 제시하였다. 표현적 요인은 음(tone) · 템포(tempo) · 강약(dynamics)을 말하며, 구성적 요인은 리듬(rhythm) · 장단(duration) · 가락(melody) · 높낮이(pitch) · 음색 · 형식(form)을 말한다(이영자 · 이기숙, 1987).

Pica(1995)는 운동 발달과 같이 음악의 발달에도 유아 나름대로의 발달 단계가 있으며, 발달 단계에는 일정한 순서가 있지만 그 단계에 도달하는 시기에는 차이가 있음을 제시하고, 이를 음악적 경험과 음악적 요소로 나누어 설명하고 있다.

음악적 경험은 듣기 · 노래 부르기 · 연주하기 · 창작하기 등으로 나눌 수 있으며, 음악적 요소에는 템포 · 음량 · 스타카토와 레가토(단음과 연결음) · 피치 · 작은 악절 · 음악 형식 · 분위기 · 리듬을 포함시키고 있다.

특히 음악적 요소는 유아가 동작을 통해서 탐색할 때에 복합적인 감각 기관을 사용하여 각각의 개념을 더 잘 이해하도록 도와줄 수 있으며, 그 효과도 더 지속적이다. 음악과 동작은 서로 상호 의존 및 보완적 역할을 하기 때문이다.

Mayesky(2002) 역시 음악을 사용하지 않고 동작 활동에 참여해 보는 것도 중요하지만 음악을 사용함으로써 동작 활동이 더 풍요로워지고, 동작 탐색이 확장되며,

더 즐거운 활동이 될 수 있으므로 교사가 음악적 요소를 이해하는 것이 중요함을 강조하고 있다.

다음에서 음악적 요소를 동작의 기본 요소인 시간 · 흐름 · 힘 혹은 무게 · 공간과 관련하여 간단히 알아보겠다(Pica, 2004).

❶ 템포

템포(tempo)는 음악이 진행되는 속도를 말하며, 동작 요소 중의 하나인 시간과 관련이 있다. 유아에게 템포를 알려주기 위한 방법은 빠르기가 완전히 다른 곡, 즉 아주 느린 박자와 아주 빠른 박자를 비교해서 들려주는 것이다. 유아는 템포가 다른 두 종류의 음악을 들으며 빠르게 또는 느리게 움직여 본다.

일단 유아가 템포에 대한 개념을 이해하고 음악에 맞추어 빠르게 혹은 느리게 움직일 수 있으면, 두 가지가 반복해서 나타나는 음악을 들려준다.

계속해서 좀더 복잡한 개념인 처음에는 느리게 시작했다가 점점 빨라지는 아첼레란도(accelerando, 점점 빠르게)나 점차적으로 속도가 느려지는 리타르단도(ritardando, 점점 느리게) 같은 용어를 도입하고 이러한 개념이 포함된 음악에 맞추어 움직여 본다.

❷ 음량

음량(volume)은 강약(dynamics)의 범주에 속하는 것으로, 음의 강세(accent)가 포함되는 소리의 힘을 말한다. 음량은 우렁차게 큰소리와 부드럽고 약한 소리로 대별될 수 있다. Haines와 Garber(1999)는 대부분의 사람들은 우렁차게 큰 소리와 크거나 높은 동작, 부드러운 음악과 작고 낮은 동작을 적절하게 연합시키지 못한다고 지적했다. 음량은 동작의 상대적 강함이나 혹은 약함, 즉 동작의 딱딱함이나 부드러움과 좀더 비슷하기 때문에, 오히려 동작의 힘(force)의 요소와 밀접한 관련이 있다.

음악이 부드러우면 근육의 긴장을 풀고 움직이며, 반대로 음량이 크면 더 크고 강한 동작을 하게 된다. 유아에게 음량의 개념을 소개할 때에도 대조적인 방법을 사용하는 것이 좋다. 처음에는 부드럽게 시작했다가 점점 강해지는 크레센도(crescendo)나 점차 음량이 줄어드는 데크레센도(decrescendo)의 개념을 알려주고 그에 따라 몸을 움직여 보게 한다.

❸ 레가토와 스타카토

레가토와 스타카토(legato & staccato)는 동작의 요소 중에 흐름과 관련이 있는 것으로, 음이 짧게 끊어지거나(스타카토), 부드럽게 연결되는 것(레가토)을 말한다. 특히 레가토(연결음)는 유연한 흐름(free flow)과 일치하는 것으로 음악이 끊어짐이 없이 유연하게 연결되어 연주되는 것을 말한다. 스타카토(단음)는 탄력 있는 흐름(bound flow)과 관련이 있는 것으로 음이 탁탁 끊어지듯이 연주되는 것을 말한다.

교사는 준비된 음악을 틀기 전에 "지금 선생님이 교실 가득 비눗방울을 불어놓을 것" 이라고 이야기한 후 비눗방울을 불어넣는 시늉을 하고 "자, 이제부터 너희들이 음악에 맞추어 비눗방울을 터트려 보자" 라고 이야기한다. 음악이 나오면 손가락이나 팔꿈치 혹은 머리 등 신체의 부위를 이용하여 비눗방울을 터트리는 시늉을 하며 탄력 있는 움직임을 경험시킨다. 이번에는 유아들 서로 손을 잡게 하고 음악을 틀어준 후 음악이 끝날 때까지 계속 이어지는 동작을 해보도록 한다. 마치 응원할 때 '파도타기' 를 하듯이 한다.

❹ 피치

피치(pitch)는 음의 높낮이를 말한다. 이 개념은 동작의 기본 요소 중에 공간에서의 높낮이를 말하는 수준(level)의 개념과 연결시켜 볼 수 있다. 이러한 개념을 동작과 관련하여 유아에게 도입하려면, 우선 음의 고저가 분명한 음악을 선택하여 들려주고, 높은음이 들리면 몸을 어떻게 움직였으면 좋겠는지 혹은 낮은음이 들리면 어떻게 할지 이야기해 보고 몸으로 표현해 본다.

❺ 작은 악절

하나의 작은 악절(phrases)은 4~6개의 마디로 이루어져 있으며, 음악적 사고나 아이디어를 표현하는 것으로, 하나의 작은 악절은 하나의 문장과 유사하다.

작은 악절에 대한 개념을 유아에게 알려주는 가장 좋은 방법은 음악을 많이 듣게 하는 것이다. 그리고 친숙한 노래를 부르면서, 작은 악절 사이에 잠깐 쉬면서 이 개념을 인식하도록 한다. 일단 작은 악절에 대한 개념을 유아가 파악하게 되면, 노랫말에 맞추어 동작을 해보도록 한다.

작은 악절에 대해 완전히 이해하게 되면 음악을 들으며 움직이다가 작은 악절이 변하는 곳에서 동작을 바꾸거나 방향을 바꾸는 방법을 적용해 볼 수 있다.

❻ 음악 형식

음악 형식(form)은 음악을 구성하고 있는 작은 악절들의 전체적인 설계이다. 유아가 작은 악절을 이해하게 되면 반복해서 노래 부르는 절인지 혹은 아주 다른 절인지를 알게 되고, 동작으로 반응할 수 있게 된다.

반복적인 소절에서는 동작을 반복하게 하고, 대조적인 형식의 작은 악절에서는 대조적인 동작(예 강하고 약하고, 작고 크고, 앞쪽으로 뒤쪽으로)을 해보도록 한다.

❼ 분위기

음악은 느낌을 전해준다. 유아는 제일 먼저 음악의 분위기(mood)를 파악하고 그에 반응한다. 이러한 능력은 아직까지 유아의 듣기에 대한 민감성이 줄어들지 않았기 때문이며, 그에 따른 신체적 반응에 대한 열정이 줄어들지 않았기 때문이다. 유아는 경쾌한 음악을 들으면서 깡충깡충 뛰기도 하고 즐겁게 스킵을 하며 춤을 추기도 한다. 또는 Baber의 〈현을 위한 아다지오〉와 같은 음악을 듣고 슬픈 감정을 나타내려고 조용하고 느리게 움직이기도 한다.

교사는 음악의 분위기에 대한 개념을 알려주기 위해서 각기 다른 음악이 유아에게 어떠한 느낌을 주었는지 함께 이야기해 보고, 왜 그러한 움직임을 했는지에 대해서도 함께 이야기 나누어 보는 것이 좋다.

❽ 리듬

리듬(rhythm)은 박자(beat & meter)의 개념을 포함한다. 음악에서 박자는 하나의 작품 전반에 걸쳐서 들리거나 혹은 느껴지는 반복적인 형태를 취한다. 그러나 아주 어린 유아는 박자에 맞추어 몸을 움직이는 능력이 발달 측면에서 준비가 되어 있지 않다.

이러한 개념을 가르치고자 할 때에는 유아의 리듬에 맞추기 위해 악기를 사용하는 것이 좋다. 유아가 걷고 달리고 말처럼 뛰는 모습을 보면서, 유아의 움직임에 맞추어 작은북을 쳐주는 것이다. 유아가 동작을 바꾸면, 박자도 바꾸어 준다. 이렇게 하므로 해서 유아는 자신에게 리듬을 창출해 내는 책임이 있음을 알게 되며, 이런 활동의 반복을 통해서 결국 박자에 맞추어 움직일 수 있게 된다.

2 음악을 활용한 동작 활동

이 활동은 음악이나 음향이 주가 되며, 음악적 요소에 대한 이해를 신체로 표현해보는 활동과 그 음악의 느낌과 분위기를 신체로 표현해 보는 활동으로 나눌 수 있다. 음악에 맞추어 움직이기 위해서는 음악을 잘 듣고 그 요소를 인식하는 과정이 선행되어야 한다. 따라서 음악을 잘 들을 수 있도록 하는 것이 중요하다. 음악의 선정 시에도 음악의 요소들이 분명히 드러나는 곡을 선정하여 들려주고(㉔ 빠른 곡과 느린 곡, 행진곡과 자장가, 높은음의 곡과 낮은음의 곡), 음악을 들으니까 어떤 느낌이 드는지, 음악이 어떻게 달라지는지, 무엇을 말하는 것 같은지 등에 대해 이야기해 보아야 한다. 이렇게 함으로써 하나의 음악(음향)에 얼마나 다양한 이미지를 떠올릴 수 있는지 또 같은 이미지에 얼마나 다양한 활동을 할 수 있는지를 발견하고, 표현하고, 감상함으로써 사고의 유연성과 다양성, 창의성을 신장시키고 표현력을 증진시킬 수 있다.

음악에 따른 창의적 신체 표현 활동은 다시 '음악의 제목에 따른 활동'과 '음악의 제목에 구애됨이 없는 활동'으로 나누어 볼 수 있다(최혜로, 1994).

❶ 음악의 제목에 따른 활동

어떤 음악이나 음향을 들려주며 "이 음악을 만든 사람은 ○○을 생각하며 이 음악을 지었다" 또는 "이 소리는 ○○소리다"하고 음악(음향)의 제목을 미리 이야기해 준다. 그러나 같은 음악을 듣고 또 음악의 제목을 미리 알고서도 그 음악에서 느끼는 구체적인 느낌과 이미지는 사람마다 다르므로 유아의 반응을 충분히 수용하여야 한다.

활동의 예 1

활동명 팝콘

준비물

〈팝콘 뮤직〉 카세트 테이프(활동 중심 교육과정 테이프, 중앙대학교 부속유치원 편, 1989), 큰북, 소고, 캐스터네츠, 흰 천 등 표현 자료

활동방법

- 〈팝콘 뮤직〉을 듣는다.
- "이 음악을 지은 사람은 팝콘을 생각하며 이 음악을 만들었단다."라고 말해주고 음악 속의 팝콘은 어떤 상황 속에 있으며 어떤 몸짓을 하고 있을지 생각하며 들어보자고 이야기해 준다.
- 다시 한 번 음악을 들려주고 느낌을 이야기해 본다.
  "냄비에 옥수수를 넣어요."
  "냄비가 달아올라요."
  "팝콘이 튀겨지기 시작해요."
  "막 튀겨져요." 등
- 음악의 변화에 따라 팝콘의 몸짓은 어떻게 달라질지 생각해 본다.
- 탐색한 것을 발표한다. 다른 유아의 표현을 주의 깊게 감상하고 비교한다.
- 모둠을 나누어주고
  "이 모둠은 손가락 하나가 팝콘이 되어 보세요."
  "이 모둠은 두 주먹이 팝콘이 되어 표현해 보세요."
  "이 모둠은 머리가 팝콘이 되어 표현해 보세요."
  "이 모둠은 온몸이 팝콘이 되어 표현해 보세요."
  "이 모둠은 두 다리가 팝콘이 되어 표현해 보세요."
  등으로 이야기해 주어 각 신체로 다양하게 팝콘을 표현한다.
- 다른 모둠의 표현을 감상, 비교, 모방한다.
- 표현 활동이나 감상 활동 중에 생긴 새로운 아이디어를 발표한다.
- 어떤 표현 자료가 있으면 더 효과적인 표현이 될지 생각해 본다(큰북, 소고, 캐스터네츠, 몸을 휘감을 수 있는 흰 천, 흰 옷 등).
- 음악에 따라 표현 자료를 이용하여 다양한 팝콘을 자유롭게 표현한다.

활동의 예 2

활동명 나비

준비물

〈나비〉 카세트 테이프(활동 중심 교육과정 테이프, 중앙대학교 부속유치원 편, 1989), 다양한 표현 자료

활동방법

- 〈나비〉 음악을 듣는다.
- 음악의 제목이 '나비'라는 것을 말해 주고 음악을 다시 들으며 이 음악 속의 나비가 무엇을 하고 있을지 이야기해 본다.
  "고치 속에서 나오려고 해요."
  "꿈틀거리는 것 같아요."
  "막 뚫고 기어 나오는 느낌이에요."
  "나왔어요, 날개를 펴고 날기 시작해요."
  "막 날아다녀요."
  "이 꽃 저 꽃으로 왔다갔다해요."
- 이후의 활동은 활동의 예 I '팝콘'에 준해서 한다. '바람', '폭풍우', '로봇', '인형들의 춤' 등 여러 가지 음악이나 음향이 이 활동에 활용될 수 있다.

❷ 음악의 제목에 구애됨이 없는 활동

어떤 음악(음향)을 들려주되 음악의 제목에 구애됨이 없이 음악(음향)에 대한 유아의 느낌이나 생각을 아무런 제재 없이 자유롭게 표현하는 활동이다.

하나의 음악을 듣고 각자가 얼마나 다른 것들을 느끼고 생각할 수 있는지 또 본래 그 작곡자가 의도했던 것과 상관없이 그 많은 생각들이 그 음악(음향)의 분위기나 느낌과 얼마나 일치하는지 알아보고, 표현하는 기회를 얻는다.

활동의 예 1

곡 명 낙엽

준비물

〈낙엽〉 카세트 테이프(활동 중심 교육과정 테이프, 중앙대학교 부속유치원 편, 1989)

활동방법

- '낙엽' 음악을 듣는다.
- 어떤 느낌이 드는지 이야기 나눈다.
  "구슬이 굴러 가는 것 같아요."
  "물방울이 굴러다니는 것 같아요."
  "마녀 할멈이 빗자루를 타고 날아다니는 기분이 들어요."
  "4차원의 세계로 빠지는 느낌이에요."
  "낙엽이 바람에 날리는 것 같아요."
  "나뭇잎들이 바람에 흔들리는 것 같아요."
  (* '낙엽'에 관한 이야기가 나오더라도 "그래, 이 음악의 제목은 낙엽이야."라는 식의 반응은 보이지 않는다.)
- 느낌을 이야기한 유아들이 나와서 음악에 맞추어 자신의 느낌을 신체로 표현한다.
- 다른 유아들의 표현을 주의 깊게 감상하며 비교한다.
- 같은 음악을 듣고도 각자의 느낌은 얼마나 다른지 또 서로 다른 느낌과 생각들이 그 음악의 분위기와 어떻게 부합되는지 이야기 나누어 본다.
- 다른 유아의 표현을 모방하고 새로운 아이디어를 실험, 재발표한다.
- 비슷한 느낌을 가진 유아들끼리 모여서 모둠을 만들어 같이 표현하게 한다.
- 주위에 있는 사물들을 즉흥적으로 표현 자료로 사용해 본다.

활동의 예 2

곡 명 기계 부품

준비물

〈기계 부품〉 카세트 테이프(활동 중심 교육과정 테이프, 중앙대학교 부속유치원 편, 1989), 다양한 표현 자료

활동방법

- '기계 부품' 음악을 듣는다.
- 어떤 느낌이 드는지 이야기 나눈다.
  "우주인이 신호를 보내는 것 같아요."
  "간첩의 무전기 소리예요."
  "로봇들의 행진 소리 같아요."
  "난쟁이 요정들이 춤추는 느낌이에요."
  "우주 여행하는 기분이에요."
- 이후의 활동은 활동의 예 I '낙엽' 에 준해서 한다.
- 이 밖에 어떤 음악이나 음향도 이 활동에 활용될 수 있다.

(2) 그림책을 활용한 동작 표현 활동

이야기는 유아의 일상생활 가까이에서 삶을 풍요롭게 해주며, 표상의 좋은 소재가 된다. 상상력이 풍부한 유치원 연령의 유아는 꿈과 환상적 이야기로부터 쉽게 감흥을 받고 그 느낌이나 심상(imagery)을 나타내기 위하여 다양한 표상 도구를 사용한다. 낮은 연령의 유아일수록 언어적 표현보다 동작적 표현을 더 잘 사용하는 경향이 있다. 또한, 전조작기 유아는 발달 특성상 마술적인 사고를 하기 때문에 이야기에 내재되어 있는 환상적 요소는 유아의 흥미를 유발시키고 이야기에 몰입하게 한다. 특히 유아는 반복적인 대화, 리듬감이 내포되어 있는 이야기 혹은 행동어(action words)가 나타나 있는 이야기에 흥미를 느낀다(Sutherland & Arbuthnot, 1991). 이야기 속의 리듬과 반복, 생동감 있는 언어 등은 유아에게 청각적 즐거움을

제공하며, 이야기의 내용도 쉽게 이해하도록 한다.

유아의 발달에 적합한 이야기는 유아의 상상력을 마음껏 풀어놓도록 하며, 자신이 생각하고 있는 바를 표현하는 데 자신감을 불어넣어 준다. 그림책을 활용한 동작 교육은 유아의 동작 어휘력뿐만 아니라, 신체 인식과 신체 조절 기술, 창의적 신체 표현 능력을 증진시킬 수 있다. 이야기를 몸으로 재현하는 것은 고도로 지적인 활동이며, 이러한 과정을 수행하면서 여러 가지 목표를 달성할 수 있게 된다. 따라서 유아가 동작을 통해서 자신들의 생각이나 아이디어를 표현할 수 있도록 도와주기에 적절한 이야기를 선택함으로써 효과적인 수업을 이끌어 나갈 수 있을 것이다.

예를 들어 John Burningham(1996)의 《구름 나라》라는 동화를 듣고, 다양한 구름 모양을 신체로 표현해 보고, 구름 위에서 할 수 있는 놀이를 창안한 후에 제스처 게임을 통해 상대방에게 전달하는 활동을 함으로써, 이야기의 이해 및 회상 능력이 증진될 수 있다(김은심, 1998).

한편 Purcell(1994)은 교사가 시나 이야기를 동작 표현에 효과적으로 사용하기 위해 여러 가지 제안을 한 바 있으며, 그 중 춤을 만들어 내기 위한 영감으로서 시를 사용하려면 동작이 가능한 사건이나 느낌 및 행동에 대한 목록을 만들어 보는 것이 활동을 원활하게 하는 데 도움이 된다고 하였다. 또한 처음 들려주는 시나 이야기는 여러 번 반복해서 읽어주는 것이 유용하며, 이해를 돕기 위해 시에 대해 함께 이야기 나누는 과정도 필요하다고 하였다. 특히 동작 표현을 위해 한 편의 시나 이야기를 전부 사용할 필요가 없으며 필요에 따라 일부분을 발췌하여 사용할 수 있어야 한다고 하였다.

Rodger(1996)는 동작 교육이 특정한 시간 내에 이루어져야 하는 것이 아님을 강조하면서, 여러 가지 다른 활동들과 연관하여 표현 활동이 이루어질 때에 그 효과가 매우 클 것이라고 하였다. 특히 유아는 이야기 듣기를 매우 좋아하며, 따라서 교사는 동화(동시)를 동작 활동에 적용하는 방안을 강구하여야 할 것이라고 하였다. 이때 동화는 동적인 등장인물들이 있고, 반복적이며 특징적인 인물이 있는 것이 좋다. 이는 유아를 위한 문학 선정의 기준과 흡사한 것이다. 동화를 동작 활동에 활용할 경우에는 동화를 다 듣고 난 후에 할 수도 있고, 동화를 들으며 동작 활동을 병행할 수 있다.

Lee(1993)는 시, 이야기, 그림, 사물, 수학적 · 과학적 개념 및 추상적 아이디어를 발판(springboard)으로 사용하여 유아의 표현 활동을 도울 수 있다고 하였다. 이때 교사가 아이디어를 사용하여 표현 활동을 도우려면 수업을 하기 전에 제시할 내용의 본질이 무엇인지 발견하기 위해 분석하고, 동작 활동의 요소와 관련시킨 후 수업을 계획할 필요가 있다고 한다. Lee는 동작 수업을 준비 단계, 아이디어에 초점을 맞추는 단계 등의 두 단계로 나누어 실시하였다. 이때 아이디어는 공간(space), 시간(time), 힘(energy) 등이다. Lee의 연구는 창의성은 이야기를 읽어 주거나, 단순히 토끼처럼 움직여 보도록 하는 것으로는 발달될 수 없으며, 유아가 스스로 움직임의 구조(movement structure)를 창조하여 새로운 방식으로 문제를 해결하도록 격려할 때에 창의적인 표현이 나타난다는 것을 강조하는 것이다.

이야기를 동작 교수 방법에 활용하기 위해서는 [표 2-3]에 제시한 것처럼 다양한 동작동사 혹은 표현이 포함되어 있는 책을 선정하고 분석하여, 이야기에 특별한 이동 동작이나 비이동 동작을 포함시키거나 줄거리를 확장시킴으로써 이야기를 재구성하는 과정이 필요하다(김은심, 1999)고 한다. 다음은 동작 표현 활동에 그림책을 활용하는 방법이다.

표 2-3 동화 《먹물통에 빠진 쐐기벌레》에 내재되어 있는 동작 요소 분석의 예

동작 개념 (강조되는 동작)	동화명 / 활동명	이야기책의 활동 유형	기본 동작	동화 주제 / 생활 주제
'공간' (바닥의 모양)	먹물통에 빠진 쐐기벌레	이야기의 줄거리	이동 동작 (다양한 방법으로 기기)	봄 · 곤충

동작의 다양성	동작의 변화	동작어(action word) / 수식어
모양: 쐐기벌레, 먹물통, 나뭇잎, 참새	기어가다가 → 웅크리고 → 달리다가 → 춤을 춘다	먹물통에 풍덩 빠졌어요, 어슬렁어슬렁 기어갔어요, 바싹 몸을 웅크렸어요, 팔짝 팔짝 뛰었어요, 몸을 흔들며 기어갔어요, 덩실덩실 춤을 추었어요

1 그림책의 줄거리를 활용

이야기 내용이나 줄거리의 구성 자체가 동작적 개념이나 기술의 적용을 가능하게 하는 그림책을 선정하여 이야기 상황을 그대로 실행하여 봄으로써 동작 관련 경험으로 유도하는 경우이다. 그림책의 상황을 그대로 재현해 보는 것은 그림책을 활용하는 방안 중에 가장 용이한 방법이다.

표 2-4 줄거리 활용 에시

그림책 먹물통에 빠진 쐐기벌레

동작 활동 길의 모양(공간)과 신체 인식

줄거리

쐐기벌레 한 마리가 방에 들어 왔다가 실수로 먹물통에 빠진다. 쐐기벌레는 투덜거리면서 밖으로 기어 나와서 제일 먼저 눈에 띈 나뭇잎으로 기어 갔다가 배불리 먹은 후 어슬렁어슬렁 소풍을 간다. 쐐기벌레를 잡아먹는 참새를 보고 바싹 몸을 웅크려 숨기도 하고, 참새를 따돌린 것이 기뻐 팔짝팔짝 뛰기도 한다. 그리고 친구를 만나 얼싸안고 덩실덩실 춤도 춘다.

활동방안

- 이야기를 들려주며 신체의 일부를 쐐기벌레라고 가정한 후 움직여 본다.
- 다양한 길의 모양을 그린 카드를 보며 지시에 따라 이동해 본다.
- 길의 모양과 이동 동작을 결합하여 움직여 본다(예 스킵으로 'S' 자 모양의 길 따라 걷기, 지그재그 모양의 길을 따라 달리기 등).
- 역할을 나누고(쐐기벌레 2마리, 참새) 음악에 맞추어 자유롭게 움직여 본다.

활동 가능한 그림책 《곰 사냥을 떠나자》, 《구두구두 걸어라》, 《장난꾸러기 먹보 뱀》, 《커다란 사과가 쿵》

2 그림책의 주인공 및 물체의 특징을 활용

그림책에 등장하는 주인공이나 물체의 특징을 활용하여 활동하는 방법이다. 이 경우에는 이야기의 주제나 상황에서 벗어나 등장인물이나 물체의 특성에 초점을 두고 활용한다.

예를 들어 《모자장수와 원숭이》에서는 원숭이의 모방하는 특징을 활용하여 활동을 진행하거나 [표 2-5]에 제시된 것처럼 파란 풍선의 변화하는 모습을 활용하는 방법을 말한다.

표 2-5 주인공 및 물체의 특징을 활용한 예

그 림 책 파란 풍선 (이성출판)

동작 활동 공간(범위, 수준), 신체 부분, 창의적 활동

줄 거 리

생일 파티가 끝난 다음 날, 강아지 키포가 파란 풍선을 물어왔는데, 아무리 바람을 불어도 파란 풍선은 터질 생각을 않습니다. 그리고 자꾸자꾸 커져만 갑니다. 한없이… 한없이… 커져만 갑니다.

활동방안

- 파란 풍선의 모습을 몸으로 만들어 본다.
- 풍선이 커지는 모습을 느린 북소리에 맞추어 천천히 만들어 본다.
- 갑자기 바람이 빠지는 모습과 천천히 바람이 빠지는 모습을 몸으로 표현해 본다.
- 그림책에 나와 있는 장면(풍선이 빠지며 공중을 날아다니며 만들어 놓은 패턴, 풍선이 여러 가지 모습으로 변화하는 모습이 나타난 장면)을 보며 표현해 본다.

활동 가능한 그림책 《모자장수와 원숭이》, 《갯벌이 좋아요》, 《산에서 보았어요》, 《토끼와 거북》

3 그림책의 동작적 상황이나 특정 상황(에피소드)을 동작 활동에 활용

그림책의 장면 중 동작 활동에 적합하다고 생각되는 특정 상황을 활용하는 경우이다. '주인공 및 물체의 특징을 활용' 하는 경우는 물체의 움직임에 따라 전혀 다른 동작 활동으로 전개될 수 있으나, 본 활용 방안은 그림책에서 제시하고 있는 장면에 좀더 많이 제한된다는 점이 다르다. 그러나 이 두 가지의 활용 방법은 서로 보완하여 사용할 수 있다.

표 2-6 그림책의 특정 상황을 활용한 예

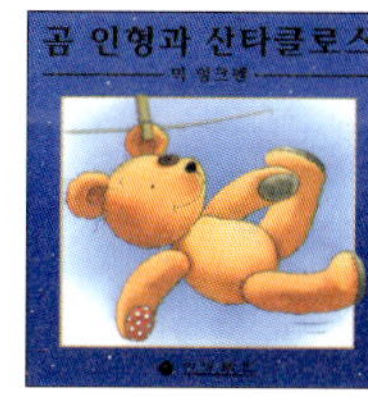

그 림 책 곰 인형과 산타클로스(이성출판)

동작 활동 공간, 신체 부분, 흔들기, 돌기, 창의적 활동

줄 거 리

소리를 낼 수 없는 곰 인형이 여러 가지 힘든 일을 겪으며, 산타클로스 할아버지에게 찾아가서 부탁하여 소리가 날 수 있게 된다는 이야기이다.

- 에피소드 1: 굴뚝에서 떨어져 검댕이 잔뜩 묻어 있는 곰 인형을 세탁기에 넣고 빙글빙글 돌리며 세탁을 한다. 곰 인형도 함께 빙글빙글 돌아간다.
- 에피소드 2: 세탁기에서 꺼내어진 곰 인형을 말리려고 빨랫줄에 널고, 인형이 바람에 이리저리 날린다. 빨랫줄에 널려 있던 곰 인형도 몸을 가볍게 하고 바람이 부는 대로 이리저리 흔들거린다.

활동방안

- 세탁기에 들어간 곰 인형이 세탁기가 움직임에 따라 이리저리 움직이는 모습을 표현해 본다.
- 세탁기에 넣고 빨 수 있는 다양한 물체를 신체로 만들고 세탁기 속에서 움직이는 모습을 표현해 본다.
- 세탁기가 작동되는 과정(전기를 넣고 → 물과 세제를 넣은 다음 → 천천히 돌아가다가 → 점점 빨라지면서 → 다시 점점 느려지는 모습)을 생각하며 이에 맞추어 움직여 본다(효과음을 제공해도 좋다).
- 곰 인형이나 여러 가지 물체(수건, 바지, 윗옷 등)를 표현한 후 바람이 부는 방향대로 이리저리 움직여 본다(이러한 과정에서도 그림책에 나타난 장면을 보며 움직이는 활동을 먼저 해본다. 한쪽 다리만, 한쪽 팔만, 상체만 흔들거려 보기).

활동 가능한 그림책 《바람 부는 날》, 《도깨비를 빨아버린 우리 엄마》, 《목욕은 즐거워》, 《이상한 상자》, 《깊은 밤 부엌에서》

4 그림책의 내용을 동작 내용(목표)에 맞게 변형(개작)하여 활용

그림책의 내용을 교사가 동작 활동에 적합하게 수정·확장하거나 창작하여 동작 활동에 활용하는 경우이다. 그림책의 내용을 변형하는 것은 기존의 이야기 내용의 틀을 그대로 살리되 움직임을 신체로 표현하도록 구체화하기 위해 동작어, 수식어를 최대한 활용하는 것이다. 교사가 목표로 하는 동작 활동에 맞게 그림책의 내용을 수정 · 확장하는 것으로 대단히 적극적인 활용 방법이라 할 수 있다.

표 2-7 그림책의 내용을 동작 내용(목표)에 맞게 변형하여 활용한 예

그 림 책 커다란 순무(시공사)

동작 활동 공간, 신체 부분, 창의적 활동

줄 거 리

… 멍멍이는 이쁜이를 잡아당기고, 이쁜이는 할머니를 잡아당기고, 할머니는 할아버지를 잡아당기고, 할아버지는 무를 잡아당기며 … "어영차! 어영차!" 그래도 무는 뽑히지 않았습니다. 야옹아! 야옹아! 이리 나와 함께 무를 뽑자. …

변형(개작)

… 멍멍이는 이쁜이의 허리를 잡아당기기 위해서 몸을 구부렸습니다. 그리고 힘껏 몸을 뒤로 젖히며 이쁜이를 잡아 당겼습니다. 그러나 이쁜이는 꼼짝도 하지 않았습니다. 다시 한 번 허리를 많이 구부렸다 뒤로 힘껏 젖히며 이쁜이를 잡아당겼으나 여전히 꼼짝도 하지 않았습니다. 이쁜이는 할머니를 잡아당기고, 할머니는 할아버지를 잡아당기고, 할아버지는 무를 잡아당기며 … "영-차! 영-차!" 그래도 무는 뽑히지 않았습니다. 야옹아! 야옹아! 이리 나와 함께 무를 뽑자. …

활동방안

- 동화를 들으며 구부렸다 펴기를 해본다.
- 각 동화의 주인공마다 구부렸다 펴는 것이 다름을 이야기하고 이를 적절히 표현하기 위해 어떻게 할지 의논한 후 다시 해본다.
- 5~6명의 유아를 나란히 앉히고, 구부렸다 펴기를 해본다.
- 집단 중 반은 함께 커다란 무를 만들고, 나머지 반은 동화 속 주인공이 되어 교사가 치는 북소리에 맞추어 구부리고 펴는 동작을 함께 해본다.

활동 가능한 그림책 《장갑》

5 그림책의 분위기나 느낌을 활용

'그림책의 분위기나 느낌을 활용하는 것' 은 앞서 설명했던 방법들이 다소 그림책의 장면에 제한받고 있음을 보완하기 위한 것이라 할 수 있다.

이는 책의 전반적인 내용에서 전달하는 느낌과 관련이 있다. 즉, 책 내용을 듣고 난 다음 혹은 책을 보면서 느낀 점을 자유롭게 신체로 표현해 보는 것이다. 따라서 특정 인물이나 특정 에피소드가 아니라 책에서 제시하고 있는 전반적인 느낌에 더 초점을 맞추게 된다.

이 활동은 감정적인 흐름을 파악하는 것이 선행 조건이 될 수 있다. 교사는 이를 위해 책을 읽어주고 난 뒤, "어떤 느낌이 들었니?", "그런 느낌을 가져본 적이 있니?", "언제 그런 느낌을 가졌니?", "그 느낌을 말로 하지 말고 신체로 표현해 볼까?" 등의 질문을 통해서 유아의 경험과 책에서 제시하고 있는 경험을 관련시켜 볼 수 있을 것이다.

표 2-8 이야기책의 분위기나 느낌을 활용한 예

그림책 사랑에 빠진 개구리

동작 활동 공간, 신체 부분, 창의적 활동

줄거리

사랑에 빠진 개구리는 자기가 행복한지, 슬픈지 알 수가 없었어요. 하루 온종일 꿈 속을 걷고 있는 것만 같았어요. 바로 하얀 오리를 사랑하게 된 것을 알게 된 초록 개구리는 기뻐서 어쩔 줄을 몰랐어요. 개구리는 오리에게 예쁜 그림, 꽃 등을 매일 선물했어요. 그러나 개구리는 도저히 용기를 내서 오리에게 말을 걸 수가 없었어요. 오리는 아름다운 선물들을 받고 아주 기뻐했어요. 그런데 누가 이것들을 보냈을까? 불쌍한 개구리! 이제 밥도 맛이 없어졌고, 밤에 잠도 오지 않았어요. 개구리는 오리에게 자신이 사랑한다는 것을 알리려고 높이 뛰어오르기 연습을 시작했어요. 매일매일 연습을 했지요. 점점 높이 뛰어올라 이제 구름까지 닿게 되었는데, 연습한 중에서 가장 높이 뛰어오른 개구리가 그만 거꾸로 땅에 떨어져 버리고 마침 그 곳을 지나던 오리가 달려와서 다정하게 개구리를 돌봐주고, 그때부터 둘이는 서로를 지극히 사랑하게 되었어요.

활동방안

- 이야기를 들려준 후 다른 사람을 사랑하면 어떤 느낌이 생기는지 이야기 나눈다.
- 그림책의 내용을 듣고 어떤 느낌이 들었는지 이야기 나눈다.
- 이야기의 느낌을 조용한 음악에 맞추어 신체로 표현해 본다.
- 좋아하는 친구에게 주고 싶은 선물을 몸으로 표현해 보는 활동도 추후 활동으로 해볼 수 있다.

활동 가능한 그림책 《새벽》, 《비 오는 날》, 《엄마를 찾는 쵸코》

4 2007년 개정 유치원 교육과정의 동작 교육 내용

2007년 개정 유치원 교육과정의 동작 교육 내용을 건강생활영역과 표현생활영역을 중심으로 살펴보면 다음과 같다(교육과학기술부, 2008).

1) 건강생활의 기본 구성 및 내용

건강생활은 긍정적 자아 개념과 일상생활에 필요한 기초 체력을 기르며, 유아의 심신을 조화롭게 발달시키기 위한 영역으로, '나의 몸 인식하기', '나의 몸 움직이기', '건강하게 생활하기', '안전하게 생활하기'의 네 가지 내용으로 구성되어 있다. 이 중 동작 교육과의 관련성이 가장 두드러지게 나타나는 부분은 '나의 몸 인식하기'와 '나의 몸 움직이기'이다. 이러한 내용을 통해 유아들은 자신의 몸을 활용하여 움직이고, 몸의 움직임을 인식함은 물론 기본운동동작을 다양한 방법으로 경험하게 된다.

한편 건강생활영역의 교육 활동을 실시함에 있어 첫째, 다양한 감각 및 신체 활동을 통하여 생활 교육으로 이루어지게 하며 다른 영역의 내용과 통합하여 이루어질 것 둘째, 감각 기관을 적극적으로 활용하고 다양한 방법으로 몸을 활발하게 움직일 수 있는 기회를 규칙적으로 제공할 것 셋째, 실내 · 외 신체 활동을 통해 긴장감을 해소하고 즐거움을 느끼게 할 것 넷째, 안전하고 쾌적한 환경을 제공하여 건강한 생활을 할 수 있게 할 것 등이 강조되고 있다.

건강은 육체적인 면뿐만이 아니라 정신적 · 사회적 측면을 포함하는 보다 포괄적인 의미에서의 안녕상태를 말한다. 이를 위해 교육과정 개정시 신체와 마음을 포괄하는 용어인 '몸'을 사용하여 신체 건강과 정신건강을 함께 증진하고자 하였다. 따라서 유아의 건강한 생활을 위해 유아교육기관에서 동작 교육프로그램을 적용하기 위해 신체건강과 정신건강의 조화로운 성장을 위한 내용이 적극 수렴되어 반영될 필요가 있다. 또한 유아기에 필요한 기초체력 향상에 대한 요구가 반영되어야 할 것이다.

이상의 내용을 토대로 할 때, 건강생활영역은 다음의 [그림 2-4]와 같이 정리할 수 있을 것이다. 즉 유아들의 건강한 생활을 위해 매일의 일상생활 속에서 청결, 바른 식생활, 휴식, 즐거운 생활하기 등의 자신을 관리하는 활동을 통해 건강한 신체 및 정신건강의 발달을 이룰 수 있도록 하였다. 특히 일상생활에서의 놀이나 걷고 달리는 기능의 학습뿐 아니라 기초체력을 기르기 위해 유아의 기본운동기능을 강조하였다. 또한 실내에서의 활동으로 국한하지 않도록 하기 위해 바깥놀이 활동을 보다 적극적으로 계획하고 실천하여 유아의 신체적 정신적 건강을 극대화하도록 하였다.

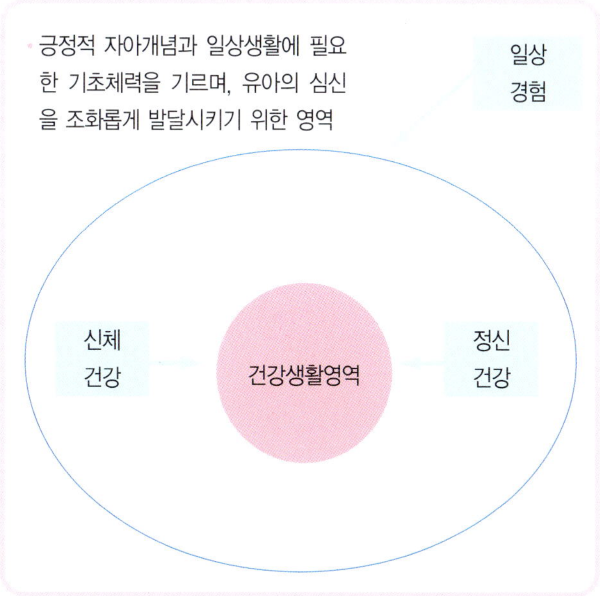

그림 2-4 건강생활영역의 내용 구성

2) 표현생활의 기본구성 및 내용

유아기에 경험하는 다양한 예술적 양식을 통해 유아는 예술 활동을 즐기며 심미적 태도의 기초를 형성해가고, 이후 삶에서 다양한 문화, 가치, 삶의 방식을 능동적으로 수용하게 될 것이다. 그러나 유치원 교육과정의 5개 생활영역 중 표현생활 영역의 교육 내용은 현장에서의 실제 수행 간에 괴리가 가장 큰 영역으로 지적되고 있다(김영옥 · 조부경 · 홍혜경 · 김희진, 2005). 유치원에서 실제로 이루어지는 표현생활영역의 교육 내용은 통합적으로 이루어지기보다 특정 활동을 중심으로 진행되고 있으며, 동작활동 중 창의적 동작표현활동은 표현생활 관련활동 중 3% 정도인 것으로 나타났다(이순례 · 김명순 · 김길숙, 2004 재인용; 교육과학기술부, 2008).

또한 표현생활영역의 목적이나 목표와는 다르게 현장에서의 실제 교육내용을 수행함에 있어 어느 특정 활동에 집중되어 진행되거나 활동 방식 역시 대부분 대집단이나 교사 주도적으로 이루어져 오고 있음이 지적되었다. 이러한 교수방법 상의 문제점뿐 아니라, 교육내용면에 있어서도 특정 영역이 지나치게 강조되고 활동을 진행함에 있어 정작 중요하게 고려해야 할 요소는 강조되지 않았던 점이 문제점으로 지적되었다. 이러한 연구결과에 따라 개정 유치원 교육과정에서는 표현생활영역이 음악, 조형, 동작, 극놀이의 네 개 영역에 해당되는 광범위한 개념, 기술, 이해를 포괄해야 하며, 창의성, 심미감, 호기심, 표현력, 미적 감수성 등과 같은 과정 중심의 개념이 포함되어 있으므로 유아의 자발적이고 능동적인 선택에 의한 표현과 유아 자신의 주관적이며 자유로운 표현과 참여에 대한 즐거움을 격려해주어야 할 것을 강조하였다.

구체적으로 표현생활영역의 교육 활동을 실시함에 있어 첫째, 특정한 예술적 개념이나 기능 습득 보다는 생각과 느낌을 자유롭고 창의적으로 표현해보는 경험을 중심으로 할 것 둘째, 직접 보고, 듣고, 만지고 느껴보는 능동적인 활동 과정을 강조할 것 셋째, 유치원의 일과 중 자연스럽게 다양한 탐색 및 감상활동의 기회를 제공할 것 넷째, 대 · 소집단 활동과 자유선택활동에서 골고루 경험할 수 있도록 할 것 다섯째, 통합적으로 할 것 등을 강조하였다.

표현생활영역의 내용 중 동작 교육과 관련된 부분을 중심으로 살펴보면 다음과 같다.

1 자연과 생활에서 아름다움 찾아보기

유아 주변에 있는 자연과 환경의 소리 · 음악 · 움직임 · 조형물에 관심을 가지고 예술적 요소를 찾아보도록 하는 데 중점을 두는 것이다. 이러한 탐색활동은 유아가 신체로 표현하는 창의적인 움직임 등의 기초를 형성하도록 돕는다. 자연과 주변 환경에서 움직임의 모양, 세기, 빠르기, 흐름 등을 찾아보는 활동을 할 수 있다.

2 예술적 표현 즐기기

유아가 음악, 움직임과 춤, 조형, 극놀이 등의 다양한 예술 활동을 통합적으로 경험하면서 생각과 느낌을 표현함으로써 창의적 표현 능력을 기르고 정서적 안정감을 가지게 하는 것이다. 움직임과 춤으로 표현하기 위해 유아는 자신의 신체를 인식하여야하며, 움직임에 영향을 주는 노력의 여러 요소(공간, 시간 등)에 대한 인식을 발전시킴으로써 창의적이고 효율적인 움직임을 만들어 낼 수 있게 된다.

'음악, 움직임과 춤, 조형, 극놀이' 의 4개 예술영역은 각 영역 고유의 표현 특성을 가지고 있다. 그러나 유아기의 예술적 표현은 단편적이고 분리된 기술 습득보다는 통합적인 놀이 중심 활동으로 경험을 제공해주는 것이 바람직하다. 예를 들어 음악을 들으면서 음악에 대한 느낌을 움직임과 춤으로 표현해 볼 수 있으며, 다양한 재료를 활용한 조형 활동으로 그 느낌을 표현할 수도 있는 것이다. 통합적 예술 활동에 참여하고 그 표현과정을 즐기게 되며, 다양한 예술 활동을 스스로 선택하여 시도함으로써 창의성을 기를 수 있게 될 것이다.

3 감상하기

자연과 주변 환경에서 경험하는 다양한 예술적 표현에 대해 아름다움을 느끼고 예술적 표현을 존중하며 전통예술을 감상하도록 하는 데 중점을 둔다. 인간은 아름다운 것을 즐기고 좋아하지만, 아름다움을 평가하는 데에는 매우 개인적인 관점이 적용된다. 중요한 것은 이런 미적 취향이 어린 시기에 특정방향으로 형성되면 거의 그 이후의 인생전반에 걸쳐 유지된다는 것이다.

유아는 움직이고 활동적인 대상에 대하여 호기심과 흥미를 느낀다. 춤을 감상하는 것은 유아가 자신이 아닌 대상의 움직임을 통해 아름다움과 즐거움을 느끼고 스스로 움직이고자 하는 동기를 증진하도록 돕는 것에 목적을 두어야 한다. 이를 위해 기존의 다양한 양식에 따른 춤을 보여줌으로써 각 춤이 가진 독특한 움직임을 발견할 수 있는 기회를 제공해 줄 수 있다. 감상하기 위한 춤은 유아의 운동능력이나 표현능력보다 수준이 높아도 무방하다. 또한 친구가 만들어 낸 움직임은 유아에게 보다 친근하게 느껴지며 흥미를 느낀 특정 동작을 통해 새로운 아이디어를 얻을 수 있는 원천이 되기도 한다.

예술표현의 과정에서 나타나는 다양한 표현은 존중받아야 한다. 자신의 예술적 표현에 다른 사람이 관심을 갖고 그것을 함께 감상하며 존중해 주었던 경험을 가진 유아라면 또래나 다른 성인이 표현한 작품에 대하여도 자연히 존중하는 마음과 자세를 갖게 될 것이다.

이상의 내용을 토대로, 표현생활영역은 다음의 [그림 2-5]와 같이 정리할 수 있다.

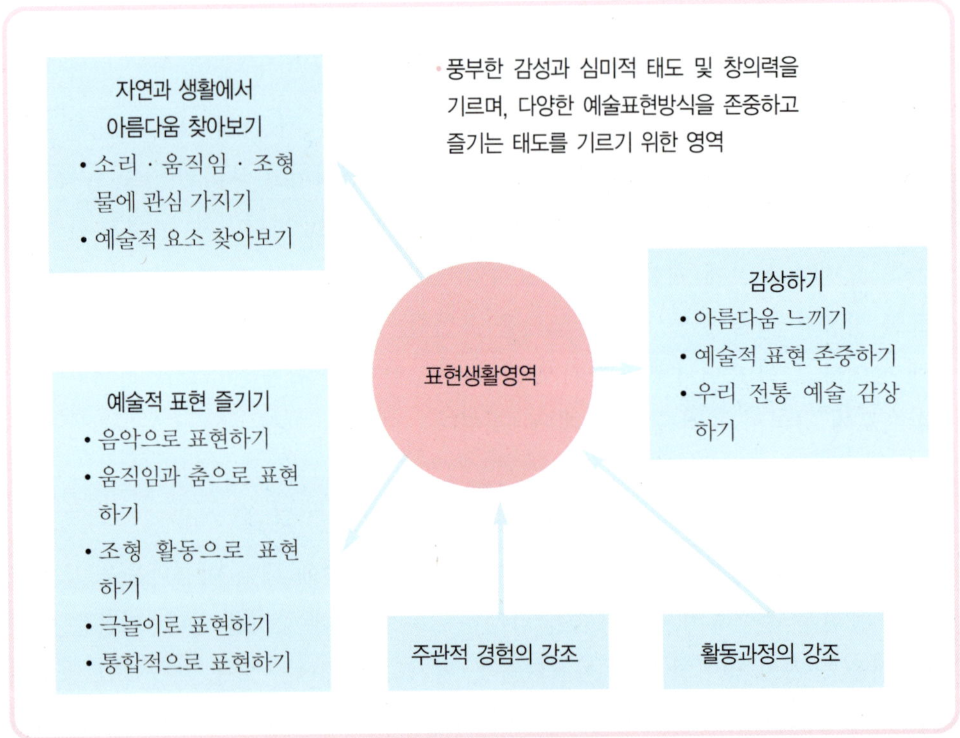

그림 2-5 표현생활영역의 내용 구성

Chapter 3

창의적 동작 교육과 교수 방법

1 창의성의 개념 및 교수 방법

1) 창의성의 개념

창의성이란 어떤 사태에 직면했을 때에 새로운 통찰과 사고를 산출하는 과정을 거쳐 기존의 것과는 다른 아이디어나 형태, 관계 양식 및 해결 방법을 산출해 내는 모든 사람이 공통으로 지니고 있는 보편적 능력이며 특성이라고 해석하는 것이 일반적이며, 개인의 자기 실현 욕구, 자기 표현 욕구에서 근원된 상상적 활동이라고 본다(Osborn, 1968). 즉, 일상생활에서 당면하는 제반 사태나 문제를 새롭고 특유한 방법으로 해결해 나가는 활동을 의미하는 것이다.

인간이 문제에 응하는 방법은 두 가지 유형으로 나누어 볼 수 있다. 발산적 사고의 과정과 수렴적 사고의 과정이다. 이 중에 유아에게 적합한 방법은 발산적 사고의 과정을 유도하는 것이다. 유아에게는 결과보다는 과정에 초점이 맞추어져야 하기 때문이다. 이러한 과정이 유아의 창의성 발달을 격려한다. 제6차 유치원 교육과정에서는 교육과정 전 영역에 걸쳐 창의적 경험을 할 수 있는 환경 조성, 창의적 표현의 기회가 제공되도록 강조하고 있다. 이는 창의성은 음악이나 미술 같은 분야에

[사진 3-1] 창의성은 교육과정의 전 분야에 걸쳐서 강조되어야 한다.

한정되어 있는 것이 아니나라, 교육과정의 전 분야(사회, 과학, 언어 등)에 걸쳐 중요시되어야 함을 강조한 것이다.

유아의 창의적 과정을 살펴보면 다음과 같은 네 가지 수준으로 진행됨을 알 수 있다.

첫째, 호기심(무엇일까?)－유아는 주의를 기울이고 흥미를 가지며 좀더 알기를 원한다. 유아의 관심이 모인다.

둘째, 탐색(무엇을 할 수 있을까? 무엇을 하는 것일까?)－유아는 대상물, 사건, 아이디어 등을 적극적으로 조사하며 관찰한다. 정보를 수집하기 위해 오감각을 동원한다. 조사를 위해 다른 사람들을 관찰할 수도 있다.

셋째, 놀이(이것으로 무엇을 할까?)－유아는 자발적으로 그리고 최종적인 목적 없이 일정한 기간 동안 완전히 몰두하여 놀이를 시작한다. 예정된 결과가 거의 없으며 초점도 없기 때문에, 결과에 집중함으로써 잃을 수 있는 모든 종류의 세부적인 사항을 자유롭게 시험해 볼 수 있다. 이것은 유아가 두 번째 단계에서 획득한 지식과 기술을 연습하고 통합하는 기회를 제공한다.

넷째, 창의성(내가 무엇을 고안하고 창조할 수 있는가?)－유아는 자신들이 조사한 자료나 문제에 남과 다르거나 새로운 접근 방법을 고안해 내고, 새로운 연결을 만들어 낸다.

이상의 네 가지 수준의 창의적 과정은 일견 독립적으로 보일 수 있으나 많은 경우 각 수준이 중복되거나 각 수준의 발전에 영향을 미친다. 그리고 이러한 과정은 몇 시간에 걸쳐 일어날 수도 있고, 며칠이 걸릴 수도 있다.

한편 창의적 사고를 할 수 있는 유아로 교육하기 위해서는 다음의 네 가지 개념에 대한 이해가 선행되어야 한다. 첫째, 모든 유아는 어느 정도 창의적인 능력을 가지고 있다. 둘째, 어떤 유아는 다른 유아보다 좀더 창의적이다. 셋째, 어떤 유아는 다른 분야보다 어떤 한 가지 분야에서 더 창의적이다. 넷째, 창의성은 창의적 행동을 높이 평가하지 않거나 혹은 그 행동을 표현하는 유아를 높이 평가하지 않는 교사에 의해 파괴될 수 있다.

유아기는 상상활동기로 창의적 사고 및 표현의 최적기라고 할 수 있으며, 이 시기의 창의적 경험은 사회 변화에 적극적으로 대처할 수 있는 창의적 문제 해결 능력으로 이끄는 역할을 한다. 유아가 창의적 예술 활동의 과정에서 적절한 경험을 하기 위해서는 교사들의 지식이 대단히 중요하다. 대다수의 유아교사들이 창의적 경험이 교육과정의 필수적인 요소임을 인식하고 있지만, 여전히 많은 교사들은 창의적 경험의 과정에 가치를 부여하기보다는 결과 지향적인 활동에 의존하여 요리책식 경험을 제공하고 있다.

최근 유아교육계의 지대한 관심을 모으고 있는 이탈리아 레지오 지방의 접근법에서는 창의성에 대한 개념이 일반적인 유아교육 프로그램에서의 개념과 현격하게 차이가 있는 것으로 설명된다. 레지오 접근법은 유아가 자신의 생각을 표현하는 데 시각적 재료를 최대한으로 활용하도록 한다. 예를 들면 교사는 흘러내리는 것을 막으려면 컵 가장자리를 붓으로 어떻게 닦아야 하는지, 잘 붙게 하려면 점토 표면에 어떻게 물을 묻혀야 하는지를 유아에게 보여주는 것을 개의치 않는다.

유아에게 손잡이가 달린 송곳을 어떻게 사용해서 구멍을 뚫을 것인지를 보여주는 것과 구멍을 어디에 뚫을 것인지, 일단 구멍을 뚫은 것을 가지고 무엇을 할 것인지를 말해주는 것과는 큰 차이가 있다. 레지오 교사들은 주저하지 않고 기술을 가르치고 필요할 때에는 도움을 주지만, 결코 구멍을 어디에 낼 것인지를 말해주지는 않는다. 교사가 유아에게 왜 꼭 거기에다 구멍을 내려는가를 묻기는 한다.

'유아에게 있어서 창의적 예술은 무엇이며, 창의적 예술이 아닌 것은 무엇인가? 그리고 유아가 예술 활동에 참여하고 있을 때, 어떻게 우리는 그들이 진정으로 창의적인 과정을 경험하고 있다고 확신할 수 있는가?' 와 같은 질문을 해볼 필요가 있다. 이러한 질문에 대한 답을 생각해 보기 위해 몇몇 유아교육 현장을 상상해 보기로 하자.

[사진 3-2] 레지오의 교사는 필요할 때 도움을 최대한 제공하며 유아의 창의성 발달을 돕는다.

노란색 문의 영아반 교실

영아들은 책상 앞에 앉아 있다. 영아 앞에는 커다란 마분지가 한 장씩 놓여 있다. 교사는 핑거페인팅용 그림물감을 나누어 준다. 빨간색 그림물감 한 방울과 파란색 그림물감 한 방울을 영아들의 종이 위에 놓아준다. 교사는 영아들에게 물감에 손가락을 넣고 종이 위에 그 물감으로 어떤 모양을 만들 수 있을지 살펴보라고 이야기한다. 계속해서 교사는 영아에게 색깔들이 섞여서 어떻게 변했는지 살펴보라고 이야기한다.

파란색 문의 영아반 교실

교사는 영아들에게 동화《잠잠이》이야기를 들려준다. 교사와 보조교사는 분홍색과 갈색 원이 그려져 있는 색종이를 나누어 준다. 작은 종이컵과 약간의 풀도 준다. 그리고 난 다음 교사는 쥐를 만드는 방법을 단계적으로 설명하며 시범을 보인다. 보조교사는 자신이 만든 쥐를 보여주고, 영아들에게 원과 컵을 이용해서 자신이 만든 쥐와 같은 것을 만들어 보라고 한다. 교사는 영아들이 주의 깊게 두 마리의 작은 쥐를 살펴본 다음 안내와 지시에 따라 만들어 보도록 격려한다. 여러 명의 영아들이 컵의 적당한 위치에 원을 붙이기 어려워하자 교사와 보조교사는 자신들이 대신 활동을 마쳐준다.

3세아 교실

3세아 교실에는 드뷔시의 〈어린이 세계〉가 자유선택 활동 시간 동안 흘러나오고 있다. 그 주의 단원은 '나비와 그 밖에 날 수 있는 것들' 이다. 대집단 활동 시간이 되자 교사는 유아에게 자신은 요술지팡이를 하나 가지고 있는데, 그것으로 유아를 나비나 그밖의 날 수 있는 것들처럼 움직이고 춤추게 도와줄 수 있다고 이야기한다. 교사는 유아에게 요술지팡이로 유아의 머리를 건드릴 것이라고 한 다음 그렇게 하면 유아가 나비나 새 혹은 벌이 된 것처럼 움직이게 될 것이라고 이야기한다.

교사는 유아에게 날아다니는 모든 것은 다른 방법으로 움직인다는 점을 다시 회상시킨다. "음악을 들으면서, 너희들이 이미 배웠던 나비나 그 밖에 날아다니는 것들 중의 하나가 되어 움직일 수 있는지를 알아보자." 조용히 서서 교사가 요술지팡이로 머리를 건드릴 때까지 기다리라고 이야기한다. 음악 소리를 조금 크게 한 다음 유아를 요술지팡이로 건드린다.

4세아 교실

교사와 유아는 '부모 참여 수업' 에 공연할 연극의 예행 연습을 하고 있다. 유아는 이미 오랫동안 연습을 해왔으며, 이번이 공연에 대비한 마지막 연습이다.

유아는 자신들이 가장 좋아하는 이야기 중에 한 줄을 모두 기억하고 있으며, 〈세 마리 염소〉를 자신들의 부모에게 제시할 준비가 되어 있다. 의상 점검이 시작되고, 막이 오르자 4세아들은 정확하게 대사를 전달하였고, 연기와 의상도 완벽했으며, 공연은 성공적이었다.

블록룸

4세아 몇 명이 블록으로 다리를 만들고 있다. 유아는 자신들이 방금 만든 다리의 위 아래로 행진을 하면서 '쾅쾅쾅' 이라는 단어를 반복하고 있다. 교사는 유아의 가까이로 가서 유아에게 그들이 내는 소리가 〈세 마리 염소〉에서 나오는 염소들이 다리를 건너는 소리처럼 들린다고 이야기한다.

그러자 한 유아가 다리 아래를 기면서 "내 다리 위를 건너가는 게 누구냐?" 라고 말한다. 교사는 카펫을 풀밭이라고 가정하자고 제안한다. 그리고 자신은 옆으로 물러서 있는다. 그 놀이는 20여 분 동안 지속되었으며, 줄거리는 여러 번 바뀌었다. 가장 작은 염소가 자신과 자신의 동료들이 케이크와 아이스크림으로 괴물을 속일 수 있는 방법을 설명하기도 하였다.

지금까지 우리는 유아교육기관에서 쉽게 만나볼 수 있는 장면들을 머릿속에 그려보았다. 이들 교실 수업에서 창의적 과정은 충분히 만족되고 있는지 다시 한번 생각해 볼 필요가 있을 것이다.

즉, 창의성의 특징은 무엇이며, 유아에게 있어서 적절한 것과 적절하지 않은 창의적 활동은 무엇이며, 유아가 창의적이며 예술적인 과정에 참여하도록 촉진하기 위해 우리 교사들은 과연 무엇을 할 수 있는지를 깊이 생각해 보아야 한다.

2) 창의성의 교수 방법

Kostelink 등(1999)은 유아의 표현 활동을 돕기 위해 [그림 3-1]과 같은 심미적 발달 모델을 개발하였다.

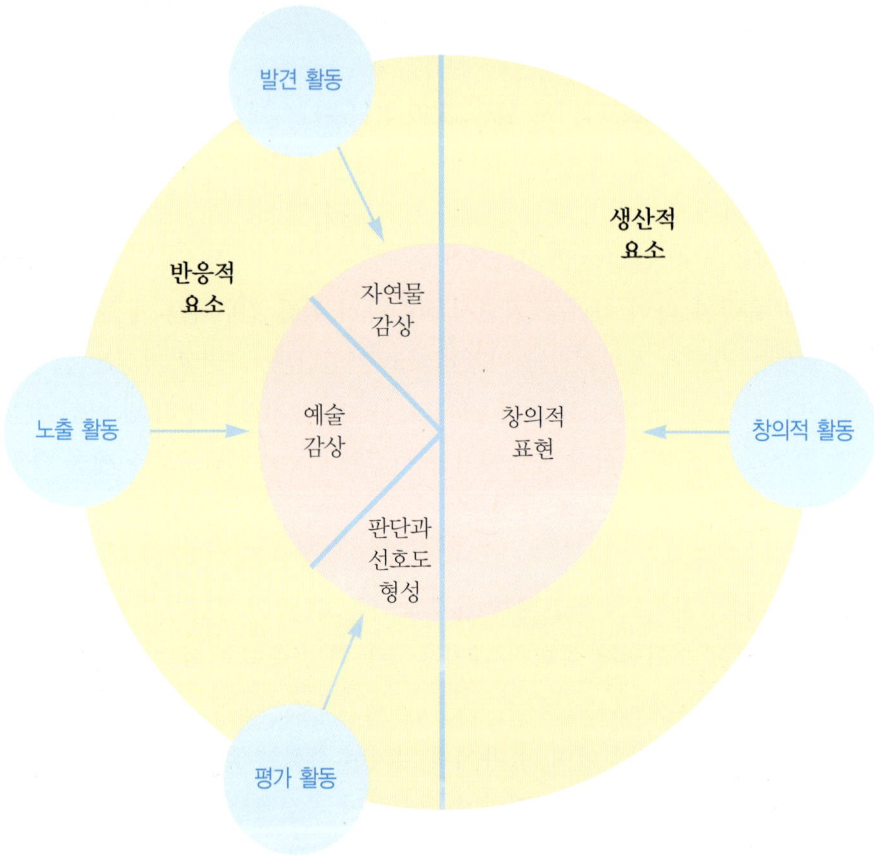

그림 3-1 심미적 발달 모델 (Kostelnik, Soderman, & Whiren, 1999)

심미적 발달 모델(Aesthetic Development Model)은 창의적 활동을 생산적 요소(productive component)와 반응적 요소(responsive component)로 나누고 반응적 요소에 감상 활동의 세 가지 측면을 포함시킴으로써, 예술 활동에서 강조하는 표현과 감상의 두 가지 측면을 골고루 경험시키도록 구성하고 있다. [그림 3-1]에서 보듯이 창의적 표현과 감상의 두 측면은 교육 내용에 동등하게 배분되어 있으며, 반응적 측면, 즉 감상에는 자연물, 예술 작품, 판단과 선호를 결정하는 내용이 골고루 포함되어 있다. 이 내용에 대한 구체적 설명은 [표 3-1]에 제시하였다.

표 3-1 심미적 발달 모델의 구성

	구성 요소	목표 및 개념	예
반응적 경험	발견 활동	목표: 자연미의 인식 • 자연의 아름다움에 반응하도록 격려 • 오감각을 사용해서 자연물을 세밀하게 탐색 • 실외 환경을 사용하여 보고, 듣고, 냄새 맡고, 만져 보도록 격려하여 자연물을 존중하고 감상할 수 있는 기회 제공	• 아름다운 물고기 관찰하기 • 재미있는 돌 관찰하기 • 구름 살펴보기 • 거미줄의 아름다움 찾아보기 • 꽃 향기 맡기
	노출 활동	목표: 예술 작품 감상하기 • 학습자의 경험을 예술(작품)로 확장시키기 • 관찰자와 소비자가 되어 음악을 듣고, 춤을 추며, 여러 가지 형식의 시각 예술을 보거나, 청중으로서 무대 경험하기	• 미술 작품을 자세히 보기 • 조각 작품 탐색하기 • 춤 감상하기 • 놀이에 참여하기
	평가 활동	목표: 판단과 선호도를 결정하기 • 다양한 시각 미술, 음악, 무용 및 연극 형식에 대해 토의하고 평가하도록 격려하기 • 평가 기준을 선정하고, 선정한 기준에 준거하여 선호도를 표현하기	• 여러 가지 작품 비교하기 • 작품을 모아 포트폴리오 만들기 • 좋아하는 음악 선택하기 • 춤을 감상하고 좋아하는 작품(유형) 이야기하기
생산적 경험	창의적 활동	목표: 창의적 표현 • 활동 자료, 소도구, 악기, 기타 도구를 사용해서 미술, 음악, 극, 춤 등의 활동에 참여하는 것 • 창의적 사고를 자극하고, 예술을 통해 자기 표현의 기회를 제공하는 것	• 악기 연주하기 • 춤추기 • 노래 부르기 • 철사로 구조물 만들기 • 극놀이하기

출처: Kostelnik, et al., 1999, p. 281.

이원영(1994)은 유아가 주도성을 갖고 경험하고 활동하며 이를 창의적으로 표현할 수 있고, 교사들 역시 주도성을 갖고 유아의 활동 및 표현이 창의적으로 이루어질 수 있도록 분위기를 조성해 주는 방법을 균형 있는 교수법이라고 칭하였다. 이를 첫째, 인식의 단계, 둘째, 집중의 단계, 셋째, 창의적 표현의 단계, 넷째, 평가의 단계로 분류하여 설명하기도 하였다. 이러한 과정을 좀더 구체적으로 살펴보면 다음과 같다.

1 인식의 단계

인간은 주위 환경, 사물, 사건을 인식하면서 살아간다. 이러한 인식은 의식적으로나 무의식적으로 오감각—듣기, 보기, 맛보기, 냄새 맡기, 감촉으로 알기—을 통해 이루어진다. 사물의 특징을 명확히 인식하거나 사건의 핵심을 잘 아는 것은 창의적 활동의 시작이다.

사물에 대한 지각 능력이 뛰어나고 무엇이든지 열심히 보는 사람은 정보가 많기 때문에 이를 표현할 기회가 주어질 때 좀더 창의적이 될 수 있다. 바닷가에 가서 갈매기가 날아다니는 모습과 다양하게 변하는 파도의 모습을 유심히 본 유아가 그런 경험을 가지지 못한 유아보다 갈매기나 파도의 모습을 신체로 더 잘 표현할 수 있는 이치와 같다.

유아가 사물을 잘 인식하도록 하려면 경험을 폭넓고 다양하게 할 수 있어야 한다. 다양한 경험에는 여러 가지 사물을 접해 보는 활동과 한 가지 사물을 다룰 때 다양한 방법으로 활동해 보는 것이 포함된다. 우리 주위에서 쉽게 볼 수 있는 꽃으로 할 수 있는 여러 가지 활동들을 예로 들어보자.

- 책갈피에 꽃잎을 넣어 눌러보기
- 꽃 냄새를 맡아보기
- 꽃의 모양을 관찰하기
- 꽃에 넘나드는 벌, 나비의 모습을 관찰하기
- 꽃다발을 만들어 친구와 기쁨, 슬픔, 즐거움을 함께 나누어 보기
- 꽃잎과 꽃받침은 몇 개씩이며, 꽃술 모양은 어떤지 살펴보기

[사진 3-3] 꽃의 모양을 세심히 살펴보는 경험은 창의적 활동의 시작이다.

○ 꽃의 모양과 색깔은 어떻게 다른지 살펴보기

유아는 많은 것을 경험해야 한다. 그러나 경험만으로 충분하지 못하다. 이러한 경험을 유아가 명료하게 인식하는 것이 중요하다.

사물에 대한 유아의 인식이 구체화 · 명료화되려면 교사의 개입이 있어야 한다. 교사는 유아가 경험하는 것을 정확하게 관찰하고, 이에 알맞은 말을 해주면 사물에 대한 유아의 인식 능력은 점점 향상될 수 있다. 교사의 역할은 유아가 끊임없이 호기심을 가지고 사물을 관찰하고 느끼고 생각하도록 기회를 만들어 주며, 이러한 호기심이 더 나은 단계의 능력으로 발전하도록 돕는 것이다.

부모나 교사의 노력에 따라 유아는 지속적으로 주변 세계를 탐색하며 무언가를 배워 나가게 될 것이다. 성인이 유아의 호기심을 격려해 주어 배우는 것을 즐겁게 여기도록 함으로써 새로운 것을 대할 때에 두려워하거나 피하지 않도록 도와주어야 한다.

이를 위해서 활용할 수 있는 방법은 우선 사물을 구체적으로 관찰하도록(예 고양이를 보며 눈 · 코 · 귀 · 입 · 꼬리 등 생김새를 살펴보도록 질문을 하고, 고양이의 몸짓 · 울음소리 · 눈빛 등도 관찰할 수 있게 하는 것) 도와주어 유아의 지각적 인식력을 높여주고, 그 다음에는 다양한 질문(예 비가 내린다면, 아침이 될 때까지 꽃잎을 오므리고 있다가 아침 햇살을 받고 서서히 꽃이 피기 시작한다면, 누가 와서 꽃을 꺾어 간다면 등)을 하여 상대의 입장에 서서 느끼고 생각해 볼 수 있도록 한다.

2 집중의 단계

집중의 단계란 유아가 창의적으로 예술 활동을 하기 전에 사물의 특성을 구체적 · 객관적으로 파악하는 단계이다. 사물을 직접 보지 않을 때에도 과거의 경험을 근거로 사물의 생김새에 사고를 집중한다는 뜻이다.

인식의 단계에서 발생한 흥미가 존중되고 인정되어 보상을 받을 수 있을 때에 인식의 단계는 집중의 단계로 이어진다. 성인은 유아와 생활하는 동안 늘 인식의 단계를 높여주고, 이를 인정하고 격려해 주는 태도를 가져야 한다. 성인의 인정과 격려는 유아에게 자신감을 길러주기 때문이다. 대부분의 유아는 스스로 사물의 구체적인 특성에 주의를 집중하므로 성인이 조금만 도와주어도 되지만, 그렇지 못한 유아는 성인이 세심히 배려하면서 도와주어야 한다. 성인의 도움이란 유아가 내면에서 호기심이나 관심이 생기도록 하는 것이다.

성인의 생각이나 느낌을 유아에게 강요하는 것은 도움이 되지 못하며 오히려 창의적 표현을 방해한다. 유아는 자유롭게 활동할 수 있을 때에만 창의적으로 표현할 수 있기 때문이다. 이를 위해서는 우선 경험을 되살려 보게 하고 둘째, 자신감과 자기 신뢰감을 갖도록 도와준다. 성인의 방식을 주입시키기보다는 유아 스스로 자기의 경험 속에서 표현할 매체의 속성을 발견하고, 이를 자신감을 갖고 나름대로 표현해 보도록 하는 것이 중요하다.

3 창의적 표현의 단계

창의적 표현의 단계란 유아가 사물을 주의 깊게 관찰하고, 이 경험을 바탕으로 무언가를 표현하는 시기를 말한다. 집중의 단계에서는 사물의 특징 중 한 가지에만 유의하면서 표현하려는 특징이 있지만, 창의적 표현 단계에는 이를 근거로 새로운 모양을 창작해 내는 특징이 있다. 창의적 표현 단계에 이른 유아는 집중의 단계에서 발견한 기본형을 이용하여 사물을 창의적으로 표현하게 된다.

창의적 표현 단계가 활성화되려면 유아의 자발성이 확실히 보장되어야 한다. 유아가 동작 활동을 통해 표현할 때, 성인이 간섭하여 생각을 주입하려고 한다면, 이는 이미 유아의 표현이 아니라 성인의 표현 형식이 된다. 물론 유아는 경우에 따라 성인의 표현 형식을 배우거나 감상하는 기회를 가져야 한다. 그러나 이러한 기회가 빈번히 지속될 경우에는 유아의 자발적인 표현은 급격히 줄어들게 될 것이다.

창의적 활동을 격려하고 돕는 데에는 인내와 시간이 필요하다. 대다수의 성인은 멋있고 아름다운 표현을 유아로부터 기대하기 때문에 기다려 주지 못한다. 멋있고 아름다운 표현은 창의적인 과정을 거친 후에 자연히 얻어지는 열매임을 부모나 교사는 인식할 필요가 있다. 과정보다 결과를 중요하게 여기는 성인은 인내하며 기다려 주지 않기 때문에 유아에게 성인의 기준을 강요하게 된다. 이때 유아는 자신들이 독창적으로 표현할 수 있는 능력이 없다고 생각하게 되는 동시에 실수하며 배우는 기회를 잃어 표현 능력이 초보적 단계에 머물게 된다. 두려움 때문에 반복해서 표현해 보는 기회를 가지지 못한 채 그대로 성장하는 유아는 초보적 수준의 표현이 부끄러워 아예 표현하는 것조차 회피하게 되는 악순환이 거듭된다.

성인에게 핀잔이나 부끄러움을 당하면 유아는 창의적인 표현을 하려고 시도하는 대신 이미 했던 활동만 반복하려고 할 것이다. 결국 새로운 것에 도전하는 용기를 잃게 된다. 이는, 인간의 발달 중에 매우 중요한 창의성을 유아기에 개발하지 못하게 한다. 창의성은 유아를 이해하고 도와줄 수 있는 성인의 전문적인 도움으로 발달될 수 있다.

4 평가의 단계

음악, 미술, 신체 표현, 동화, 동극 등 유아를 위한 예술 활동의 종류는 다양하다. 각종의 예술 활동이 활발하려면 유아가 만들어 낸 작품이나 창의적 표현에 대해 적절히 인정과 격려를 해주어야 한다. 그러나 인정과 격려는 사실에 근거해야 한다. 유아가 표현한 것이나 노력한 정도보다 지나치게 칭찬하는 것은 도리어 해롭다.

유아는 성인에게 칭찬을 받고 싶어 하지만, 자신이 해낸 것보다 칭찬을 더 받으면 '나를 무시하나', '잘하지 못했는데, 놀리나' 하고 생각하는 등 나쁜 감정을 느낄 수도 있다. 본인은 노력하지 않고 대강 해치웠는데 칭찬을 받으면 앞으로 일을 책임감 없이 처리하게 될 수도 있고, 또한 유아는 칭찬받은 작품이나 행동만 반복해서 하려고 하기 때문에 새로운 표현의 기회를 놓치기도 한다. 따라서 성인은 유아의 활동을 주의 깊게 관찰하면서 칭찬할 내용을 구체적으로 파악해야 한다.

유아 자신은 다른 친구들의 표현 행동을 상대적으로 평가하기도 한다. 다른 친구가 좀더 잘한다든지 또는 자기가 조금 잘 하는 것 같다든지 하는 등의 평가를 하는 것이다. 유아 자신은 다른 친구보다 못했다고 생각하는데, 교사가 칭찬을 형식적으로 한다며 유아는 그 칭찬이 거짓이라고 해석하여 불신감을 가지게 될 수도 있다. 유아의 표현 활동이 수준에 미치지 못할 때에는 동작 표현에 대한 노력을 바탕으로 '몸을 동그랗게 하려고 애쓰던데' '열심히 하던데' '두 팔을 쫙 펴고 크게 흔드는 모습이 아주 커다란 나비의 모습 같더라' 와 같은 말로 칭찬해 줄 수 있다.

많은 교사는 유아의 작품이나 활동을 평가하면 안 된다는 생각을 한다. 그래서 무조건 '잘했다', '멋있다' 라는 말로 극히 추상적이고 일반적인 평가만을 한다. 교사는 자신감을 가지고 유아의 표현 활동을 구체적이면서 긍정적으로 평가해야 한다.

'꽃잎이 떨어지는 모양을 아주 슬프게 표현한 것이 좋았어', '친구와 함께 '2' 자 모양을 만든 것이 정말 재미있었어' 라고 평가하는 것을 예로 들 수 있다. '그게 무슨 '2' 자 모양이니?', '나비가 그렇게 움직이니?' 와 같은 부정적인 평가는 하지 않도록 한다. 유아의 표현 활동 특히 동작 표현 활동은 계획 없이 시작할 때가 많고 활동을 하는 중에 생각이 변하여 결과는 아주 다르게 나오는 경우도 많다. 따라서 유아의 표현 활동을 평가할 때는 결과 중심의 관점보다 과정 중심의 관점에서 평가해야 한다.

2 창의적 동작 교육의 접근 방법

창의적인 무용을 체계적으로 접근시키고자 했던 Ritson(1986)은 창의적 무용에는 동작 경험과 동작 표현의 두 측면이 모두 포함되어야 한다고 보며, 동작 주제(movement theme)와 문화적 주제(culture theme)라는 두 가지 주제를 동작 교육의 기본 틀로 삼을 것을 제안하였다. Ritson이 제시한 주제는 다음과 같다.

첫째, 동작 주제는 신체, 무게와 시간, 공간, 동작의 흐름, 짝과 소집단, 노력 행위들에 대한 인식, 즉 동작의 기본 요소에 대한 개념들이 포함된다.

둘째, 문화적 주제에는 동물들, 서커스에서의 하루, 만화 주인공들, 장난감들, 성장하는 것들, 운송 기관들, 괴물들, 음악 기구들, 기계와 기구들, 스포츠와 관련된 활동들, 날씨와 자연 환경, 감정과 정서, 역사적 사건들이 포함된다. 여기에서 문화적 주제란 주제(theme, topic) 또는 단원(unit)을 의미하는 것이다.

동작 주제는 나라나 민족과 관계없이 세계적으로 거의 공통된 내용으로 이루어져 있으나, 문화적 주제는 각각의 시대와 사회 및 환경에 따라 다르게 나타난다. 따라서 유아가 속해 있는 지역사회의 사회 · 문화적 특성에 맞는 주제의 선정이 필요하다. 이상에서 설명한 동작 주제와 문화적 주제 중 어느 것을 주활동 내용으로 하느냐에 따라 두 가지 접근 방법, 즉 신체적 접근 방법(physical approach)과 극적인 접근 방법(dramatic approach)으로 나누어 볼 수 있다. 이 두 가지 접근 방법의 특징은 다음과 같다.

1) 신체적 접근

신체적 접근이란 동작의 기본 요소를 주제로 하여, 느리게-빠르게, 앞으로-뒤로, 위로-아래로, 왼쪽으로-오른쪽으로 혹은 무겁게-가볍게 등의 동작 요소를 각각 대조적인 방법으로 탐색해 보도록 하는 방법을 말한다. 이 접근 방법에서 유아는 어떻게 움직이는지(how to move), 어디로 움직일지(where to move), 신체의 어느 부분을 움직일지(what parts of the body to move)에 대해 탐색한다.

신체적 접근에서 사용하는 주제를 세분하면 개념 주제(concept theme)와 기술 주제(skill theme)로 나눌 수 있다. 여기에서 개념 주제라는 것은 앞서 설명한 Laban의 동작의 기본 요소(공간, 시간, 무게, 흐름)를 중심으로 이루어지는 것을 뜻하며, 기술 주제라는 것은 기본 동작(이동 동작, 비이동 동작, 조작적 동작)의 내용을 뜻한다.

즉, 개념 주제와 기술 주제를 연합하여 동작 활동을 실시함에 있어 상상력을 배세하고 순수하게 우리 몸의 각 부분을 사용하여 문제 해결을 위한 탐색을 하도록 하는 것이다.

[사진 3-4] 터널과 같은 공간을 통과하면서 유아는 개념 주제와 기술 주제를 탐색한다.

예를 들어 "네 몸을 아주 작게 만들고(공간에서 차지하는 몸의 형태) 옆으로(공간에서의 방향) 움직여 보자(이동 동작 탐색)", "달려가다가(이동 동작) 신호 소리가 나면(호루라기를 불면 혹은 탬버린을 치면) 다른 방향으로(공간에서의 방향 탐색) 달려 볼 수 있겠니?" 등의 문제를 제시하고 유아들이 스스로 이를 해결하는 방법을 찾아보도록 하는 것이다.

2) 극적 접근 방법

유아의 창의적 표현을 요하는 동작 활동 내용은 대부분 '~처럼 해보기'와 같은 가장 행동(pretending behavior)이 일어나도록 하는 극적인 접근으로 이루어진다. "~이 되어서 움직여 볼 수 있겠니?"와 같은 교사의 언어적 자극에 따라 유아는 상상을 하면서 자기 나름대로 움직이게 된다. 이러한 상황은 정답이나 오답이 없으며 유아 스스로 독특한 방법을 사용하여 주어진 문제나 상황에 반응함으로써 창의적 표현력을 증진시킨다.

유아는 동물, 사람, 교통 기관을 흉내내는 것을 즐긴다. 그러나 교사는 유아가 단순히 흉내내기 활동으로 그치는 것이 아니라 대상의 움직임을 보거나 상상하며 자기 몸을 이용하여 실험해 볼 수 있도록 다양한 동작 표현을 자극하는 과제를 제시해 주어야 한다. 단순히 "코끼리가 되어 보자"라고 했을 때 모든 유아는 서로의 움직임을 모방하는 데서 그치게 되지만, 교사가 "코끼리의 걸음이 어떤지 생각해 보자. 코는 어느 쪽으로 어떻게 마는지, 눈과 입은 어떤지 잘 상상해 보자"라고 언어적 자극을 줌으로써 더 다양한 표현이 이루어질 수 있다.

즉, 교사가 유아에게 시범을 보이고 지시를 하거나 획일적으로 따라하게 하기보다는 각 유아의 느낌과 신체적 표현을 세심하게 관찰하고 또한 새로운 시도를 하는 유아를 적극적으로 격려해 주는 것을 중요시하여야 한다. 극적인 접근에서 사용하는 주제는 문화적 주제로서 일반적으로 단원이나 주제, 혹은 소주제 등의 생활 주제를 뜻하며, 이밖에도 유아가 흥미를 가질 수 있는 다양한 주제를 개발하여 적용할 수 있을 것이다.

3 창의적 동작 활동의 통합적 운영 방법

1) 통합적 동작 활동의 개념

제6차 유치원 교육과정에서는 음악, 조형, 동작, 극 활동 등 표현 생활 영역에 유아가 자신의 흥미나 능력에 맞는 활동을 선택할 수 있도록 다양하게 제공하여야 함을 강조하고 있다. 특히 이들 활동을 개별적 · 통합적으로 제공하고, 다시 이들 활동을 다른 영역의 내용과 통합하여 지도하여야 함을 권장하고 있다.

통합적 접근이란 유아를 전인적 인격체로 보고 발달 영역별, 교과 영역별, 흥미 영역별로 통합하여 통합된 전체 경험 속에서 학습하도록 도와주는 교육과정이다. 특히 유아는 발달 특성상 아직 미분화 상태에 있고 주의 집중 시간이 대체로 짧으며 흥미 · 요구 · 발달 수준이 다양하고, 어떤 과제에 자발적이고 능동적으로 참여할 때에 학습 효과를 높일 수 있다(한국유아교육학회, 1996). 따라서 이 방법은 교과 과제의 경계에 얽매이지 않고 학습한 내용들을 내부에서 의미 있게 관련시키고 통합하는 데 적절한 것이라고 보고되고 있다.

최근 동작 교육에 관한 연구(Ritson, 1986; Gallahue, 1993; Jones, 1989; Graham, Holt-Hale & Parker, 1993; Bucek, 1992; Slater, 1993; 김은심, 1995)는 동작의 기초 영역과 동작의 응용 영역을 통합하여 교육 내용을 구성하고 교수 방법 역시 교사의 주도성과 유아의 주도성을 통합하는 데 초점을 맞추고 있다.

Slater(1993)와 김은심(1995)은 유아교육기관의 생활 주제를 중심으로 동작의 응용 영역과 동작의 기초 영역을 통합한 다음 동작 교육을 실시하는 것이 효과적임을 제시하였다. 이들은 유아교육기관에서 다루는 생활 주제와 동작의 기초 영역이 유기적인 연관을 가져야 하고, 이 내용은 교사-유아 상호 주도적 접근 방법으로 유아의 동작 활동에 적용되어야 한다고 하였다. 이들이 제시한 접근 방법은 창의적 표현 활동에 동작의 기초 영역을 함께 다룰 수 있도록 수업 모형을 제시하여 줌으로써 동작의 기본 요소 탐색과 창의적 표현 활동을 동시에 강조한 것이다.

2) 통합적 동작 활동의 유형

동작 활동에 있어서의 통합의 의미는 여러 가지로 설명될 수 있겠으나, 이 책에서는 예술 영역 내의 통합과 예술 영역 간의 통합 그리고 타 영역과의 통합 등의 세 가지를 중심으로 설명하기로 한다.

(1) 예술 영역 내의 통합

예술은 크게 감상과 표현의 두 가지 측면으로 대별될 수 있다. 따라서 예술 영역내의 통합이란 이들 두 가지 영역을 활동 내에 통합하는 것을 의미한다. 동작 활동에 있어서 동작 감상(춤의 감상)과 동작 표현은 대개 분리되어 이루어지는 경향이 있다.

그러나 이들 두 영역은 모두 동작 교육에 균형을 이루어 경험되어야 할 중요한 요소이다. 물론 동작 표현 영역에서도 동작의 기초 영역과 응용 영역의 통합의 중요성에 대해서 연구자들이 입증한 바 있으며(김은심, 1995b), 기술 주제와 문화적 주제 등의 동작 교육 내용에 있어서의 하위요소들이 통합되어 진행되어야 하겠지만, 감상 활동과 표현 활동의 균형을 이루는 것이 유아교육에 있어서는 대단히 시급한 문제라고 생각된다(김은심, 2000).

실제로 교육부의 교육 활동 지도 자료집의 활동 중에 표현 생활과 관련된 활동들, 즉 동작 활동, 미술 활동, 음악 활동 등의 상당수가 표현에 관련된 것으로 이루어져 있다. 이러한 이유로 교사는 감상 활동보다는 표현 활동에 치중하게 되며, 유아기의 질 높은 예술 작품의 감상이 필요하다는 인식조차 하지 못하는 경우도 있다. 그러나 유아기에도 좋은 예술 작품에 '노출' 되는 것은 유아의 심미감의 발달에 많은 도움을 줄 수 있다.

이러한 노출 활동은 예술에 대한 이해와 감상력을 높여주므로, 유아를 다양한 예술 작품에 노출시키고, 그 심미적 요소를 알도록 교사가 창의적 질문과 토의를 하는 것이 좋다(Mayesky, 2002).

(2) 예술 영역 간의 통합

상징적 체계를 활용하여 유아가 자기 표현을 하는 예술 영역으로는 동작뿐 아니라 음악, 극화하기 등을 들 수 있다. 유아기의 음악, 미술, 동작 발달은 각각 분리되어 진행되기보다는 서로 연관되어 다른 영역의 발달에 영향을 끼치거나 다른 영역의 발달로 인해 영향을 받으며 점진적으로 세련된 표현이 이루어질 수 있다.

동작과 미술을 통합하기의 예를 들면 유아에게는 직선과 곡선과 같이 단순한 비교를 신체로 표현해 보도록 할 수 있다. 직선 형태의 물건을 몸으로 표현해 보게 하거나, 둥근 물건을 보여주고 신체로 그 모양을 그대로 만들어 보도록 하는 것과 같은 활동을 할 수 있다.

좀더 높은 연령의 유아에게는 다양한 색상의 물건이나 그림을 보여주고 각 물건의 형태를 몸으로 표현해 보게 한 다음, 교사가 제시하는 색의 물건을 상상해 보고 신체로 표현해 보도록 할 수도 있다(예 '초록색' 카드를 보고 생각나는 '개구리' 나 '나무' 등의 모습을 신체로 표현해 보기).

다양한 촉감의 물건들을 보고 그 느낌을 신체로 표현해 보거나, 이야기를 듣고 들은 이야기를 그림으로 그린 다음 그 그림의 내용을 바탕으로 춤을 추도록 하는 것도 미술과 동작을 통합하는 방법의 예가 될 수 있을 것이다.

로댕의 〈카테드랄〉을 감상하고 점토를 이용하여 느낌을 담은 손을 만든 후(예술 영역 내의 통합), 음악에 맞추어 손으로 동작 표현을 하고(그림자막 뒤에서), 코다이의 손 기호를 이용하여 느낌을 담으며 노래를 부르고, 동화를 선정하여 손 동극을 해보는 것은 [그림 3-2]와 같이 예술 영역 간의 통합을 나타내는 활동의 예라고 할 수 있다.

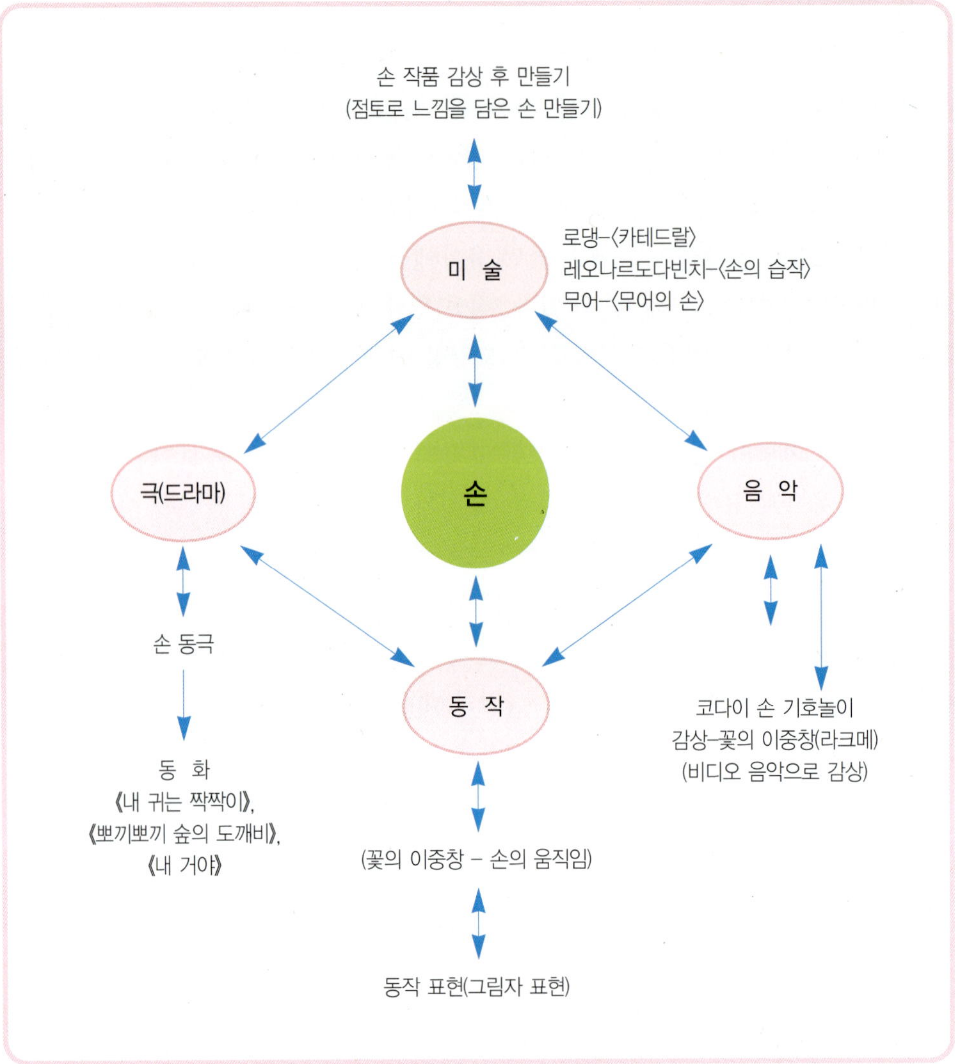

그림 3-2 예술 영역 내 · 영역 간 통합적 활동의 예

(3) 동작 활동과 타 영역과의 통합

일반적으로 유아교육기관의 교육과정에는 7가지 영역-미술, 음악, 동작, 언어, 수학, 과학 및 사회 영역-에 대한 경험을 포함시키고 있다(Pica, 2004). 이 중 미술과 음악은 예술 영역 간의 통합에서 이미 설명하였고, 여기에서는 그 나머지 영역, 즉 언어, 수학, 과학 및 사회 영역과 동작 활동을 통합하는 방법에 대해 설명하고자 한다.

동작과 언어, 동작과 수학, 동작과 과학이나 사회 영역을 통합하는 방법의 예를 들면 다음과 같다. 우선 동작과 언어를 통합하는 활동으로는 몸이나 신체 부분을 이용하여 혼자 혹은 짝과 함께 글자 모양을 만들어 보는 활동에서부터 음절에 맞게 박수치기, 유아가 좋아하는 동시에 맞추어 손유희 하기, 유아가 좋아하는 동화의 등장인물의 움직임을 상상하여 표현하기 등의 활동을 할 수 있다. 여기에 음악적인 요소를 첨가시키면, 더욱 다양한 활동이 될 수 있을 것이다.

예를 들어 《잭과 콩나무》 동화를 듣고, 콩 줄기를 타고 잭이 올라가고 내려오는 것을 악기(예 실로폰)를 통해 표현하며, 올라가는 동작과 내려오는 동작을 신체로 표현해 보거나, 잭과 거인의 발자국 소리의 차이를 북소리로 표현해 보고, 소리에 맞추어 걸어보는 등의 활동을 할 수 있다.

동작과 수학을 통합한 활동의 예는 유아가 일상생활에서 자주 접하게 되는 수학적 개념(수량, 수의 인식, 기초적인 기하학, 더하기와 빼기 등)에 대한 이해를 신체로 탐색해 보는 것으로 시작할 수 있다. 신체를 이용하여 크고 · 작고, 길고 · 짧고, 높고 · 낮고, 넓고 · 좁고, 가장 높고 · 가장 낮고 등의 개념을 표현해 보도록 할 수 있으며, 소도구를 이용하여 위 · 아래 · 옆 등의 위치 개념을 이해시킬 수 있다.

'일곱 번 뛰기' 나 혼자 혹은 친구와 함께 신체 부분이나 신체로 숫자의 형태를 만들어 보도록 함으로써 숫자 인식을 도와줄 수 있다. 신체나 신체 부분으로 다양한 모양의 선, 원 · 사각형 · 삼각형의 모양을 만들어 볼 수 있다. 《황금거위》 동화를 듣고, 등장인물이 점점 늘어나면서 함께 걸어가는 활동을 해볼 수도 있다.

동작과 과학을 통합한 활동의 예는 매우 다양하다. 특히 동물과 같은 주제는 유아에게 너무나 매력적인 주제이다. 단순히 동물이 되어보는 데 그치지 말고 유아가 동물의 특성을 좀 더 구체적으로 탐색하고 토의하도록 하는 것이 필요하다. 예를 들어 '고양이는 천천히 조용히 움직인다. 이렇게 천천히 조용히 움직이려면 어떻게 근육과 발을 사용해야 할까? 꼬고, 뻗고, 둥글게 만들려면 어떻게 움직여야 할까? 등의 질문을 통해 구체적인 탐색의 기회를 제공하는 것이 필요하다. 바퀴, 세탁기, 진공청소기, 믹서와 같은 가정용 기계의 움직임을 묘사해 볼 수도 있다. 비눗방울, 그림자, 자석, 나비 등과 같이 유아가 흥미있어 할 수 있는 모든 주제가 동작 활동과 연관되어 이루어질 수 있다.

동작과 사회 영역을 통합하기 위해서 유아 자신의 감정을 표현하는 것으로 시작하는 것이 좋다. 가족과 친구의 개념이 첨가될 수 있으며, 특별한 날(예 크리스마스, 생일), 직업, 교통 기관, 세계 여러 나라 등도 동작 활동과 관련하여 다루어질 수 있는 주제들이다.

4 창의적 동작 활동의 운영 유형

유아의 움직임에 대한 초기 경험이 성공적이고 즐거웠다면 유아는 신체의 움직임을 좋아하게 될 것이다. 그러므로 유아교육 전문가들은 유아가 움직인다는 것 자체를 좋아하도록 도와주어야 하며, 그러기 위해서는 신체의 움직임을 통해 성공적인 경험을 할 수 있는 기회를 제공해 주어야 한다. 이는 곧 교육 현장에서 교사가 동작 교육과 유아 발달에 관한 정확한 이해와 지식을 기초로 동작 교육을 실시하여야 함을 나타내는 것이라 하겠다.

그러나 동작 교육이 특별한 시간, 즉 창의적 신체 표현 활동 시간에만 국한되어 실시될 필요는 없다. 유아교육기관의 하루 일과 시간 동안 특별한 준비물 없이 간단히 이루어질 수 있는 활동은 매우 다양하다. 유아교육기관의 하루 일과 중에 이루어질 수 있는 몇 가지 방법들을 소개하면 다음과 같다.

이들은 활동과 활동 사이에, 간식 먹기 전에, 이야기 나누기 시간 전에 등 자투리 시간을 활용할 수 있도록 도와줄 수 있으며, 활동을 진행하고 있는 중에도 사용할 수 있을 것이다. 작은북이나 간단한 음악을 준비할 수 있으면 더욱 좋지만, 만약 준비할 수 없다면 유아의 적극적인 참여와 상상력만으로도 충분히 이루어질 수 있다.

1) 일과 진행의 일부로서의 창의적 동작 표현 활동

첫째, 동작 활동을 다른 활동과 연합시킨다. 동작 활동과 연합시킬 수 있는 활동으로는 요리하기, 이야기 나누기, 노래 부르기, 게임, 미술 활동, 관찰, 실험 활동 등이 있다.

예를 들어 팝콘 튀기기 활동(요리하기)의 과정을 지켜보면서 몸으로 표현해 보도록 할 수 있으며, 이야기 나누기 도중에 유아가 특히 흥미를 보이는 주제나 단어를 가지고 즉석에서 동작으로 표현해 볼 수도 있다(예 태풍에 관한 이야기 나누기 중에 바람에 흔들리는 나무를 몸으로 표현해 보기).

이밖에도 나팔꽃을 관찰하면서, 아침에 본 나팔꽃의 모습과 오후에 본 나팔꽃의 모습이 어떻게 다른지 몸을 비틀거나, 두 팔과 다리를 감거나 흔들어서 표현해 볼 수도 있다.

이와 같은 자연스러운 동작 활동(spontaneous movement)은 30초 정도로 끝나는 경우도 있고 길어지면 5분에서 10분까지 지속되는 작은 동작 활동 시간(mini-movement sessions)이 될 수도 있다.

둘째, 유아의 자발적인 동작을 동작 활동으로 연결한다. 유아는 자신들의 감정을 몸으로 표현하고자 하는 경향이 있으므로, 이러한 자연스러운 형식의 표현을 확장하여 동작 활동으로 연결하는 것이 좋다(예 한 유아가 다음 날 소풍을 가기 때문에

[사진 3-5] 이야기 나누기 도중 바람에 흔들리는 나무를 몸으로 표현해 보는 유아들

너무 기쁘다는 것을 표현하기 위해서 껑충껑충 뛰는 것을 보았다면, 교사는 작은북을 쳐주며 유아에게 기쁘다는 표현을 몸으로 표현할 수 있는 다른 방법은 무엇인지 물어보고 실제로 해보도록 한다). 이는 교사가 유아의 동작을 주의 깊게 살피며 동작에 대한 인식을 하고 있을 때에 이루어질 수 있다.

[사진 3-6] 북소리에 맞추어 기쁜 감정을 표현하는 유아들

셋째, 전이 활동에 동작 활동을 활용한다. 새로운 활동이 시작되기 전에 유아로 하여금 다양한 동작 활동을 경험하도록 한다. 원하는 활동 영역으로 다양한 이동 동작을 사용하여 가거나(예 점프해서 블록 영역으로 가기), 상상적인 사물이 되어 이동하거나(예 로봇이 되어 가기), 교사가 치는 북소리의 리듬에 맞추어 이동하기 등을 활용해 본다. 줄을 서서 차례를 기다릴 때도 순서 두더지가 되어 숫자를 부르면 일어섰다가 앉았다가 하는 동작을 하거나, 이야기 나누기를 한 다음에 요리하기를 한다면 요리할 때 어떤 소리가 나는지 생각해 보고 몸의 부분을 이용해서 소리를 내어보는 것과 같은 활동을 할 수 있다. 이러한 활동은 간단하지만 아주 다양한 움직임을 경험해 볼 수 있는 기회가 될 것이다.

[사진 3-7] 로봇이 되어 바깥 놀이를 하러 가기

넷째, 앉아서 하는 활동에 활용한다. 이야기 나누기 시간 전, 비디오 자료 보기 전, 화장실 앞에서 차례를 기다릴 때 등 앉아서 하는 활동에 동작 활동을 활용할 수 있다. 특히 유아교육기관에서 큰 비중을 차지하는 이야기 나누기 시간 전에 손, 팔, 머리, 어깨, 발 등이 어떻게 움직일 수 있는지 탐색해 보는 시간을 가진다.

손을 이용하여 토끼, 애벌레, 거미, 바람에 흔들리는 나뭇잎, 녹아내리는 얼음, 파도처럼 움직여 본다. 팔을 사용하여 부드럽게, 날카롭게, 유연하게, 빠르게, 느리게 움직여 볼 수 있다. 팔꿈치를 무릎에 닿게 하기, 턱으로 동그라미를 그리기, 발로 손뼉치기, 신체의 부분을 올리고 내리기(어깨 올리고 내리기, 눈동자 올리고 내리기 등)를 해본다.

다섯째, 개념 이해에 동작 활동을 활용한다. 어휘나 개념을 이해하고 있는지를 동작을 통해서 제시해 보도록 한다. 동작과 수 · 과학적 개념을 통합하여 활동하는 것도 유아에게 흥미를 줄 수 있다. 풍선의 수축과 팽창하는 모습을 몸으로 표현해 보기, 북소리만큼 점프해 보기, 교사가 제시하는 숫자만큼 돌기 등의 활동을 예로 들 수 있다.

[사진 3-8] 손가락으로 미꾸라지 만들어 움직이기

[사진 3-9] 수축과 팽창

여섯째, 동화 · 동시 듣기 활동에 동작 활동을 활용한다. 동화를 들으면서 동화의 등장인물들처럼 움직여 보는 활동을 한다. 동작 활동에 활용하기 좋은 동화는 동적인 등장인물들이 있고, 반복적이며, 특징적인 인물이 있는 내용이다. 동화를 다 듣고 난 다음 동작 활동을 할 수도 있고, 동화를 들으면서 동작 활동을 할 수도 있다.

《모자장수와 원숭이》를 듣고 두 명씩 짝을 지어 모자장수와 원숭이가 되어 보거나, 《커다란 순무》를 들으며 모두 함께 구부렸다 펴기를 해볼 수도 있다. 노르웨이 전래 동화인 《생강빵 사람 *The Gingerbread man*》, 《사과가 쿵!》, 모리스 샌닥의 《괴물들이 사는 나라》 등은 동작 활동으로 표현하기 좋은 동화들이다.

[사진 3-10] 《사과가 쿵!》이라는 동화를 들은 후 동물 모습으로 이동하기

일곱째, 이동하는 시간을 동작 활동으로 활용한다. 화장실 갈 때, 놀이터 갈 때, 계단 · 복도 다닐 때, 등 · 하원할 때 등의 시간에도 동작을 활용할 수 있다. 소집단 작업이나 소집단에서 대집단 영역으로 이동할 때에도 주제에 맞는 것을 동작으로 표현하며 이동할 수 있다. 예를 들어 곤충이 주제라면 자기가 좋아하는 곤충이 되어 날아오거나 뛰어올 수 있다. 놀이터로 나갈 때 굴착기나 소방차, 비행기가 되어 이동할 수 있으며, 등원할 때에도 개구리나 펭귄 같은 동물이 되어 들어오거나, 복도 앞에 'S' 자 선을 그어놓고 선을 따라 걸어 오거나 한 발로 앙감질해서 이동할 수 있다.

[사진 3-11] 나비가 되어 실외 영역으로 이동하기

2) 독립된 활동으로서의 창의적 신체 표현

동작표현 활동시간을 임의로 규정하여 독립된 활동으로 진행할 때는 좀 더 활동을 면밀히 계획하여 유아로 하여금 심도 있는 탐색 활동이 이루어질 수 있도록 도와주어야 한다.

이는 대체로 계획, 적용, 평가의 단계로 나누어 이루어질 수 있다. 또한 동작 활동을 계획하기 위해서 교사는 공간의 크기와 종류, 동작 활동 지속 시간, 필요한 소도구와 자료 등을 고려하여야 한다. 물론 이들은 유아의 연령, 참여할 유아의 수, 사용 가능한 자료 등을 고려하여 결정하여야 할 것이다.

본 장에서는 교사의 역할을 이해하고 수업을 계획하기 위한 기초적 틀을 제시하기 위해 동작 활동의 계획 · 적용 · 평가의 세 단계로 나누어 수업을 진행하는 방법에 대해 알아보고자 한다.

(1) 동작 활동의 계획 단계

동작 활동을 계획할 때 교사는 우선 무엇을(활동 내용), 왜(목표), 어떤 집단 형태로(집단 크기), 언제(활동 시간), 어디서(공간), 어떻게(활동 과정) 활동할 것인지를 고려하여야 한다. 이러한 여섯 가지 항목을 토대로 하여 계획안을 작성하기 위해 알아야 할 점들에 대해 살펴보면 다음과 같다.

1 동작 활동 내용 선정의 일반적 원리

동작 활동의 내용 선정시 고려해야 할 것은 유아가 자신의 신체로 할 수 있는 동작이 무엇인지를 경험할 수 있는 시간을 충분히 제공하는 것이다. 동작 활동을 '재미있게' 전개하고 싶어서 유아의 발달 단계나 수준은 고려하지 않고 유아의 흥미 위주로만 활동을 선정한다면 이는 적절한 내용 선정이라 할 수 없을 것이며, 창의적인 표현이라는 미명아래 동작 활동은 의미 없는 움직임으로 그치기 쉽다.

따라서 유아의 연령 및 수준을 고려하여 단순한 신체놀이(physical play), 반구조적 신체 활동(semi structured physical activity), 교수를 통해서 더 발전된 형태의 동작을 학습하기 위한 구조적 동작 활동(structured physical activity) 등을 다양하게 경험할 수 있도록 해야 한다.

즉, 신체에 대한 유아의 인식을 증진시킬 수 있는 동작에서 시작하여, 유아를 둘러싸고 있는 공간을 탐색할 수 있는 기회를 유아에게 제공하고, 여러 가지 다른 신체의 부분들을 움직일 수 있는 방법들을 탐색하도록 해야 한다. 그리고 이러한 활동을 생활 주제와 결합시켜 보도록 함으로써 유아의 흥미를 증진시키고 창의적 표현이 이루어지도록 할 수 있다.

유아교육 프로그램은 대개 주제 중심으로 교육 활동을 선정하고 운영한다. 교육부의 유치원 교육 활동 지도 자료집에 제시된 생활 주제는 유치원, 나, 친구, 가족, 이웃과 고장, 동물, 건강한 몸과 마음, 교통 기관, 도구와 기계, 우리나라와 다른 나라, 환경, 지구와 우주, 봄, 여름, 가을, 겨울 및 특별한 날들로 구성되어 있으므로 이들을 중심으로 활동 내용을 선정할 수 있을 것이다. 이외에도 유아가 흥미 있어 하는 다양한 주제와 연결하여 동작 활동의 내용을 선정할 수 있다.

내용 선정이 끝나면, 교사는 동작 표현을 자극하고 흥미를 유발시켜 다양한 표현이 이루어질 수 있는 자료를 선정해야 한다. 동작 표현을 다양하게 촉진시킬 수 있는 자료는 그림 자료, 사진, 슬라이드, 모형 또는 직접 관찰할 수 있는 실물 자료(낙엽, 낙지, 병아리, 팝콘, 풍선 등)나 소도구(공, 리듬막대, 스카프 등)가 있다.

또한 동작 활동에 이용할 수 있는 고정 시설(그네, 미끄럼틀, 기어오르기틀 등)과 이동 가능한 소품(평균대, 텀블링, 매트 등)의 사용도 필요할 때마다 계획하여 준비하여야 한다.

이밖에도 교사가 바닥에 붙여놓은 테이프 모양(직선, 곡선, 지그재그선 등)에 따라 걷기, 달리기, 스킵하기 등과 같은 이동 동작을 다양하게 변화시켜 할 수도 있고, 리듬악기나 다양한 장르의 음악도 훌륭한 자극물이 될 수 있으므로, 교사는 내용 선정이 끝나면 선정된 내용에 따라 동작 활동에 필요한 소도구가 무엇인지, 유아의 흥미를 높일 수 있는 활동 자료들이 무엇인지를 연구하여 준비해야 할 것이다.

활동을 하기에 앞서 교사는 대상물에 대해 다음 [표 3-2]와 같은 탐구 과정을 거쳐 활동을 예상하여 동작 활동 예상안을 마련해 보는 것이 좋다. 특히 탐구 과정 중의 움직임 브레인스토밍, 기본 동작, 기본 요소 브레인스토밍, 교수 자료 등은 방사선의 형태를 이용하며 시각화해 보는 것도 좋다.

표 3-2 교사의 활동 대상 탐구 과정의 순서

첫째, 주제 선정 –생활 주제와 동작 주제를 중심으로 활동 내용 선정– 예를 들어 동물이라는 단원을 전개하면서 '거북의 여행'이라는 동작 활동을 결정할 수 있다.
둘째, 주제에 따른 자료의 움직임을 예상하여 가능한 모든 움직임이나 특성을 브레인스토밍하고, 그에 따른 동작의 기본 요소 및 기본 동작을 중심으로 한 브레인스토밍을 함께 하여 기록해 본다.

● 자료(예 거북)에 따른 움직임 브레인스토밍

[거북]

• 엉금엉금 기어가는 모습
• 물 속에서 헤엄치기
• 땅 위를 걸어가기
• 기어가다가 뒤집어진 모습
• 뒤집었다가 몸을 다시 바르게 하는 모습

- 머리를 몸 속으로 넣었다가 내미는 모습
- 거북의 고갯짓
- 물 속에서 입을 뻐끔거리는 모습
- 꼬리의 움직임
- 알을 낳는 모습
- 모래를 파는 모습
- 알에서 깨어나는 모습
- 바위를 넘어가는 모습
- 아래로 헤엄치는 모습
- 위로 헤엄치는 모습
- 머리와 발을 모두 등딱지 속에 넣었을 때
- 먹이 먹는 모습

●자료(거북)와 관련된 기본 동작/기본 요소 브레인스토밍
- 엎드려서 기어가기
- 목을 앞으로 내밀고 뒤로 빼기
- 양팔을 이용해서 헤엄치기
- 엎드려서 팔과 다리를 폈다가 구부리기
- 빨리, 느리게 기어가기
- 누워서 팔과 다리, 몸을 다양하게 흔들기
- 몸을 웅크리고 엎드리기
- 엎드렸다가 몸을 다시 앞으로 뒤집기

셋째, 교사는 구체적으로 다음과 같은 질문을 스스로에게 하면서 두 번째 단계에서 마련된 목록을 사용하여 동작의 요소를 구체적으로 분석해 본다.
- 전신을 사용하도록 할 것인가 / 신체의 일부를 사용하도록 할 것인가?
- 직선을 사용할 것인가 / 구불구불한 길을 사용할 것인가?
- 수준, 경로, 범위, 방향은?
- 속도와 리듬은? / 동작의 강세를 둘 것인가? / 가속과 감속은? / 어디에서 잠시 쉴 것인가? / 동시에 같은 박자로 모든 사람이 움직일 것인가? / 리듬은 변화시킬 것인가?
- 어떤 유형의 강세가 사용되는가? / 언제 동작이 강하게 혹은 가볍게 변화되도록 할 것인가?
- 동작의 흐름은 유연한가 탄력적인가? / 흐름은 변화되는가?
- 개별, 짝과 함께 소집단으로 중 어떻게 유아들을 조직할 것인가?
- 대형은 어떤 형태를 취할 것인가?
- 관계는 어떤 형태를 취하는가? / 관계는 변화하는가?

넷째, 사용 가능한 모든 교수 자료를 수집한 후 가장 적절하다고 생각되는 자료를 선정한다. 예를 들어 앞에서 분석한 거북은 실물을 사용하여 활동을 전개할 수도 있으며, 《토끼와 거북》이라는 동화를 듣고 그 움직임을 신체로 표현해 볼 수도 있다. 실물을 사용할 경우 모든 유아가 그 움직임을 명확히 탐색할 수 있도록 실물화상기를 병행하여 사용하는 것도 좋은 방법이 될 수 있다. 활용 가능한 교수 자료의 예는 다음과 같다.

● 활용 가능한 교수 자료 수집 및 선정의 예

- 실물 · 모형
  - –거북
  - –알에서 거북이 되는 4단계 모형
  - –옛날 거북(아르켈론) 모형
- 사진 및 그림 자료
  - –거북의 부분 그림
  - –여러 가지 거북 사진(청거북, 남생이, 악어거북, 돼지코거북, 뱀목거북, 바다거북)
  - –알에서 거북이 되는 과정
- 비디오
  - – '거북' 자연과학 비디오
- 음악
  - –노래 '거북이'
- 동화
  - –《거북》 질베르 우브르, 꼬마샘터
  - –《토끼와 거북》 전래동화
- 인터넷
  - –www.reptiles.co.kr(세계 파충류 공원): 거북 움직임 동영상

다섯째, 이상의 자료 수집 과정과 활동 방안을 예상하기 위해 [그림 3-3]과 같이 방사선을 작성하여 시각화한다.

거 북

비디오

- '거북이'-자연과학 비디오
  - 거북의 움직임, 생김새, 사는 곳을 보고 표현한다.

사진 및 그림 자료

- 여러 가지 거북 사진
  - 청거북, 돼지코거북, 뱀목거북 등 어떻게 다르게 생겼는지 비교해 보고 동작으로 표현한다.
- 알에서 거북이 되는 사진 · 그림
  - 알을 낳는 모습, 알, 알에서 나오는 모습, 새끼 거북, 움직이는 모습을 표현한다.

실물, 모형

- 거북 실물
  - 어항 속에서 헤엄치는 모습, 밖에 나와서 기어가는 모습, 다리 · 목 · 꼬리의 움직임을 표현한다.
- 아르켈론 모형
  - 거북의 시조가 되는 바다공룡 아르켈론 모형을 만져보고, 발, 꼬리, 이빨 등을 표현한다.

인터넷

- 거북의 사진을 보고 움직임을 표현한다.
- www.reptiles.co.kr(세계 파충류 공원)
  - 거북이 움직임 동영상을 보고 동작으로 표현한다.
- 코끼리거북을 관찰하고, 여러 명이 함께 코끼리거북을 표현한다.

동 화

- 《거북》-질베르 우브르, 꼬마샘터
  - 거북의 종류, 뒤집어진 모습, 먹이 먹는 모습, 앞 · 뒷발의 크기를 보고 표현한다.
- 《토끼와 거북》-전래동화
  - 동화의 줄거리를 이야기하고 동작으로 표현한다.

음 악

- 노래 '거북이'
- 음악을 들으며 동작을 만들어 본다.

그림 3-3 '거북' 자료를 이용한 활동 방사선

2 동작 활동의 목표 설정

동작 활동에 대한 수업 계획은 융통성을 전제한다는 것을 앞서 언급한 바 있다. 그러나 융통성이 부여된다고 해서 목표가 없는 것은 아니며, 어떤 활동이든 분명한 목표가 있어야 한다. 즉, 이 활동을 통해 유아가 무엇을 성취해야 하는지를 분명하게 설정하는 것이 중요하다.

Graham 등(1993)은 활동 목표는 구체적으로 서술되어야 하고 평가가 가능하도록 세부적으로 설정해야 한다고 하였다. 예를 들어 '공 던지는 동작을 학습하기'와 같은 목표는 일반적인 목표일 뿐이며 구체적이지는 않다. 교사는 공 던지는 동작을 세부적으로 나누어 이를 목표로 설정할 수 있다. 가령, 공 던지는 준비 자세로 '공을 든 팔을 머리 뒤로 가져갈 수 있다' '한쪽 발을 앞으로 내딛는다' 등의 목표를 설정함으로써, 동작이 끝난 후에 이들 목표에 의거하여 구체적인 평가를 할 수 있다(Pica, 1995).

창의적 동작 표현의 경우에도 마찬가지이다. 주제를 중심에 놓고 그 활동에서 달성하고자 하는 목표를 동작과 기본 요소를 중심으로 구체적으로 기술해 본다면 많은 도움이 되리라 생각한다. 물론 주어진 4개의 틀(관계, 공간, 신체, 노력)에 모두 다 기입할 수도 있겠으나, 필요에 따라 한두 가지만을 기록해도 상관은 없다. 모든 유아가 진술한 목표를 동시에 성취하기는 어려우므로 교수 계획에 설정된 목표는 일반적인 의미를 갖는다고 할 수 있다. 위의 예처럼 이동, 비이동, 조작적 동작 활동들을 신체 기술 수준별로 구체적인 목표로 설정할 수 있으며, 유아의 활동 참여(즐거움, 적극성 등), 동작에 대한 발견과 탐색, 확산적인 사고력, 창의적인 표현력의 신장도 목표로 진술될 수 있다.

동작 요소와 관련하여 구체적으로 목표를 작성하는 것은 [그림 3-4]와 [그림 3-5] [그림 3-6]을 참고할 수 있다.

관 계

- 다른 사람과 부딪치지 않고 움직이기

공 간

- 자기 공간과 일반 공간에서 조절된 행동으로 다양하게 움직이기

미꾸라지

노 력

- 낮은 공간에서 몸 전체를 유연하게 움직이기
- 힘이 빠진 미꾸라지의 모습을 인식하며 움직이기
- 미꾸라지의 움직임에서 빠르기에 변화를 주며 움직이기

신 체

- 미꾸라지의 움직임을 인식하면서 몸 전체를 쭉 펴서 팔과 다리, 배를 꼬불꼬불하게 움직이기

그림 3-4 목표 방사선 작성의 예

그림 3-5 동작 요소 분석표 (Logsdon et al., 1997)

노력

시 간
- 빠르게–느리게
- 가속–감속
- 갑작스럽게–지속적으로

공 간
- 직접적–간접적
- 똑바로–유연하게

무게, 힘
- 무겁게(강하게)
- 가볍게(약하게)

흐 름
- 탄력있는–유연한
- 멈출 수 있는–지속적인

동작 요인
시간/무게/공간
- 한 가지 요인 탐색(조사)
- 두 가지 요인 결합(연합)
  - –시간/무게
  - –시간/공간
  - –시간/흐름
  - –무게/공간
  - –무게/흐름
  - –공간/흐름
- 세 가지 요인(시간/무게/공간)의 결합(연합)
- 여덟 가지 기본 동작
  - –비틀기, 누르기, 미끄러지기, 뜨기, 튀기기, 밀어내기, 내려베기, 토닥거리기

관 계

기구 및 소도구
- 바로 위에–아래–옆
- 가까이–멀리
- ~위에–~아래에
- 뒤–앞
- 오르기–내려오기

개인과 집단
- 위–아래
- 떨어져서–함께
- 뒤–앞–옆
- 만나기–헤어지기
- 가까운–먼
- 위쪽에–아래쪽에
- 뒤따르기–모방하기–이끌기
- 거울–일치–반대
- 연속적으로
- 묻기–대답하기
- 혼자–함께
- 지지하기–지지받기

신체 부분
- 위–아래
- 떨어진–모인
- 뒤–앞
- 가까운–먼
- 위쪽에–아래쪽에

다른 관계들
- 리듬–소리
- 음악–진동
- 시–줄거리–단어
- 삽화–소도구

그림 3-6 동작 요소 분석표 (Logsdon et al., 1997)

3 집단의 크기 및 활동에 소요되는 시간

Sullivan(1982)은 교사가 1명일 때에 3~4세 유아는 5명 정도로, 5세 이상의 유아는 10~15명 정도의 크기가 적당하다고 하였다. 집단의 크기는 공간 사정에 따라, 교사의 지도 능력이나 보조교사의 유무에 따라 그리고 동작 활동 내용에 따라 달라질 수 있다. 일반적으로 대집단보다는 소집단 크기로 동작 활동을 전개하는 것이 효과적이다. 가능한 한 소집단 활동이 되도록 계획해야 하겠지만 소집단 활동이 어려울 때에는 대집단 크기로 동작 활동을 계획하기도 한다(Pica, 1995).

동작 활동을 실시하는 시간의 길이는 유아의 연령이나 상황에 따라 다르다. 가령, 소집단의 경우는 대집단보다 활동 시간이 적을 것이며, 유아가 즐거워하고 흥미 있어 하면 시간은 조금 길어지기도 할 것이다. 대체로 3세 유아인 경우에 동작 활동 시간이 15분을 넘지 않도록 계획하고, 4~5세의 유아에게는 20분 정도의 길이가 적당하다고 하였으며(Sallivan, 1982), Stinson(1988)은 활동 시간의 길이를 정하는 것도 유아 스스로 결정하도록 해볼 수 있다고 하였다.

Slater(1993), Wetton(1988), Fauman(1983), Cherry(1976) 및 Rodger(1996) 등도 한 가지 활동을 하는 데 소요되는 시간은 5분에서 45분으로 유아의 연령, 활동의 특성, 유아의 흥미 등을 고려하여 융통성 있게 조절하는 것이 좋다고 하였다(김은심, 1995). 따라서 교사는 교육할 대상 유아를 고려하여 적절한 시간을 선정하여야 할 것이다.

(2) 동작 활동의 적용 단계

집단 형태의 교육 활동들은 대부분 도입-전개-종결의 과정으로 이루어진다. 이에 대해 좀 더 자세히 살펴보기로 하자.

첫째, 도입 혹은 예비 활동—대체로 도입에서는 유아의 학습 동기 유발과 흥미를 높이고 자연스럽게 동작 활동으로 끌어들이는 단계로 구성된다. 도입 부분은 전 시간에 배웠던 간단한 동작, 손유희, 이동 동작 등을 반복해 본 다음 이번 시간에 할 동작 활동명을 이야기하고 이어질 활동에 대해 유아가 호기심을 갖도록 계획된다. 대개 유아의 과거의 경험이나 다양한 시청각 교수 매체를 이용하여 유아의 관심과 흥미를 모을 수 있다.

도입 단계에서 사용할 수 있는 방법들은 다음과 같다.

- 동작 활동 주제와 관련된 자료를 사용하여 유아의 흥미와 학습 동기 유발을 높일 수 있다. 활용될 수 있는 자료의 유형은 다양하다. 즉, 사물 모형이나 퍼펫류, 그림 자료, 관찰 자료(애벌레, 물고기, 풍선 등), 녹음 테이프(동물의 소리, 음악 등), 이외에도 동작 활동에 사용되는 소품(후프, 리본막대 등)을 활용하여 유아의 호기심을 자극할 수 있다.
- 간단한 손동작이나 몸동작을 통한 주의 집중 게임, 수수께끼를 통해 자연스럽게 동작 활동과 연결시킬 수 있다.
- 활동명을 이야기하고, 유아가 동작 활동에 대한 기대감을 갖도록 이끈다. 이야기의 시작은 유아의 구체적인 경험이 반영되도록 한다.
- 도입 과정은 짧은 시간(3~5분) 내에 이루어지도록 하는 것이 중요하다. 도입 부분에서 교사의 이야기가 길어지면, 유아는 오히려 동작 활동에 대한 흥미를 잃을 수 있다.
- 도구가 동작 활동에 사용되는 경우에는 이 도구로 무엇을 해야 하는지 알려주어야 한다(Mayesky, 2002). 유아는 새로 접한 자료에 흥미를 보이지만, 익숙해지면 자료의 사용법과는 관계없이 자료 활용에 방해를 하는 경우도 있다. 올바른 자료 사용이 되도록 유아와 토의할 수 있다.

둘째, 전개 혹은 본 활동－전개 과정은 활동 내용에 따라 유아가 동작을 경험하는 부분으로서 시간 비중이 크다. 수업의 전개는 교사의 교수 접근 유형－지시적 접근이나 비지시적 접근 유형인 발견·탐색적 접근－에 따라 언어적인 계획이 달라진다. 중요한 것은 유아가 자유로운 신체 탐색을 충분히 경험할 수 있도록 언어 계획을 하여 효과적인 수업 전개가 되도록 계획하는 것이다. 이러한 과정에서 고려해야 할 것은 다음과 같다.

- 동작 활동 내용에 따라 유아가 동작 표현을 생각해 낼 수 있는 다양한 유형의 질문을 한다. 특히 유아가 대상물을 면밀히 파악할 수 있도록 탐색적 질문을 한다.
- 유아 자신의 생각을 동작으로 표현할 수 있는 자유로운 분위기를 허용하고, 격려한다.
- 교사가 활동 내용에 따라서 시범을 보여줄 수 있으며, 이러한 경우에도 유아가

자신의 생각을 충분히 표현할 수 있도록 한다.

- 동작 활동을 하면서 충돌이 일어나지 않도록 관심을 가져야 한다.
- 교사는 세밀한 관찰을 통해 다양한 동작 특성을 유아 스스로 발견하도록 이끌고 격려와 칭찬을 한다.

셋째, 종결 혹은 회상하기–동작 활동 전개에 따라 유아가 참여하여 동작 경험을 하고 난 후에 마무리를 하면서 동작을 끝낸다. 이 마무리 과정에서는 동작 활동에 참여하며 느낀 것을 잠깐 동안 회상해 보며 가능한 즐겁게 활동이 끝날 수 있도록 계획한다. 또한 다음 활동으로 연결지어 전이하는 활동까지 계획하도록 한다.

회상하기의 과정은 대부분 활동에 대한 느낌을 간단히 회상하는 과정으로 평가의 의미를 두기도 한다. 동작 활동에서는 이미 활동을 전개하는 중에 부분적인 평가를 하게 된다. 즉, 동작 탐색과 발견이 일어나도록 하기 위해 교사는 동작이 진행되는 중간 중간 유아가 표현한 동작의 특성을 찾아보며 유사한 점과 달랐던 점들을 비교하기도 하고 격려를 해주기도 한다. 따라서 회상하기의 과정에서는 동작 활동을 마무리하는 전체적인 평가를 하고 다음 교육 활동과 자연스럽게 연결시켜야 한다.

- 동작 활동은 즐거운 경험으로 마무리되도록 한다.
- 유아가 동작 활동을 하고난 후의 느낌과 생각을 표현하는 기회를 갖도록 한다.
- 다음 활동으로 자연스럽게 전이한다.

(3) 동작 활동의 평가

동작 활동이 끝난 후에 교사는 평가 기록하는 역할을 해야 한다. 배인자와 한규령(1996)은 동작 활동에 대한 평가는 두 가지 측면에서 작성될 수 있다고 하였다. 하나는 동작 활동 계획에 따라 교육 활동이 실행되었는지를 평가 기록하는 것이며, 다른 하나는 유아 개개인에 대한 관찰 평가 기록이다. 첫째, 동작 활동 실행에 대한 평가 기록은 활동 계획에서 설정하였던 목표를 성취하였는지에 대한 평가 기록, 활동 전개 과정에서 계획과 다르게 진행된 점의 평가 기록, 그리고 동작 활동에 사용된 소도구나 자료가 유용하게 활용되었는지를 평가 기록하는 것으로 세분화해 볼 수 있다.

두 번째로 유아 개인에 대한 평가 기록은 동작 활동을 전개할 때 유아의 동작 표현을 관찰하여 평가 기록하는 것과 유아의 인지 · 사회 · 정서 · 신체 · 언어 발달 영역, 즉 전체적인 발달 과정을 관찰하여 평가 기록하는 것을 말한다. 특히 동작 교육은 유아의 전인적 발달을 돕는 것에 목적을 두므로, 교사는 신체적 능력만을 관찰하는 것이 아니라 개념이나 창의적 사고 등 언어 · 인지 발달 외에도 여러 친구들과 함께 활동하며 나타내는 사회성 발달 측면, 성취감 등을 나타내는 정서 발달 측면을 관찰하여 기록하는 것은 대단히 중요하다 하겠다.

평가는 다음 교육 계획을 구성할 때에 중요한 역할을 한다. 그러나 우리나라의 경우 동작 활동이 대부분 대집단 활동으로 진행되므로 교사가 평가 · 기록하는 데 어려움이 있을 수 있다. 그러므로 교사가 관찰할 수 있는 소수의 인원을 계획하여 하루에 몇 명씩만이라도 간단한 관찰 기록을 하여야 한다. 또한 보조교사나 교육 실습생을 적극 활용하고, 이를 위해 체크리스트를 작성해 두는 것도 도움이 될 것이다.

지금까지 교육 계획안 작성 시 교사가 염두에 두어야 할 것을 중심으로 살펴보았다. 이에 더해서 교사가 진행할 활동에 대한 대략적인 흐름을 활동 진행 전에 기술해 보는 것이 필요하다. 이는 동작 활동에서 상당히 중요한 비중을 차지하고 있는 교사의 발문과 관련지어 생각해 볼 수 있는 문제이다. 창의적인 활동을 할 때 교사는 활동의 주도권을 유아에게 주어야 하고, 그러기 위해서는 유아의 창의적 과정의 흐름을 방해하지 말아야 한다는 생각이 지배하기 때문에 자칫 방임하는 경우가 생길 수 있다. 이럴 때에는 많은 교육 활동이 오히려 주도적인 몇몇 유아의 동작을 그대로 따라하여 획일적 움직임으로 나타나거나, 혹은 본래의 의도와는 다르게 뛰고 달리거나 잡기 게임이 되어버리기도 하는 것이다.

따라서 교사는 자신이 선택한 동작 활동의 목표가 무엇인지 구체적으로 기술한 다음 이러한 목표에 따라 활동을 진행하는 데 필요한 언어적 중재에 대해 깊이 있게 생각해 보아야 한다.

5 교사의 역할

1) 창의적 동작 표현을 위한 이야기 나누기

유아는 동작 표현 시 경험한 것과 본 것들을 그대로 표현하지 않고, 자기 나름대로 생각하고 상상하여 재창조한다. 유아가 경험한 것을 재창조하는 과정은 이야기 나누기의 경험에 의해서 촉진된다. 다음에서 교사가 이야기 나누기의 과정을 통해 유아의 창의적 표현을 격려할 수 있는 방법에 대해 알아보기로 한다.

(1) 이야기 나누기의 내용

최근 동작 활동에 대한 관심은 동작의 기본 원리를 이해함으로써 유아의 생각, 감정 등을 표현하도록 돕는 교수 방법을 발견하는 방향으로 변화하였다. 이는 유아가 동작의 기본 원리를 이해하고 이를 자신의 경험과 결합시켜 표현하도록 할 때에 창의적 표현이 더 잘 이루어지기 때문이다.

유아는 주변 세계의 모든 것에 관심이 있으며, 이 모든 것을 동작으로 표현할 수 있다. 따라서 유아가 관심을 갖고 있는 모든 것은 이야기 나누기의 내용이 될 수 있다. 유아가 사물에 대해서 어떻게 생각하는지, 사물의 특징들을 어떻게 찾아내는지, 동작 활동 과정에서 자신의 신체를 어떻게 사용하는지, 제시된 자료의 어떤 점을 탐색할 것인지 등을 예로 들 수 있다.

이야기 나누기의 내용은 상황에 따라 바뀔 수 있기 때문에 교사는 제시할 활동에 대해 끊임없이 생각을 해야 할 것이다. 실제로 이야기 나누기 활동과 동작 활동은 끊임없이 진행되고 변화되는 과정적 특징이 있다.

(2) 이야기 나누기의 시기

이야기 나누기를 동작 활동과 연관시키기에 가장 적절한 때는 유아가 표현하려는 욕구가 일어날 때이다. 유아가 나름대로 결정하기 전에, 또 생각을 구체적인 활동으로 나타내기 전에 이야기 나누기를 한다면 동작 표현은 더 정교해질 것이며, 유아가 자유스럽게 대상물을 탐색하며 심도 있는 상호 작용을 하게 된다면 효과는 더 커지게 될 것이다.

이야기 나누기의 내용이 얼마나 풍부해지는가 하는 것은 유아의 흥미, 관심, 어휘력에 따라 달라진다. 따라서 유아의 흥미와 관심이 고조될 때, 유아가 스스로 이야기 나누고 싶어 할 때에 이야기를 나누는 것이 가장 좋다.

동작 활동을 시작하기 전에 하는 이야기 나누기는 참조물이나 사건에 대해 유아의 흥미, 관심을 유발시켜 표현하고자 하는 욕구를 생기게 한다. 이런 표현 욕구에 의해서 유아는 활동을 계획하고 교사들은 유아가 무엇을 할 것인지를 예측할 수 있게 된다. 이야기 나누기는 언어를 통해서 생각을 표현하고, 다른 사람의 이야기를 듣는 기회를 제공함으로써 자신의 사고를 더 명백하게 만들어 준다.

이야기 나누기를 통해서 자신의 사고를 언어화하여 들었을 때 더욱 그 의미가 확실해지고 그 구체적인 형태가 형성되기 때문이다. 또한 이야기를 하는 동안 유아는 자신들의 의도나 계획에 대한 다른 사람의 반응을 관찰하고 이를 근거로 계획을 수정하기도 하고 자신감을 가지고 행동할 수도 있다.

일단 동작 활동을 시작하여 진행하고 있는 동안에 이야기를 나누는 것은 좀더 의미 있는 방법으로 동작 활동을 하도록 돕는다. 이는 유아로 하여금 동작 활동을 잘 이해하고, 당면한 문제 상황을 더 쉽게 해결하며, 활동의 속도를 조절할 수 있게 한다. 특히 창의적 동작 활동을 적용할 때 교사는 유아와 함께 표현하고자 하는 대상물에 대해 깊이 있게 탐구하는 질 높은 상호 작용을 하여야 한다.

상호 작용의 과정에서 교사는 제안하기(suggesting, ㉾ 팝콘이 터지기 전에 어떤 모습이었을까? 아주 몸을 작게 만들어서 팝콘이 터지기 전의 모습을 만들어 볼까? 우리 모두 함께 커다란 물고기를 만들어 볼까?), 서술해 주기(describing, ㉾ ㅇㅇ는 팝콘이 터지기 전의 모습을 만들기 위해서 팔과 다리를 오므리고 있구나. △△는 팔과 다리를 오므리고 바닥에 납작하게 엎드렸구나! 둥근 모양 안에서 미꾸라지가 되어 움직이려고 다리를 구부리고 있구나), 시범 보이기(modeling, 예 선생님은 아주 작은 팝콘의 모습을 만들기 위해서 팔과 다리를 이렇게 꼬고, 머리는 무릎 사이로 넣을 거야. 선생님처럼 해보겠니?)를 적절히 사용하여 질 높은 표현이 이루어지도록 하여야 한다.

[사진 3-12]에서 볼 수 있는 것처럼, 유아가 모두 함께 한 마리의 커다란 물고기를 만들기 위해서는 교사와의 상호 작용이 필요하다.

동작 활동을 끝낸 후에 이야기를 나누게 되면 유아는 생각하고 의도했던 것과 만들어진 동작 사이의 차이점을 발견하게 되며, 이러한 발견을 근거로 다음에 동작 활동을 할 때는 더 긍정적이고 보편적인 해결 방안을 모색할 수 있다.

즉, 언어화(verbalization)를 통해서 동작 활동의 과정을 다시 회상하고, 다음 활동을 하기 위한 평가를 하는 과정이 된다.

[사진 3-12] 협동하여 커다란 물고기를 만드는 과정에 대해 교사와 상호 작용하기 전과 후의 모습

(3) 이야기 나누기의 방법

교실에서 유아와 교사, 또는 유아끼리 이야기를 나눌 때에 누가 주도를 하는지는 중요한 문제이다. 주도를 누가 하느냐에 따라 이야기 나누기 방법은 달라지기 때문이다. Sund(1974)는 이야기 나누기를 할 때 유아와 교사, 유아와 유아 간의 상호 작용의 형태를 교사 중심, 유아 중심으로 구분하고 있다.

많은 유아교육기관에서는 교사 주도적으로 이야기 나누기가 진행된다. 이때 유아의 참여는 적거나 없을 수도 있다. 유아의 수준을 수용하고 유아에게서 다양한 생각이나 느낌을 끌어내려면 이야기 나누기는 유아 중심적인 방법으로 운영되어야 할 것이다. 이야기 나누기는 질문에서 토의에 이르기까지 명령, 지시, 정보 나누기 등의 모든 활동이 포함된다.

Barnes(1987)는 창의적 표현을 위한 이야기 나누기의 준거를 다음과 같이 제시하였다.

- 유아가 하는 일에 근거를 두고 이야기할 것
- 유아의 아이디어를 확장시킬 수 있도록 할 것
- 열심히 노력하는 것에 대해 이야기할 것
- 상상한 것을 이야기할 것
- 활동에서 표현된 감정에 대해서 이야기할 것
- 제시된 교수 자료에 대해서 구체적 탐색을 하도록 할 것
- 사용된 여러 가지 다양한 방법에 대해서 이야기할 것

(4) 이야기 나누기를 촉진시키는 질문

이야기 나누기는 다양한 형태의 언어적 상호 작용이지만 그 중에서도 교사의 질문은 중요한 기능을 한다. 왜냐하면 이야기 나누기를 할 때에 교사의 질문 형태에 따라 언어적 상호 작용의 질이 결정되기 때문이다.

1 질문의 유형

Amidon과 Hunter는 교실에서의 언어적 상호 작용을 사고의 폭에 따라 제한형 질문과 확장형 질문으로 구분한 바 있다. 제한형 질문은 단순한 암기 및 간단한 사실

적 대답을 기대하는 질문으로서 질문 자체가 매우 구체적이며 기대되는 대답이 제한되어 있고 대답을 예측할 수도 있다. 확장형 질문은 다양한 대답을 하게 하는 질문으로 그 대답을 예측하기는 어렵다. 이는 유아에게 정답을 요구하지 않고, 사물에 대해 역동적으로 탐색할 수 있기 때문이다. 그러므로 유아의 느낌, 판단, 의견 등이 포함된다(이성호, 1986).

Ross(1987)는 개방식 질문(open-ended question)과 예-아니요 질문(yes-no question)으로 구분하고 있다. 개방식 질문은 각각의 유아에게서 각각 다른 대답을 요구하는 것이고, '예-아니요' 질문은 하나의 단어 또는 '예, 아니오' 로만 답하도록 요구하는 것이다.

Almy와 Genishi(1979)는 질문의 유형을 지시적 질문과 비지시적 질문으로 나누고 있다. 지시적 질문(direct question)은 일정한 하나의 정답을 요구하며 유아는 교사가 요구하는 사물의 특징만을 대답하는 질문의 형태이다. 이 질문은 교사가 유아의 반응이나 답을 미리 알고 사용하는 것으로서 테스트형 질문이라고 할 수도 있고, 유아의 주의집중을 위해서 사용되기도 한다. 즉, 이러한 유형의 질문은 단순한 암기나 반복적인 회상을 하기 위해서 사용된다. 비지시적 질문(undirect question)은 일정한 정답을 요구하지 않는 질문으로 유아는 질문에 대답하기 위해서 사물을 역동적으로 탐색하여야 한다. 이 질문은 유아의 경험을 재구성하고 새로운 홍미를 갖게 하여 발견 학습으로 이끌어 학습을 증진시킨다. 이런 질문들은 유아 주도적으로 이루어진다.

2 창의적 표현 능력 증진을 위한 질문

유아의 창의성을 조장할 수 있는 질문은 Ross가 제시한 '확산적 질문' 과 Almy와 Genishi가 제시한 '비지시적 질문' 의 형태라 할 수 있는데, 이는 유아로 하여금 역동적인 탐색을 하도록 하며, 유아의 생각을 재구성하여 새로운 창조를 할 수 있게 하기 때문이다.

Kostelnik 등(1999)은 개방적 질문의 목적은 유아로 하여금 그들에게 떠오르는 아이디어나 생각, 감정을 말하도록 하는 것이라고 하였다. 즉, 개방적 질문은 유아에게 자신들이 긍정적으로 받아들여지고 있음을 느끼게 해줌으로써 자존심을 고양시킬 뿐 아니라, 성인과 유아의 관계를 증진시키는 데 기여한다고 한다. 그에 따르면 교사의 개방적 질문은 유아에게 다음의 [표 3-3]과 같은 사고를 요구하게 된다.

표 3-3 개방적 질문의 유형과 유아의 사고

교사의 개방적 질문 유형	유아의 사고
· ~하면 어떻게 될까? · 다음에는 어떤 일이 생길 것 같니?	· 예측하기
· 너는 길을 잃어 본 적이 있었니? 그때 너는 어떻게 했었니? 그때처럼 해볼 수 있겠니?	· 이전의 경험을 재구성하기
· 이 꽃(동물, 사람, 집 …)들은 어떤 점이 다를까?	· 비교하기
· 우리는 운동회 때 어떤 경기를 하면 좋을까?	· 결정하기
· 어떤 과일(동화, 색깔…)을 제일 좋아하니? 왜 그걸 제일 좋아하니?	· 평가하기
· 공룡이 오늘날까지 살아 있다면 어떤 모습일까? 그 공룡이 되어볼까?	· 상상하기
· 고래 뱃속에서 나올 수 있는 다른 방법은 무엇일까?	· 대안을 제안하기
· 일 년 중 지금 같은 계절에 나비를 어디서 찾을 수 있을지 생각해 보자.	· 사실적인 지식을 적용하기
· 이 항아리 안에 몇 개의 구슬이 들어 있는지 알려면 어떻게 해야 할까?	· 문제 해결하기
· 얼음을 녹였을 때 어떤 일이 일어났는지 보았지? 그러면 이제 우리가 이 눈덩이를 녹인다면 어떤 일이 벌어질 것이라고 생각하니?	· 일반화하기
· 이 재료들을 가지고 어떻게 빵을 만들 수 있었을까?	· 변형하기
· 너는 어떻게 그들이 함께 갔다고 판단할 수 있었니?	· 유추하기

출처: 허미애 (2001)

Barnes(1987)는 세부 사항에 관심을 갖도록 질문함으로써 유아가 보는 것에 주의를 집중하도록 격려할 수 있으며, 강력한 심상(mental image)을 형성하게 할 수 있다고 주장하였다. 따라서 교사의 질문은 시각적 인식을 확장시키고 유아 자신의 심상, 사고 등을 명료화시킨다.

Hamblen은 창의적 표현을 증진시키기 위한 질문 방법을 다음과 같이 제안하고 있다.

- 질문을 연속해서 던지는 일은 피해야 하고, 질문은 하나의 개념이 명료하게 들어 있는 문장으로 진술하여야 한다. 이야기 나누기를 하기 전에 핵심이 되는 질문(core question)의 내용을 미리 결정해야 한다.
- 교사 중심적으로 임의적인 해석을 해서는 안 된다.
- 애매하고 모호한 질문은 피해야 한다.
- 예-아니오의 질문은 피해야 한다.
- 단순한 암기를 위한 질문을 해서는 안 된다.
- 답이 들어 있는 질문은 피해야 한다.
- 간단한 대답이나 빨리 대답하도록 유도하는 질문은 피해야 한다. 이야기 나누기의 성패가 유아가 얼마나 빨리 대답했는지에 있는 것은 아니므로 질문 후에 충분히 기다리는 시간(wait time)을 두어야 한다.
- 질문의 난이도가 다양해야 한다. 유아가 더욱 잘 이해하고 알 수 있도록 하기 위해서는 질문의 난이도를 변화시켜야 한다.
- 교사의 생각, 의도하는 특별한 말이나 단어들을 찾게 하는 질문을 피해야 한다. 이것은 단순한 암기, 회상만을 요구하기 때문이다.
- 질문의 길이를 변화시켜야 한다. 지나치게 난해한 질문, 너무 긴 문장, 전문 용어의 사용은 피한다.
- 주의가 산만한 유아를 당황하게 하는 질문을 해서는 안 된다. 대부분의 유아는 다른 유아 앞에서 지적받는 것을 두려워한다. 이 두려움은 이야기 나누기를 방해하는 행동을 하거나 혐오감을 갖게 한다.
- 유아의 주의를 집중시킬 수 있는 질문을 하여야 한다.
- 질문할 때 독특한 개인만의 발음을 흉내내는 것을 피해야 한다.

- 질문에 대한 대답은 길고 자세한 설명으로 이루어지도록 해야 한다. 한 가지 질문에 특정한 정답을 기대하는 것은 바람직하지 않다.
- 질문은 유아의 생각을 요약할 수 있도록 해야 한다. 즉, 유아가 결론을 내리거나 중요한 점을 알도록 도와주어야 한다.

교사의 질문은 유아 동작 활동에 중요한 영향을 미친다. 좀더 유아 중심적인 동작 활동이 이루어지도록 하기 위해서는 유아 자신으로부터 자연스럽고 창의적인 동작 표현 활동을 하도록 도와야 한다. 유아와 교사가 함께 이야기 나누는 것은 유아의 경험을 바탕으로 하여 연결되지 않았던 사고들을 서로 연결시켜서 사고력을 증진시키고, 사고력의 증진에 의해서 새로운 창조를 하도록 돕는다. 유아와 교사의 상호 작용의 과정이 유아의 재창조 과정에 도움이 된다는 것은 미술 활동에서는 많은 연구가 이루어져 왔다.

예를 들어 Anderson(1970)은 이야기 나누기에 의해서 유아는 시각적 형태(visual form)를 형성하고 더욱 세련되게 함으로써 새로운 상상력과 통찰력이 생겨서 더욱 창의적인 미술 활동을 할 수 있다고 하였다.

Mcwhinnie(1971)는 실물의 제시 및 이야기 나누기의 기회가 유아 그림의 심미성 및 그림의 질에 미치는 영향을 연구하였는데 그 결과에 의하면 이야기 나누기의 기회를 갖지 않은 유아는 90% 정도가 전형적으로 틀에 박힌(stereotypic) 나무 모양을 그렸고, 사진이나 그림을 보면서 이야기 나눈 후에 그림을 그린 유아는 다양하면서도 사실적인 나무 모양을 그렸다고 한다(Seefeldt, 1987).

Douglas와 Schwartz(1967)는 유아가 도자기에 대해 더 풍부한 경험을 하게 하려고 도자기를 놓고 이야기를 나누었는데 그 결과 심미적 감상 능력, 다양한 아이디어 및 독창성이 증진되었다고 한다.

이러한 연구 결과는 동작 표현에도 적용될 수 있다. 왜냐하면 미술이 선 · 면 · 형태와 같은 미적 요소와 물감 · 크레파스 등의 미술 재료로 유아의 창의적 사고가 표현되는 것과 같이, 동작은 기본 동작과 기본 요소 및 유아의 신체라는 재료를 가지고 내적인 사고를 표현한다는 점에서 유사하기 때문이다.

2) 유아-교사 상호 작용의 유형

질 높은 상호 작용은 유아교육기관에서 이루어지는 모든 교수-학습 활동에서 가장 중요하다. 질 높은 상호 작용에는 질문법이 상당히 중요한 비중을 차지한다. 질문을 통해 교사는 유아의 주의(관심)를 환기시키고, 호기심 및 지적 활동을 위한 동기를 유발시켜서 수업에 적극적으로 참여하도록 유도하게 되고, 유아의 다양한 사고를 촉진해 주기 때문이다.

김은희(1999)는 교사와 유아 간의 여러 가지 상호 작용의 형태를 학습 이론에 따라 유형화하여 그림으로 제시하고 있다. 이들은 교사의 가치관에 따라 조금씩 차이가 있으며, 유아와 상호 작용을 하는 교사는 자신의 언어적 상호 작용의 유형을 분석해 볼 필요가 있다.

'개구리'를 가지고 유아와 상호 작용을 하는 다음의 네 가지 장면을 상상해 보기 바란다(김은희, 1999).

대화 유형 1. 유아의 기존 지식에 새로운 정보를 계속적으로 제시하는 형태

대화 유형 1의 도식

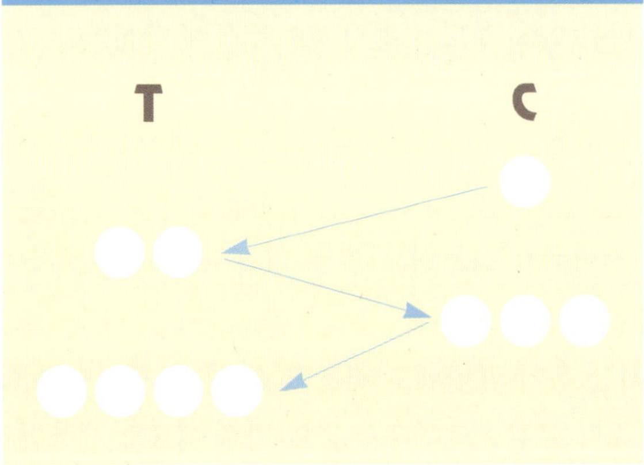

유 아	봐요. 여기 개구리가 있어요.
교 사	입 좀 봐. 벌려져 있잖아.
유 아	정말 혀도 있네요.
교 사	입 안에 끈적끈적한 게 있구나.

대화 유형 2. 정보를 주기보다 강화를 위한 칭찬과 인정을 주는 형태

대화 유형 2의 도식

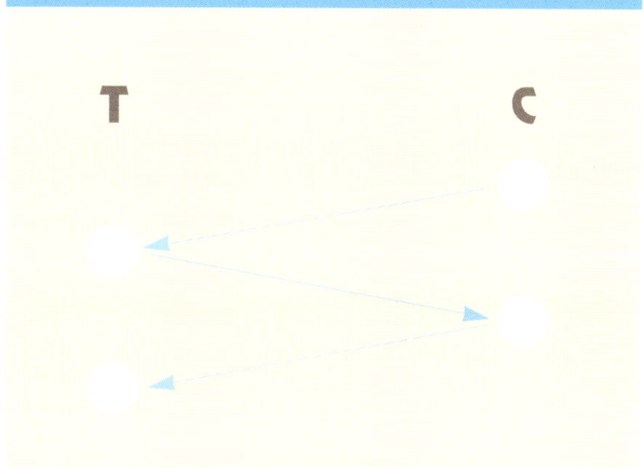

유 아	여기 개구리 좀 보세요. 입이 닫혀 있어요.
교 사	어디? 거기 개구리가 있구나 입이 닫혀 있네.
유 아	개구리가 벌레를 잡으려 하네요.
교 사	그래 맞아. 책에서 읽은 것을 잘 기억하고 있구나. 아주 좋아.

대화 유형 3. 유아에게 갈등하게 하는 형태

대화 유형 3의 도식

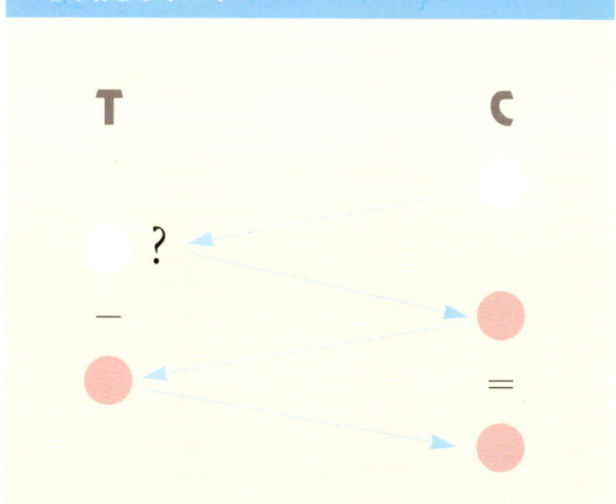

유 아	개구리를 봤어요.
교 사	개구리가 물 위에 앉아 있니?
유 아	아니요. 연잎 위에 앉아 있어요. 연잎이 받쳐주고 있는데요.
교 사	여기 벌레가 있네. 물 위에서 움직이고 있는데. 물벌레는 연잎 위에 있지 않네.
유 아	예. 물벌레는 작으니까요.

대화 유형 4. 유아의 생각을 토대로 한 레지오식 타협점이 내재된 형태

대화 유형 4의 도식

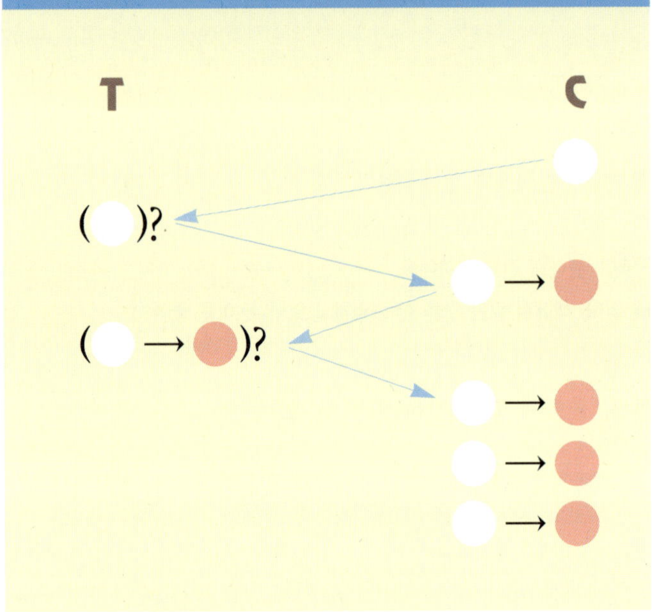

유 아	봐요. 여기 개구리가 있어요.
교 사	그래. 그 개구리에 대한 너의 생각을 이야기해 볼래?
유 아	연잎 위에 오래 앉아 있었을 거예요.
교 사	연잎 위에?
유 아	그 위에 올라갔어야 됐겠죠. 헤엄치고, 또 헤엄쳐서 올라갔을 거예요. 저도요 그 전에 수영장에서 떠 있는 튜브에 올라가려 했는데 쉽지는 않았어요.
교 사	그럼, 너는 떠다니는 연잎 위에 개구리가 어떻게 올라갔는지 알겠구나. 그러면 다른 친구들에게 물어보자. 개구리가 그 위에 어떻게 올라갔는지. 그리고 그림으로 그려 보자.

허미애(2001)는 교사들이 사고 교육과 관련된 교육 활동을 수행할 때에 특별한 질문 목록을 준비함이 없이 유아에게 확산적 질문을 하고 유아의 반응에 대해 "참 재미있는 생각을 했구나!", "정말 그렇게 된다면 참 신나겠구나!", "또 다른 생각이 있니?" 등의 정의적이고 수용적이며 격려적인 수준에서 언어적 상호 작용을 멈추는 경향이 있음을 지적하고 있다.

그러나 이렇게 상호 작용이 이루어졌을 때, 유아는 즉흥적이고 발산적인 사고 경험을 통한 창의적 사고의 향상은 이루어지지만 자신이 산출해 낸 사고에 대해 좀더 사려 깊게 생각하고 더 객관적으로 평가하며 인내심을 가지고 지속적으로 사고해 보는 등의 비판적 사고와 관련된 경험은 부족하게 된다. Malaguzzi(1993) 역시 유아의 사고력 발달에 가장 좋은 조건은 개인 간의 상호 작용이며, 교사는 유아와 나눌 대화를 미리 준비하고 토론할 만한 질문을 던짐으로써 유아의 비판적 · 창의적 사고를 최고 능력까지 올릴 수 있다고 주장한 바 있다.

따라서 교사가 유아와 함께 언어적 상호 작용을 함에 있어서 창의적 사고와 비판적 사고의 기능 및 성향들을 고려하여 더 사려 깊게 질문 내용을 선정하고 준비된 대화를 나눈다면, 유아의 사고력, 즉 자율적이고 창의적인 문제 해결력은 더 증진될 수 있을 것이다.

6 창의적 동작 교육과 교수 자료

1) 교수 자료를 활용한 창의적 동작 교육의 개념

교수 매체(educational media)는 의사소통을 더 명확히 하는 데 도움을 주고, 교육 방법을 여러 가지로 제시하여 유아의 흥미를 자극하고, 학습의 효과를 증진시키는 도구이다. 이 중 교수 자료(teaching materials)는 교수 효과를 증대시키기 위해 도입 · 활용하는 모든 자료이다. 교수 보조물, 또는 시청각 자료라고도 한다. 교과서 · 신문 · 잡지 · 괘도 · 표본 · 사전 · 모형 · 사진 · 환등 자료 · 영화 · 라디오 · 녹음기 · 텔레비전 · 비디오 녹음 등이 교수 자료에 포함된다.

일반적으로 유아교육기관에서의 창의적 동작 활동은 음악과 신체의 움직임을 포함하여 교육하는 것을 말한다. 이는 유아에게는 음악과 동작을 연관시켜 교육하는 것이 효과적이기 때문이다. 그러나 이때 교사가 유의해야 할 것은 동작 교육에 음악이 충분조건은 될 수 있으나 반드시 필요한 것은 아니라는 점을 이해하는 것이다. 음악을 사용하여 동작 활동을 진행할 때에 그 리듬감이나 분위기 등으로 인해 유아가 적절히 자신의 신체를 활용하여 내적 감정을 표현할 수 있겠으나, 음악이 사용되지 않더라도 그림(이야기)책, 그림 자료, 비디오 자료, 실물들을 이용하여 활동을 진행할 경우에도 유사한 결과를 얻을 수 있기 때문이다(김은심, 2000).

동작 교육을 더 활기 있게 운영하기 위해서는 이러한 자료들 외에 좀 더 다양한 공학적 기자재를 사용할 필요가 있다. 즉석 카메라, 녹음기, 비디오 카메라, OHP, 슬라이드 프로젝터, 실물환등기, 그림자 스크린 등과 같은 기자재를 동작 활동에 교수 매체로 활용할 때에는 대단히 놀라운 효과를 얻을 수 있으며, 유아의 동작 표현이 더 깊이 있게 이루어질 수 있다.

예를 들어 《피터와 늑대》 음악 동화를 듣고, 각 등장인물이 음악에 맞추어 움직여보는 활동을 하는 경우, 늑대의 화난 모습, 심심해 하는 모습, 배가 고픈 모습 등을 표정으로 연기해 보고 이를 즉석 카메라를 이용하여 찍은 후 비교해 볼 수 있을 것이다. 이러한 활동을 통해 유아가 단순히 늑대의 외양적인 모습을 흉내 내는 데 그치는 것이 아니라 감정에 따라 모습이 바뀔 수 있다는 것을 탐색해 보는 데 구체적인 도움을 줄 수 있을 것이다. 또한 활동에 필요한 모습으로 분장을 한 후 이를 찍어 기록해 줌으로써 흥미를 유발시킬 수 있을 것이다.

비디오 카메라는 유아의 표현 활동을 기록하여 평가할 때 이용하면 대단히 좋은 효과를 얻을 수 있다. 유아는 자신들이 찍힌 모습을 다시 회상하며 더 잘 움직일 수 있는 방법을 모색하기도 하고, 활동에 방해가 되었던 유아는 자발적으로 행동을 수정하는 기회를 제공받는다.

슬라이드 프로젝터는 동작 활동에서 대단히 유용하게 쓰일 수 있는 기자재이다. 다양한 장면이 찍혀 있는 슬라이드(꽃동산, 하늘, 바다 등)를 벽면이나 스크린에 비추면서 움직여 보게 할 때에 유아는 마치 그 장소에 자신들이 있는 것 같은 느낌을 받을 수 있으며, 더 풍부한 상상력을 발휘할 수 있으리라 생각된다.

실물화상기는 교사가 준비한 자료를 많은 유아와 함께 구체적으로 탐색할 수 있도록 도와준다. 거북의 여행이라는 동작 활동을 위해 실물인 '거북'을 탐색하는 과정에서 실물환등기를 통해 유아는 좀더 구체적으로 대상을 탐색할 수 있는 기회를 가질 수 있다. 또한 사진이나 그림 자료가 다소 적더라도 실물환등기를 통해 살펴볼 때 큰 무리가 없이 활동을 진행할 수 있다. 이밖에도 그림자 스크린이나 OHP와 같은 것도 유아의 창의적 동작 표현을 도와줄 수 있는 좋은 기자재이다. 매체를 이용한 창의적 동작 표현에서 강조하고자 하는 것은 가능하면 다양한 매체를 사용하여 유아에게 내재되어 있는 독특한 생각을 외부로 표출하도록 도와주는 것이며, 이때 교사가 유의해야 할 점은 제시하고자 하는 활동의 목표에 따라 적절히 활동의 매개체를 선정하는 것이다.

2) 동작 교육에 활용 가능한 교수 자료의 종류

여러 가지 교수 자료 가운데 유아의 상상력을 자극하여 창의적인 표현을 이끌어 내는 데 도움이 될 수 있는 자료를 중심으로 특징과 활용 방법을 간략하게 살펴보기로 한다.

(1) 실물

1 특징

실물은 기존의 물체 그 자체를 말하며, 학습 상황에서 사용되는 실제 사물들이 포함된다.

[사진 3-13] 실물 사진

실물은 실제적이고 구체적인 경험을 하게 할 뿐 아니라 시각, 청각, 촉각, 후각, 미각의 오감각을 통한 직접적인 경험을 하게 해준다.

유아교육 현장에서 활용할 수 있는 실물의 예는 다음과 같다.

- 식물: 과일, 여러 종류의 씨앗
- 동물: 올챙이, 토끼, 병아리, 금붕어, 거북
- 기타: 여러 가지 모양의 돌멩이, 조개껍데기, 여러 가지 사물들(시계, 전화기 등), 기계류(주서기, 청소기 등)

2 동작 활동에의 활용 방법의 예

거북을 실제로 보며 움직임, 생김새를 자세히 관찰할 수 있다. 물에서 헤엄치는 모습, 목의 움직임과 기어가는 모습, 꼬리의 형태와 움직임, 뒤집어진 거북의 생김새와 다시 뒤집어지는 과정과 방법을 알 수 있고, 그것을 사실적으로 동작으로 표현할 수 있고, 그림이나 사진을 보고 표현하기 어려운 작은 움직임을 표현해 볼 수 있다.

거북의 얼굴을 실물화상기로 확대해서 본다면 눈의 생김과 움직임, 입을 벌리는 모습을 더 자세히 관찰할 수 있을 것이다. 거북을 보면서 언어로 그 움직임을 표현하며, 신체로 표현해 볼 수 있다. 예를 들어 "거북의 다리가 지느러미처럼 생겼어요" "거북의 목이 앞으로 뒤로 움직여요" "다리가 등껍질 속으로 들어갔어요"와 같이 움직임을 말로 설명해 볼 수 있으므로 유아가 더 흥미있어 할 수 있다.

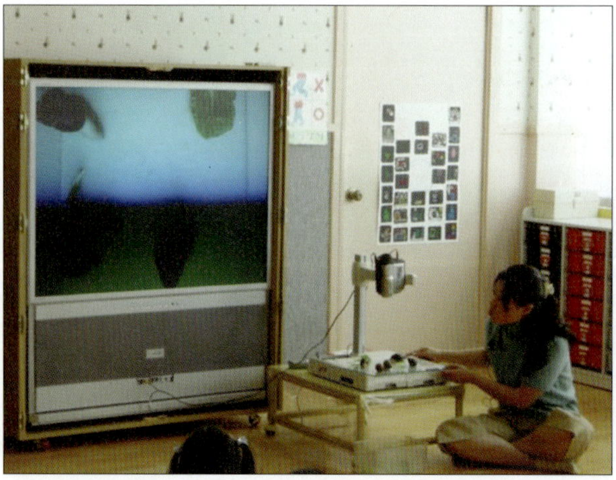

[사진 3-14] 실물화상기로 탐색하는 모습

(2) 모형

1 특징

모형(model)이란 실물과 구조는 같으나 규모가 다르게 만들어진 것을 말한다. 표본으로 경험하는 것이 어렵거나 바람직하지 못할 때에는 확대 · 축소, 혹은 같은 크기로 만들어 교육 활동에 사용할 수 있다. 실물이 아주 크거나 너무 작아서, 또는 복잡해서 직접 원하는 것을 볼 수 없거나 먼 거리에 있는 것일 때, 혹은 옛날에 살았거나 실제를 직접 다루기가 위험하거나 실물이 희소가치가 아주 높은 것일 때 간편하게 모형으로 만들어서 사용하면 교육의 효과를 높일 수 있다. 실제의 물건이 너무 크거나 작아서 또는 위험해서 직접 만져보고 간편하게 다루기가 적합하지 못할 때는 모형으로 만들어 제시하면 유아가 친근하게 다루면서 활용할 수 있다 .

2 동작 활동에의 활용 방법의 예

공룡을 실제로 볼 수가 없어서 비디오나 사진 자료를 많이 이용하고 있으나, 모형을 제시해 줌으로써 공룡의 생김새를 더욱 입체적으로 경험해 볼 수 있다. 특히 뿔의 생김새, 공룡의 비늘이나 무늬, 발톱, 날개 등은 모형을 보면서 만져볼 수 있다. 실제로 보고 만질 수는 없으나, 모형으로도 그 느낌과 생김새를 움직임으로 표현할 수 있다.

거북이 알에서 깨어나서 성장하는 과정을 모형으로 제시해 주면서, 각 단계의 모습 변화를 쉽게 비교해 볼 수 있고, 한꺼번에 모두를 볼 수 있으므로 변화 과정을 유아가 바로 보고 신체로 표현할 수 있다.

[사진 3-15] 거북의 성장 과정 모형

(3) 사진 및 그림 자료

1 특징

그림 자료는 평면에 교사나 유아가 직접 그린 것, 잡지나 책의 그림, 직접 찍은 사진, 포스터 등 아무런 기구 없이 제시할 수 있는 시각 자료로 유아교육 현장에서 가장 많이 사용되는 것이다. 그림 자료는 잡지, 신문, 카탈로그 등에서 필요한 자료를 선정하여 사용할 수 있다.

2 동작 활동에의 활용 방법의 예

사진이나 그림 카드를 이용해 여러 가지 다양한 춤의 종류(부채춤, 발레, 리본춤 등)를 보여줄 수도 있으며, 리본을 흔드는 모습을 그림카드로 제시함으로써 유아의 움직임을 격려해 줄 수도 있다.

그림은 정적인 자료이므로 한 발로 서 있는 체조 선수의 모습, 리본을 회전시켜 회오리 모양을 만든 장면, 여러 명이 함께 신체로 모양을 구성한 모습 등을 통해 유아에게 다양한 동작에 대한 아이디어를 제공해 줄 수 있다.

사자나 독수리와 같은 동물들은 동작의 정지된 장면을 사진으로 보면서 움직임을 더 자세히 관찰하고 표현할 수 있다. 또한 사진으로는 볼 수 없는 가상적인 이야기를 그림으로 그려서 자료를 이용할 수 있다. 예를 들어 공룡과 유아들이 악수를 하는 모습이라든가, 만약에 고래가 땅으로 올라오면 어떻게 될까와 같은 상상은 그림 자료를 이용하는 것이 좋다.

[사진 3-16] 바닷속 장면

(4) 비디오

1 특징

비디오 자료는 동적인 대상의 움직임을 그대로 표현해 줄 뿐 아니라 가깝거나 멀리, 빠르게 또는 느리게 촬영하여 관찰하기 쉽도록 자료를 제공해 줄 수 있다. 오페라, 판소리, 연극, 뮤지컬, 비디오 문학(그림책의 내용을 비디오로 재구성한 것, ㉠ 레오 리오니의 〈스위미〉), 애니메이션 자료 등을 비디오로 만들어 제시함으로써, 원하는 장면을 느리게 재생하여 보거나 되풀이하여 볼 수 있으므로 유아의 이해를 도울 수 있다.

2 동작 활동에의 활용 방법의 예

꽃이 피는 과정을 씨앗에서부터 꽃이 피고 지는 것까지를 빠르게 편집하여 보여줄 수 있다. 특히 이러한 정보는 동적이며 현실감이 있기 때문에 학습자의 강한 흥미를 유발시키며, 동작 활동에의 활용도도 높다. 따라서 역동적인 움직임이 학습의 주된 내용인 자료로 사용하면 효과적이다. 특히 움직임을 자세하게 보여줄 수 있으므로 동작 활동을 할 때 유아에게 움직임에 관한 정보를 생생하게 제공할 수 있다. 예를 들어 비디오 자료로 파도의 다양한 모습을 보고 이를 표현하도록 하면, 그림 자료나 슬라이드 자료와 같은 정적인 자료를 보았을 때보다 더욱 생동감 있는 정보를 제공하고, 유아가 신체를 움직여 보도록 동기 유발시키기가 용이하다.

특정한 동작이 필요한 활동의 경우에는 비디오로 움직이는 모습을 정확히 찍어서 보여줌으로써 신체를 어떻게 움직여야 하는지에 대한 아이디어도 제공할 수 있다. 예를 들어 자신의 신체를 어떻게 움직이는지에 대해서는 교사의 시범을 통해 동작을 알려줄 수 있지만, 운동회에서 여러 명이 둥글게 원을 만든 후 움직여야 하는 동작을 알려 줄 때는 비디오를 보여준 후 어떻게 움직일지 이야기해 주면 훨씬 쉽게 협동하여 움직일 수 있다. 또한 오페라나 애니메이션 영화 같은 자료는 시각적 효과뿐 아니라, 청각적인 효과를 얻을 수 있다. 음악을 들으면서 동작으로 표현하는 장면을 보고, 동작을 더 아름답게 표현할 수 있고, 리듬감이나 생동감을 더 효과적으로 표현할 수 있다.

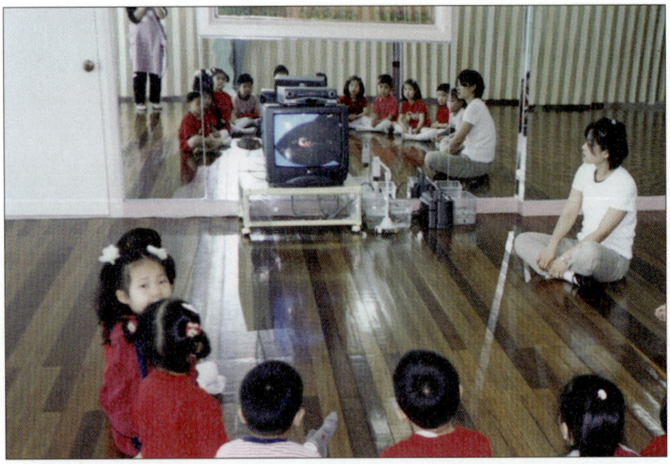

[사진 3-17] 비디오 동화 〈스위미〉를 보며 신체로 표현하는 모습

(5) 실물화상기

1 특징

실물화상기는 그림책, 신문, 잡지, 나뭇잎 등 빛을 투과하지 않는 불투명한 자료뿐만 아니라 슬라이드 필름이나 오버헤드 투시화를 자료 제시대에 올려놓은 후, TV 모니터에 투영하여 물체를 확대 · 영사해서 볼 수 있는 영상 시각 매체이다. 실물화상기는 물체를 좀더 세밀하게 관찰할 수 있는 장점이 있다.

2 동작 활동에의 활용 방법의 예

사진이나 그림과 같이 여러 명의 유아가 함께 볼 수 없는 자료를 실물화상기로 확대시켜 볼 수 있고, 여러 장면을 한꺼번에 TV 모니터로 볼 수 있다.

작은 곤충이나 물건을 실물화상기로 확대시켜 자세히 관찰할 수 있다. 손의 지문, 곤충의 무늬, 더듬이 등과 같은 미세한 생김새와 움직임을 앞, 위, 옆으로 관찰하고 동작으로 표현할 수 있다.

앞서 설명한 거북은 세부적인 특징을 여러 명의 유아가 함께 관찰하기에는 무리가 있을 수 있으므로 실물화상기를 이용하여 유아의 탐색 과정이 용이하도록 도와주는 보조 기구로 활용함으로써 유아의 표현을 도울 수 있다.

커다란 작품을 구하기 어려운 미술 작품일 때에는 실물화상기를 이용하여 관찰함으로써 유아가 함께 감상하고 신체로 표현하는 기회를 가질 수 있다.

(6) 여러 가지 소도구

1 특징

유아교육 현장에서 동작 활동에 사용할 수 있는 소도구는 스카프, 공, 리본테이프, 리듬막대, 훌라후프 등 다양하다. 이들은 동작을 시작하기 위한 매개체로 사용될 수도 있고, 동작 활동을 더 확장시키는 매개체로 사용될 수도 있으며, 동작 활동을 하는 동안 계속 이용하기 위한 자료로 사용될 수도 있다(Purcell, 1994). 이러한 소도구는 유아가 쉽게 접할 수 있는 자료이므로 친숙한 느낌을 주어 여러 가지 창의적인 동작을 유도할 수 있다.

2 동작 활동에의 활용 방법의 예

시작 단계에서 소도구 사용하기(initiate movement)는 동작의 도입 단계에서 유아의 흥미를 이끌어내기 위한 자료로 사용될 수 있다. 신체를 이용하여 직선과 곡선을 만드는 활동을 하기 위해 유아에게 로프로 만든 직선과 곡선을 보여주면서, 로프 모양처럼 몸을 이용하여 모양을 만들어 볼 수 있다.

확장 단계에서 소도구 사용하기(moving together with props)는 기존의 동작을 더 확장시키고자 할 때에 소도구를 이용할 수 있다. 예를 들어 손가락을 이용하여 여러 가지 글자 만들기를 하고 난 다음 리본테이프나 스카프를 유아에게 제공하고 그 도구를 이용하여 글자를 만들어 보도록 함으로써, 맨손으로 만들 때와 도구를 이용할 때의 차이를 유아에게 경험시킬 수 있다.

동작 활동의 소품으로 사용하기(moving together with props)는 4명의 유아가 하나의 스카프를 들고 공을 공중으로 높이 들어 올리거나 내리는 동작을 하거나 음악에 맞추어서 스카프 춤을 출 수 있다.

[사진 3-18] 스카프 춤추기

[사진 3-19] 동작 활동의 소품으로 스카프 사용하기

(7) 슬라이드

1 특징

슬라이드는 슬라이드 필름을 슬라이드 환등기로 투사하여 보는 평면적이고 정적인 시각 자료로서 그림, 사진 자료와 같이 유아교육기관에서 많이 활용되고 있다.

특히 슬라이드는 사진이나 그림과 같이 정적인 화면이지만 그보다 훨씬 실감나는 커다란 그림을 보여줄 수 있는 교수 매체이다. 또한 슬라이드 자료는 연속적으로 제시할 수 있기 때문에 빠르게 이루어지는 동작을 나누어 순서대로 보여줄 수 있다. 그리고 시 · 공간을 초월하는 시각적 경험을 제공하는 동시에 한 장면을 정지된 상태로 오랫동안 투시해 보여줄 수 있다.

2 동작 활동에의 활용 방법의 예

바닷속 장면이나 우주 공간 등 시 · 공간의 제약으로 직접 경험하기 어려운 장면을 제공함으로써 유아가 창의적으로 움직일 수 있는 자극물이 될 수 있다.

(8) OHP 자료

1 특징

OHP(overhead projector)란 투사기에 빛을 반사하여 화면화할 수 있는 투영 기구이며, 투시 자료(transparency, TP)란 OHP용 아세테이트지에 글씨를 쓰거나 그림을 그리고 색칠하여 만든 시각 자료이다.

OHP 자료는 OHP의 유리판에 올려놓고 빛을 투사하여 화면화할 수 있는 영상 매체로 유아에게 매력적이며, 신비감을 줄 수 있는 시각 자료이다.

일반적으로 아세테이트, 셀로판, 아크릴판 등에 OHP용 유성 색연필이나 유성 사인펜(네임펜) 등을 이용하여 학습 내용을 쓰거나 그려서 사용하기도 하고, 일반 복사기를 이용하여 흑백의 투시 자료로 제작 · 사용하기도 한다.

2 동작 활동에의 활용 방법의 예

OHP용 자료를 동작 활동에 사용하기 위해서는 색 아세테이트지 위에 바늘 구멍을 뚫어서 배경으로 사용하거나, 푸른색 아세테이트지 위에 물풀 모양을 오려 붙이고 바닷속을 표현한 다음 유아가 물고기를 표현해 보도록 할 수 있다.

또한 OHP를 이용해서 겹치는 장면을 효과적으로 이용할 수 있다. 예를 들어 피노키오 그림책을 보고 만드는 과정을 OHP 필름을 겹치면서 보고, 하나하나씩을 표현해 볼 수 있고, 만드는 모습을 직접 표현해 볼 수 있다.

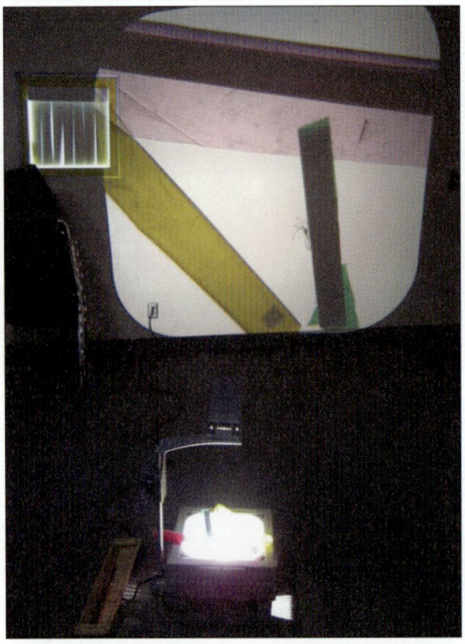

[사진 3-20] OHP 활용의 예

(9) 기타

그밖에 동작 활동을 창의적으로 이끌고자 할 때 사용할 수 있는 자료는 바닥에 그려놓은 선, 벽면의 환경 구성, 바닥에 펼친 자료, 교사, 유아 자신의 복장 등으로 다양하다.

선이나 테이프 등으로 바닥이나 벽면을 구성해서 그 선을 기준으로 안, 밖에서 동작을 표현할 수 있다. 벽면에 파도 모양의 셀로판지로 환경을 구성한 다음 높고 낮은 파도의 모습을 신체로 표현할 수도 있으며, 케이크가 되기 위해 소용돌이 모양의 선을 그려놓고 그 곳을 중심으로 꽃, 리본, 초의 모양을 신체로 만들어 볼 수도 있다.

교사는 움직이는 자극물이 될 수 있으며, 유아 자신의 복장을 통해 창의적 동작 표현을 이끌 수도 있다. 바닥에 그려 놓은 선, 벽면의 환경 구성, 바닥에 펼친 자료를 활용해서 유아의 표현을 더 재미있게 할 수 있고, 공간을 한정함으로써 좀더 적극적인 표현으로 유도할 수 있다.

- 활용 예 1: 바닥의 마스킹 테이프 원 안에 들어가 '미꾸라지' 가 되어 움직이는 모습

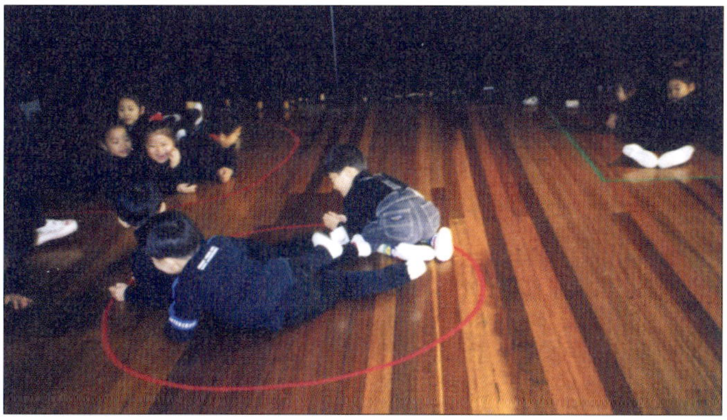

- 활용 예 2: 유희실을 바다와 육지로 구분하여 꾸민 다음 거북이 되어 움직이는 모습

활용 예 3: 벽에 붙여 놓은 파도의 모습을 보고 높낮이가 다른 파도를 신체로 표현하는 모습

활용 예 4: 불꽃놀이를 위한 환경

○ 활용 예 5: 교사가 유아에게 공기를 불어넣어 주고 있는 모습

○ 활용 예 6: 교사가 나무가 되고 유아는 그 나무를 기어오르는 뱀이 되는 모습

○ 활용 예 7: 유아의 복장

[사진 3-21] 미꾸라지 활동을 위해 검은색 티셔츠와 바지를 입고 활동하는 유아들

[사진 3-22] 백조 활동을 위해 흰색 옷을 입고 활동하는 유아들

3) 교수 자료 방사선

(1) 개념

유아교육 현장에서는 다양한 주제와 활동이 포함되어 있어야 한다. 이러한 다양성은 유아의 전인 발달을 위한 것이다. 동작 활동은 유아기에 반드시 제공되어야 하는 가장 중요한 것으로 간주되기도 한다. 또한 연령에 적절한 학업 기술, 미술, 음

악, 문학, 자유놀이, 건강 등도 중요하다. 유아에게 제공해야 할 것이 너무 많아서 교사는 쉽게 압도되고 포기하고 싶은 마음이 생기기도 한다. 이러한 모든 내용들을 제공하는 방법은 무엇인가? 프로그램에서 생략되어도 되는 것은 무엇인가? 포함시킬 것과 빠뜨릴 것을 어떻게 구별할 것인가? 다른 것과 어떻게 결합시킬 것인가?

프로그램의 다른 중요한 측면들을 전략적으로 결합시키는 방법은 생활 주제 중심의 유아교육 프로그램 계획 시 방사선(web)을 사용하는 것이다. 사람들은 새로운 아이디어, 새로운 개념, 새로운 문제를 이미 알고 있는 기존 지식과 관련지을 때에 가장 잘 이해한다는 것이 보고되어 왔다. 그리고 이러한 생각은 유아교육 프로그램의 여러 가지 요소를 계획할 때 적용될 수 있다. 이렇게 함으로써 사람들은 각각의 부분들이 어떻게 서로 관련되는지를 이해하기 쉽다. 즉, 프로그램의 부분들이 독립된 별개의 활동으로 간주되는 것이 아니라, 이러한 분리된 부분들이 하나의 전체로서 간주된다.

방사선이라는 용어는 외형적인 모습을 설명하기 위한 것이다. 교사와 학습자가 아이디어를 구조화하고 학습을 돕기 위해 만들어 내는 정보의 범주와 그것들의 관계에 대한 시각적 표현인 것이다. 따라서 방사선은 유아가 정보를 이해하는 방법을 설명해 주며, 교사에게 프로그램의 다양한 요소들이 다른 것들과 어떻게 관련되고 통합되는지를 이해하는 데 도움을 준다.

방사선은 전체 프로그램을 시각화하거나 조직하는 데 사용될 수 있으며, 어떤 한 가지 프로그램(예 동작 교육 프로그램)의 여러 가지 측면들을 시각화하거나 조직할 때에도 사용될 수 있다.

방사선을 구성하기 위해서 주제(central theme)로 시작하는 것이 좋다. 방사선을 작성하기 위해서는 먼저, 브레인스토밍을 하여 주제와 관련된 여러 가지 다양한 측면의 목록을 작성한다. 다음 단계는 목록에서 적절한 항목들을 선택한 뒤에, 이들을 소주제로 세분하여 재조직한다. 마지막으로 전체 그림을 시각적으로 표현할 수 있는 방사선을 만들어 낸다. 어떤 항목들은 한 가지 이상의 소주제로 나타날 수 있다. 본 장에서 설명하고자 하는 교수 자료 방사선은 이상의 개념을 동작 활동에 적용시켜 교사가 교수-학습의 과정에 활용할 수 있는 아이디어를 제공하기 위한 것이다. 활동을 실시하기 전에 교사가 교수 자료 방사선을 구성함으로써 각 활동이 일회적으로 끝나는 것을 막고, 좀더 다양한 활동을 구성 · 실시하는 것을 도와줄 수 있다.

교수 자료 방사선을 구성하기 위해서는 우선, 주제에 따른 움직임 브레인스토밍을 해서 목록을 작성해야 한다.

둘째, 선정된 주제에서 경험될 수 있는 기본 동작과 기본 요소를 브레인스토밍하여 목록을 작성한다.

셋째, 본 활동에서 사용될 수 있는 교수 자료를 수집하여 목록을 작성한다.

넷째, 방사선을 구성하여 1, 2, 3단계에서 작성한 목록을 관련시켜 제시한다.

(2) 방사선 구성의 예

1 1단계: 주제에 따른 움직임 브레인스토밍

- 나비
  - 나비가 날갯짓하는 모습
  - 알에서 나비가 되기까지
  - 애벌레가 기어가는 모습
  - 작은 나비, 큰 나비, 호랑나비
  - 애벌레가 풀잎을 먹는 모습
  - 비 오는 날의 나비
  - 나비의 무늬
  - 이동하는 나비
  - 꽃에 앉은 나비
  - 꽃을 넘나드는 나비
  - 애벌레가 나뭇가지에 매달린 모습
  - 번데기가 된 모습
  - 꿀 먹는 나비
  - 하늘로 나는 모습
  - 짝짓는 나비
  - 번데기 집에서 나비가 되어 나는 모습

2 2단계: 주제와 관련된 기본 동작과 기본 요소

- 양팔을 벌려 아래위로 흔든다.
- 몸을 동그랗게 말았다가 점점 편다.
- 엎드려 누워서 기어간다.
- 누워서 다리를 벌리고 오므린다.
- 두 발을 모아 방향을 바꾸면서 뛴다.
- 두 손으로 나비를 만들어서 팔은 높이 점점 위로해서 올린다.

3 3단계: 교수 자료 수집 및 선정

- 실물: 나비의 실물, 애벌레, 나비 모형
- 사진 및 그림 자료
  - 여러 가지 나비의 종류
  - 나비의 부분 그림
  - 알에서 나비가 되는 과정
  - 나비 우표
- 비디오
  - 배고픈 애벌레
  - 나비-나비 과학 비디오
  - 판타지아 2000-나비
- 동화 · 동시
  - 그림책-《재미난 그림책》(주경호, 보림출판사)
    《나비》(첫발견 시리즈, 꼬마 샘터)
- 음악: 〈흰나비의 눈물〉-김성균 (노래동화)
- 미술 작품: 리고치-나비 그림
- 인터넷
  - www.nabistory.pe.kr: 여러 종류의 나비 사진, 특징, 유래
  - www.namhakho.pe.kr: 남학호의 나비 작품 사진
  - http://dnlyweb.com/nabi/: 여러 종류의 나비 사진, 특징, 생태 동영상

나 비

비디오

- 〈배고픈 애벌레〉
  - 애벌레가 과일과 야채를 먹는 모습을 표현
  - 애벌레, 번데기, 나비가 되는 과정을 표현
- 〈나비 부인〉–푸치니, 오페라 장면
  - 나비의 움직임을 표현
  - 음악을 들으면서 날갯짓을 표현(사진 및 그림 자료)

사진 및 그림 자료

- '나비' 엽서 사진
  - 날아다니는 모습, 꽃에 앉아 있는 모습을 표현
- '나비의 무늬'
  - 여러 명이 한 마리의 나비를 표현하고, 무늬를 만든다.
- '제비나비의 짝짓기'–9단계 사진
  - 암컷, 수컷의 움직임과 짝짓기 모습을 표현

OHP, 슬라이드

- 슬라이드–'보티첼리'의 풀밭 그림
  - 풀밭을 배경 환경으로 해서 나비의 움직임을 표현
- 반쪽 나비의 OHP 자료
  - 반쪽만 있는 그림을 보여주고, 나머지 반쪽을 몸으로 표현

인터넷

- onlyweb.com/nabi
  - 나비 동영상을 보고 날갯짓 하는 모습, 꽃에 앉는 모습 표현
- www.namhakho.pe.kr
  - 여러 가지 돌, 바위 속의 나비를 표현

음 악

- 〈흰나비의 눈물〉–김성균
  - 흰나비 무늬 꾸미는 과정을 표현

미술 감상

- 리고치의 나비 그림
  - 나비와 그림자를 표현
- 〈대공작 나방〉–고흐 스케치
  - 나비의 더듬이, 꼬리, 날개를 관찰하고 표현

그림책

- 《재미난 그림책》 주경호
  - 여러 가지 소품을 이용하여 나비를 표현
- 《나비》 꼬마샘터 첫발견 시리즈
- 나비의 일생을 알 수 있는 책

그림 3-7 나비 주제를 통한 동작 교수 자료 방사선의 예

Part II

창의적
동작 활동의 실제

Chapter 1

실물을 활용한 동작 활동

활동 1_미꾸라지가 되어 보자

활동 2_손의 지문이 되어 보자

활동 3_리본막대 춤추기

활동 4_풍선이 되어 보자

활동 1 미꾸라지가 되어 보자

관 계

• 다른 사람과 부딪치지 않고 움직이기

공 간

• 자기 공간과 일반 공간에서 조절된 행동으로 다양하게 움직이기

미꾸라지

노 력

• 낮은 공간에서 몸 전체를 유연하게 움직이기
• 힘이 빠진 미꾸라지의 모습을 인식하며 움직이기
• 미꾸라지의 빠른 움직임과 느린 움직임에 변화를 주며 움직이기

신 체

• 미꾸라지의 움직임을 인식하면서 몸 전체를 쭉 펴서 팔과 다리, 배를 꼬불꼬불하게 움직이기

교사의 탐구 질문	교사의 발문	유아의 예상 동작
활동 자료에서 나타날 수 있는 동작 요소들은 무엇이며 이를 어떻게 동작으로 표현하도록 할 것인가?	• 미꾸라지가 어떻게 하고 있니? • 어떻게 움직이니? • 손가락(팔)으로 미꾸라지를 만들어 움직여 볼 수 있겠니? • 그릇 속에 있는 미꾸라지가 밖으로 나오지 않고 조금 빠르게 움직이고 있네.	• 실물화상기를 통해 미꾸라지의 움직임을 탐색해 본다. • 미꾸라지가 움직이는 모습, 펄쩍펄쩍 튀는 모습, 꼬불꼬불 기어가는 모습 – 움직이지 않고 있을 때 모습을 손가락과 팔을 이용하여 표현해 본다. • 크기와 모양이 다른 그릇 속의 미꾸라지가 되어 움직여 본다. – 그릇 밖으로 튀어나오지 않고 그릇 모양을 따라 미꾸라지가 되어 움직여 본다. • 미꾸라지의 움직임을 몸 전체를 쭉 펴서 머리, 팔, 다리를 꼬불꼬불하게 하여 천천히, 빠르게 움직여 본다.
동작의 진행 순서는 어떻게 나타날 것인가?	• 바닥에 그려진 그릇 속에 들어가서 미꾸라지가 되어 움직여 볼 수 있겠니? • 꺾이는 부분에서 몸을 어떻게 하면 미꾸라지가 그릇 밖으로 튀어나오지 않고 움직일 수 있을까? • 미꾸라지가 헤엄을 칠 때 몸을 어떻게 하면서 움직였니? • 빨리 움직일 때는 머리, 몸, 꼬리 부분을 어떻게 움직였니?	• 미꾸라지의 움직임을 표현한다. • 그릇 안에 들어가서 미꾸라지의 움직임을 표현한다. – ○, □ 그릇 속에서 미꾸라지가 되어 움직여 보기 – 크기와 모양이 다른 그릇 중 들어가고 싶은 곳에서 미꾸라지가 되어 천천히, 빠르게 움직여 보기 • 하나의 커다란 그릇 속에서 미꾸라지가 되어 표현한다. – 헤엄치는 모습(천천히, 빠르게) – 몸을 쭉 펴고 쉬는 모습 – 펄쩍펄쩍 튀는 모습 • 힘이 다 빠진 미꾸라지 모습
동작이 시작되는 위치는?	• 둥근 그릇 속에서 미꾸라지가 되어서 움직여 볼 수 있겠니?	• 테이프로 꾸며놓은 그릇에서 미꾸라지가 되어 움직인다.
유아는 중반부에서 어디서 어떻게 움직일 것인가?	• 그릇을 건드리자 미꾸라지는 빨리 헤엄쳐 도망갔어요. '아휴! 힘들어 좀 쉬어야겠어.' • 자! 미꾸라지 몸에 소금을 뿌리자.	• 활동 공간(하나의 커다란 그릇 속에서) 여기저기에서 미꾸라지가 되어 상황 이야기를 들으면서 움직임을 다양하게 표현한다.
어디서 어떻게 끝날 것인가?	• 계속해서 움직이던 미꾸라지는 힘이 쭈욱 빠져 버렸어요.	• 그릇 속에서 힘이 다 빠진 미꾸라지의 모습으로 온몸을 바닥에 붙인 상태로 멈춘다.

교사	유아
도입 및 예비 활동	
◎ 실물화상기를 통해 미꾸라지의 움직임과 생김새를 탐색한다. • (큰 그릇에 담겨진 미꾸라지의 움직임을 관찰하기 위해 실물화상기를 비춘다.)	
- TV로 보이는 것이 뭘까?	• 미꾸라지.
- 무슨 색깔이니?	• 검정색, 회색, 갈색.
- 어떻게 생겼니?	• 길쭉하게 생겼어요.
- 미꾸라지의 어떤 부분들일까?	• 미꾸라지의 얼굴, 몸, 꼬리, 지느러미.
• (움직이고 있는 미꾸라지를 보며) 미꾸라지가 어떻게 하고 있니?	• 움직이고 있어요, 가만히 있어요.
- 어떻게 움직이고 있니?	• 꼬리가 구불거려요
- 몸의 어떤 부분을 움직이니?	• 몸 전체로 헤엄쳐요.
- 우리는 몸을 어떻게 움직여야 할까?	• 바닥에 엎드려 몸을 쭉 펴서 팔과 배, 다리를 꼬불꼬불하게 하여 기는 모습을 표현한다.
◎ 미꾸라지를 손가락(팔)을 이용하여 만들어 움직여 보자.	• 한 손, 두 손, 손가락을 이용해서 미꾸라지를 만든다.
• 미꾸라지 얼굴과 몸, 꼬리가 천천히 천천히 움직였어요.	• 두 손을 모아 손가락으로 천천히 구불구불 움직인다.
• 미꾸라지가 빠르게 움직일 때에 손가락과 팔을 어떻게 움직여야 할까?	• 한 손과 팔을 옆쪽으로 빠르게 움직인다.
◎ 몸 전체를 이용해 미꾸라지를 만들어 보자. • 어떻게 하면 미꾸라지처럼 움직일 수 있을까? • 미꾸라지가 움직일 때 얼굴, 몸, 꼬리 부분을 어떻게 했었니? • 지느러미는 ?	• 양팔을 쭉 펴서 손목에서 어깨까지 구불구불거리며 천천히, 빠르게 움직인다. • 바닥에 눕거나 엎드려서 다리, 팔, 배, 머리를 흔들며 꼬불꼬불 움직인다.
◎ (소금을 꺼내 보여주며) 미꾸라지 몸에 소금을 뿌리면 어떻게 될까?	• 도망간다, 빨리 움직인다. • 펄쩍펄쩍 뛴다.
◎ (미꾸라지 몸에 소금을 뿌렸을 때) 미꾸라지가 어떻게 움직였니? • 그 모습을 표현해 보자.	• 바닥에 엎드려 몸을 쭉 편 상태에서 양팔과 두 다리를 붙이고 빨리 움직이거나 양팔과 두 다리를 쭉 편 상태에서 점프하듯이 배를 바닥에서 떼며 튀어 오를 듯이 움직인다.

교 사	유 아
본 활 동	
(바닥에 그려진 크기와 모양이 다른 그릇 ○, □ 을 관찰한다.) • 바닥에 어떤 모양의 그릇이 있니? • 크기가 어떠니? • 바닥에 그려진 그릇 속에 미꾸라지가 되어 들어가서 움직여 볼 수 있겠니? • 그릇 밖으로 튀어나오지 않고 그릇 모양을 따라서 움직여 보자.	• ○, □ 그릇. • 달라요, 어떤 것은 크고, 어떤 것은 작아요. • 직선이고, 둥근 선이에요. • 4~5명씩 나누어 선 안에 들어간다. • 선에서 걷거나, 몸을 구르거나, 뛰어본다.
(동그라미 그릇을 가리키며) 이곳에 들어가서 미꾸라지가 되어 움직여 보자. • 동그란 부분에서는 몸과 꼬리를 어떻게 움직여야 할까? • 그릇 밖으로 튀어나오지 않고 얼굴, 몸, 꼬리 부분을 둥글게 해서 움직였구나.	• 2~3명의 유아들이 미꾸라지가 되어 움직인다. • 미꾸라지가 되어 동그라미 모양의 그릇을 따라 다리와 팔을 둥글게 하거나 옆으로 비스듬히 누워서 그릇 중앙으로 꼬불꼬불 움직인다.
(네모난 그릇을 가리키며) 이쪽에 들어가서도 밖으로 튀어나오지 않고 움직여 볼 수 있겠니? • 꺾이는 부분에서는 몸을 어떻게 해야 할까?	• 상체와 하체가 'ㄱ' 자 모양이 되어 움직인다. • 선을 따라 몸을 반듯하게 하고 기어가다가 구부러진 부분에서는 몸을 'ㄱ' 자로 꺾어서 선을 따라 지나간다.
크기가 다른 동그라미, 네모 그릇 중 들어가고 싶은 곳에서 미꾸라지가 되어 움직여 보자. • 그릇 모양을 따라서 그릇 밖으로 나가거나 친구와 부딪치지 않고 움직여 볼 수 있겠니? • 한 번 들어가면 정해진 그릇 속에서만 미꾸라지가 되어 움직여 보는 거야. • 미꾸라지가 천천히 움직였어요. • 그릇을 툭 건드렸더니 아주 빨리 움직였어요.	• 엎드려서, 몸을 쭉 펴서, 팔과 배, 다리를 꼬불꼬불하게 하여 그릇을 따라서 움직인다. • 선 안에서 헤엄치듯이 움직인다. • 두 팔과 다리를 몸에 붙이고 전체를 구불구불하게 움직인다.

교 사	유 아
본 활동 계속	
◉ (활동 공간 전체를 가리키며) 이곳이 모두 커다란 그릇이야.	
• 모두 커다란 그릇 속에서 미꾸라지가 되어 움직여 보자.	
- 미꾸라지는 아주 천천히 헤엄치고 있었어요.	• 꼬불꼬불 곡선을 그리며 지나간다.
- 물 사이를 요리조리 헤엄치며 빠져 나갔어요.	• 다른 친구들과 엉키면서 지나간다.
- 그릇을 건드리자 깜짝 놀라 아주 빨리 헤엄치며 달아났어요.	• 천천히 헤엄치다가 빨리 몸을 움직인다.
- 아휴, 힘들어 좀 쉬어야겠어.	• 몸을 웅크리고 있다가 펴서 기어간다.
- 미꾸라지는 몸을 쭉 펴서 쉬고 있었어요.	• 팔, 다리를 쭉 펴서 옆으로 바르게 하며 쉰다.
- 누군가 이번에는 소금을 미꾸라지 몸에 뿌렸대요.	• 머리와 다리를 조금씩 좌우로 빠르게 움직인다.
• 미꾸라지는 어떻게 움직였을까?	
- 계속해서 움직이던 미꾸라지는 힘이 쭈욱 빠져 버렸어요.	• 바닥에 배를 대고 엎드려서 팔과 다리를 쭉 펴서 힘 없이 있는다.
회상하기	
◉ 미꾸라지의 움직임을 잘 표현할 수 있었니? 표현하기 힘든 부분은?	• 여러 명이 함께 미꾸라지가 되는 것이 어려웠어요.
◉ 정해진 그릇 속에서 튀어나오지 않고 움직일 수 있었니?	
• 튀어나오지 않게 하려고 우리 몸을 어떻게 움직였니?	• 몸을 구부리거나 다리 · 팔을 들고 표현한다.
◉ 미꾸라지의 움직임 중에서 어떤 것이 재미있었니?	• 몸을 구불구불하게 움직이는 것 • 지느러미가 되어 흐느적거리는 것

참고자료

◁ 실물화상기로 미꾸라지를 관찰한다.

◁ 손가락으로 표현하기–미꾸라지의 움직임을 관찰하며 손가락, 팔로 미꾸라지의 움직임을 표현해 본다.

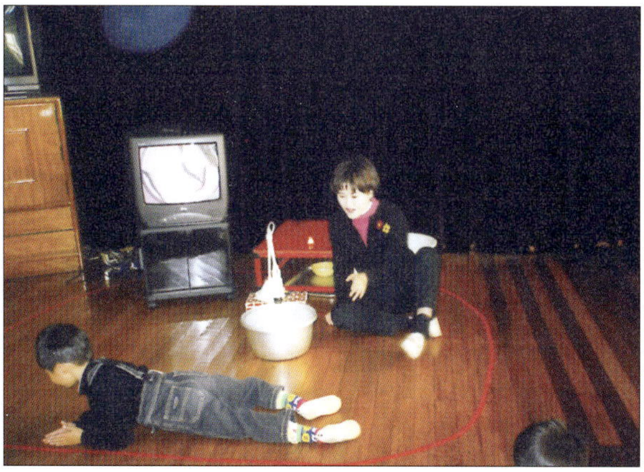

◁ 미꾸라지의 움직임을 관찰하며 한 명의 유아가 전신을 이용하여 표현해 본다.

참고자료

◁ 동그라미 선 안에서 미꾸라지가 되어 본다.

◁ 정해진 선의 안과 밖에서 미꾸라지가 되어 본다.

◁ 선을 따라 자유롭게 움직여 다니면서 미꾸라지가 되어 본다.

활동 2 손의 지문이 되어 보자

관 계

• 여러 명의 친구와 함께 지문의 모양을 인식하며 움직이기

공 간

• 자기 공간과 일정한 선 안에서 적절하게 움직이기

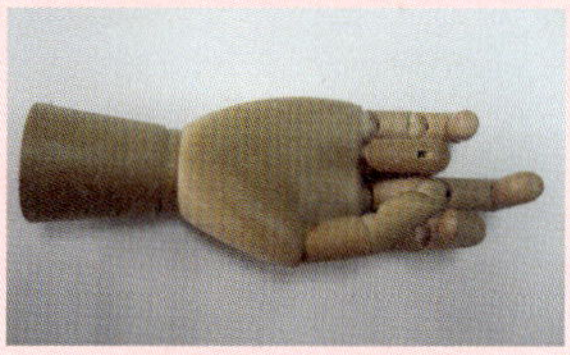

손

노 력

• 지문의 곡선을 인식하며 움직이기
• 곡선과 직선의 방향과 위치를 조절해서 움직이기

신 체

• 신체의 일부를 구부려서 지문의 모양 표현하기 (예 팔)
• 상체를 동그랗게 말거나 웅크리기

교사의 탐구 질문	교사의 발문	유아의 예상 동작
활동 자료에서 나타날 수 있는 동작 요소들은 무엇이며 이를 어떻게 동작으로 표현하도록 할 것인가?	• 손등과 손바닥이 어떻게 다른가요? • 기다란 지문이 되어 보세요. – 손가락에 있는 길고 동그란 지문을 만들어 보세요. • 짧은 지문을 만들어 보세요. – 손바닥에 짧게, 길게 있는 지문이 되어 보세요.	• 자신의 손을 관찰하고 실물화상기로 손의 앞 · 뒤를 자세히 본다. • 지문과 주름이 어떻게 생겼는지 보고, 동작으로 표현해 본다. • 손가락 선 위에서 지문을 신체로 표현한다.
동작의 진행 순서는 어떻게 나타날 것인가?	• 손등에 있는 주름이 되어 보세요. • 손바닥에 있는 선이 되어 보세요. • 짧은 지문, 긴 지문을 만들어 보세요. • 손을 폈다 오므렸다 했을 때 지문은 어떻게 될까요?	• 손등과 손바닥의 선과 주름을 표현한다. • 4~5명으로 나누어 손 테두리 안에서 주름을 표현한다.
동작이 시작되는 위치는?	• 선 안에서 손등의 주름이 되어 보세요.	• 커다란 손처럼 바닥에 그려진 선 안에서 자신이 표현하고 싶은 지문이 되어 본다.
유아들은 중반부에서 어디서 어떻게 움직일 것인가?	• 친구와 연결해서 길고 구부러진 지문이 되어 보세요.	• 혼자서 표현해 본 다음 여러 명이 함께 손의 지문이 되도록 구성해서 움직인다.
어디서 어떻게 끝날 것인가?	• 주먹을 쥐었다가 점점 펴진 장면을 만들어 보세요.	• 손을 오므렸다가 펴는 동작에서 서서히 펴면서 멈춘다.

교 사	유 아
도입 및 예비 활동	
● 자신의 손을 관찰한다. • 손이 어떻게 생겼니? • 손등과 손바닥은 어떻게 다르니? • 손가락을 어떻게 움직일 수 있을까?	• 다섯 개의 손가락, 손톱, 주름, 지문 • 앞 · 뒤로 뒤집어 본다. • 손가락을 까닥까닥, 접었다 펴기, 흔들기, 오므렸다 펴기
● 실물화상기로 지문을 보고, 동작으로 표현해 본다. • 지문이 어떻게 생겼니? • 긴 손가락과 짧은 손가락은 지문이 어떠니? • 손가락으로 보이는 지문을 그려보자. • 팔이나 다리로 어떻게 지문을 만들 수 있을까?	• 길쭉하게, 둥글다. 산처럼 높다. 여러 개가 비슷하다. • 검지로 실물화상기를 보며 따라 그린다. • 두 팔을 모아 둥글게 만든다. 팔과 다리를 아래로 구부린다.
본 활 동	
● 손 모양의 선 안에 손등과 손바닥의 지문을 표현한다. • 몸을 어느 쪽으로 누울 것인가? • 팔과 다리는 어떻게 할 것인가? • 머리는 어떻게 할 것인가?	• 1명이 혼자 해보고, 2~3명이 함께 한다. • 엎드린다. 옆으로 눕는다. • 양팔을 벌려 아래로 내린다. • 팔을 들어 위로 반듯하게 한다. • 몸 전체를 반원형으로 오므린다.

교 사	유 아
4~5명으로 나누어 어떻게 지문을 다 함께 만들 것인지 의논하고 표현한다. • 엄지는 어떻게 할 것인가? • 긴 손가락은 어떻게 표현할 것인가? • 손바닥의 지문과 손가락의 지문은 어떻게 표현할 것인가? • 손을 오므렸다가 점점 펴보세요.	• 7~8명의 유아가 손 테두리 안에서 지문을 표현한다. • 둥글고 크게 몸을 구부린다. • 친구 3명이 함께 차례로 누워서 순서대로 웅크린다. • 2~3명 유아가 연결해서 길게 누워 지문을 표현한다.
다른 유아는 친구들의 표현을 감상한다. • 손등은 어떻게 표현하는가? • 손바닥은 어떻게 했는가? • 손가락에서는 지문 모양을 어떻게 표현하는가?	• 옆으로, 길게 표현한다. • 위, 아래로 둥글게, 길게 연결해서 표현한다. • 길고 좁게, 둥글게, 약간 구부러지게 한다.
즉석카메라로 유아들의 표현을 찍는다.	
회상하기	
사진을 보면서 그룹별로 표현이 어떻게 다른지 비교해 본다.	• 손등, 손바닥, 손가락에서 몸을 어떻게 움직였는지 비교해 본다.
움직임에 대해 회상한다. • 사진에 보이는 모습을 어떻게 다르게 표현할 수 있을까? • 혼자 표현할 때와 함께 표현할 때는 어떻게 다르게 움직였는가?	• 사진을 보고, 몸을 좀더 구부리거나 눕거나 앉아서 지문을 표현한다. • 함께 표현할 때는 짧게 지문을 표현했어요.

참고자료

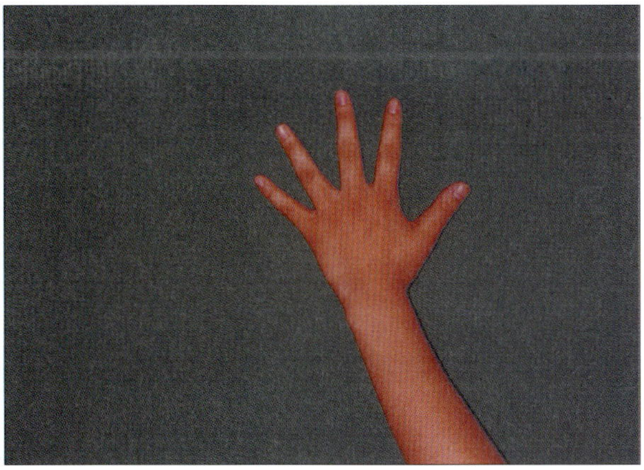

◁ 실물화상기로 손등을 관찰한다.

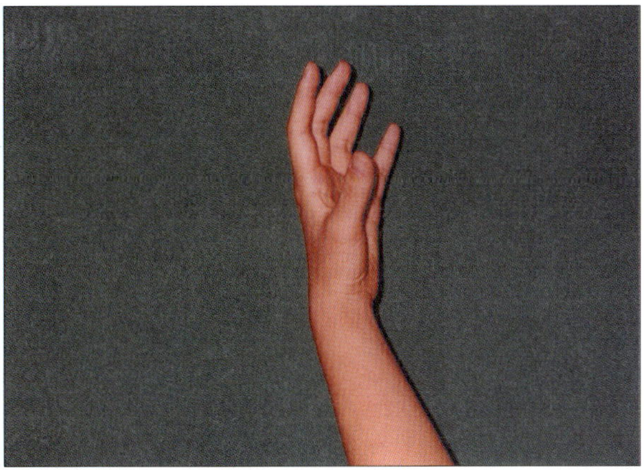

◁ 손등과 손바닥에 있는 지문과 주름을 찾아본다.

활동 3 리본막대 춤추기

관 계

- 소도구(리본막대)를 이용하여 움직이기

공 간

- 자기 공간과 일반 공간에서의 움직임 조절하기

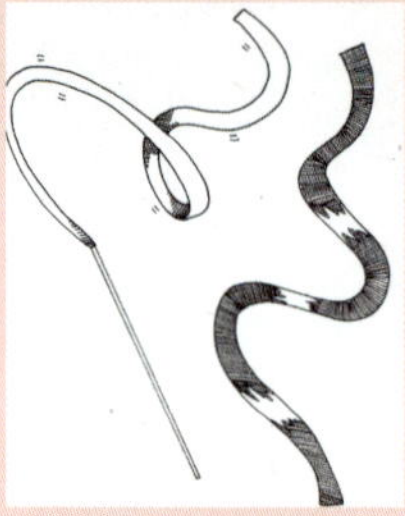

리본막대 놀이

노 력

- 리본막대의 속도와 위치에 변화를 주어 움직이기
- 손목 근육을 강하고 약하게 움직이기
- 높낮이를 조절하여 움직이기(전신, 팔)

신 체

- 리본막대를 잡고, 걷거나 뛰기, 높이뛰기, 팔을 빠르게 · 느리게 돌리기

교사의 탐구 질문	교사의 발문	유아의 예상 동작
활동 자료에서 나타날 수 있는 동작 요소들은 무엇이며 이를 어떻게 동작으로 표현하도록 할 것인가?	• 어떤 부분을 잡아야 하니? • 리본막대를 마음대로 움직여 보자. • 그림카드와 같이 리본막대를 움직여 보자. • 빠르게, 느리게, 높게, 낮게 리본막대를 움직여 보자. • 강하게, 부드럽게 리본막대를 움직여 보자.	• 리본막대를 탐색한다. – 잡는 부분 – 리본막대의 다양한 움직임(흔들기, 치기, 돌리기…) • 리본의 움직임을 그린 카드를 보고 리본막대를 움직여 본다. – 그림카드를 보고 리본막대 움직이기 – 노래에 맞추어 리본막대 움직이기 • 음악에 맞추어 손목 근육을 충분히 움직이며 자유롭게 리본막대를 움직인다.
동작의 진행 순서는 어떻게 나타날 것인가?	• 리본막대를 어떻게 움직이면 될까? • 카드의 모양대로 손가락으로 움직여 보자. • 카드의 모양대로 리본막대를 움직여 보자.	• 리본막대를 자유롭게 움직여 본 뒤 제시되는 카드 모양대로 리본막대를 움직인다. – 그림카드를 보고 리듬막대 움직이기 • 음악을 들으며 속도와 흐름, 리듬의 형태 등에 변화를 주어 자유롭게 움직인다. – 노래에 맞추어 리듬막대 움직이기
동작이 시작되는 위치는?	• 팔을 높이 들어 동그라미를 그리면서 리본막대를 움직여 보자. • 팔을 왼쪽에서 오른쪽으로 움직여 보자.	• 자기 자리에서 리본을 상 · 하, 좌 · 우로 움직이며 동작을 시작한다.
유아들은 중반부에서 어디서 어떻게 움직일 것인가?	• 걸으면서 리본막대를 움직여 보자. • 높이 뛰며 리본막대를 빠르게 움직여 보자. • 몸을 낮게 해서 돌면서 천천히 움직여 보자. • 음악을 들으면서 리본막대를 움직여 보자.	• 노래와 음악을 들으면서 활동 공간의 전체에서 자기 공간과 일반 공간을 인식하며 리본막대를 움직인다.
어디서 어떻게 끝날 것인가?	• 어떤 모습으로 멈췄니?	• 음악이 멈추면 활동 공간 여기저기에서 리본막대의 움직임을 멈춘다.

교 사	유 아
도입 및 예비 활동	
● 리본막대를 탐색해 본다. • 리본막대를 이용할 때의 주의점을 알아본다. • 리본막대를 나누어 갖는다. - 리본막대를 보았던 경험을 말해 본다. - 리본을 여러 가지 방법으로 움직여 본다.	• 친구와 부딪치지 않게 움직이기 • TV를 통해…. • 제자리에서 원을 그리며 리본막대를 위, 아래로 움직이기(좌, 우) (흔들기, 치기, 빙글빙글 돌리기, 파도처럼 움직이기…)
● 리본막대의 움직임을 그림카드로 제시한다. • 어떻게 움직이는 표시일까? • 리본막대로 표현해 보자. (카드를 보며 천천히, 빠르게 움직여 본다.)	• 제시되는 카드 그림을 보고 손가락을 이용해서 움직인다. • 리본막대를 카드 모양대로 천천히, 빠르게 움직인다. • 리본으로 '1' 자를 만들어 보고, 동그랗게 원도 만들어 본다. • 높이 들었다가 아래로 흔들면서 내린다.
본 활 동	
● 제시되는 카드를 보며 노래에 맞추어 움직여 본다. ♪ 옆에 옆에, 잠자리 ♪ • 제자리에서 리본막대를 움직이기 (원을 그리며 상 · 하, 좌 · 우로 움직이기) • 걸으면서 리본막대를 움직이기 • 점프하면서 리본막대를 움직이기	• 노래를 부르며 카드 모양대로 리본막대를 움직인다. - 제자리에서 - 걸으면서 - 돌면서 - 점프하면서

교 사	유 아
● 음악을 들으며 자유롭게 리본을 움직여 본다. • 하나의 리본막대로 움직여 보기 • 두 개의 리본막대로 움직여 보기	• 리본을 높게 올렸다 내린다. • 팔을 들어 앞뒤로 동그라미를 만든다. • 두 팔에 있는 리본막대를 동시에 앞으로, 뒤로 움직인다.
● 음악이 멈추면 동작을 그대로 멈춘다. • 어떤 모습으로 멈추었니? • 멈춰진 각자의 위치에서 친구들의 모습을 관찰해 보자.	• 앉아서 리본을 옆으로 늘어뜨린다. • 리본막대를 앞에 놓고 엎드린다. • 두 팔을 위로 들어 리본을 흔든다.
회상하기	
● 속도에 따른 리본의 변화에 대해 말해 본다. • 빠르게, 천천히 움직일 때 리본의 모양은 어떻게 달랐니?	• 뛰기, 걷기, 점프하기, 앉거나 누워서 한 경우를 비교하고 리본의 움직임을 회상해 본다.
● 재미있는 움직임은 어떤 것이었니?	

참고자료

△ 제자리에 서서 리본막대를 움직인다.

△ 점프하면서 리본막대를 움직인다.

◁ 음악에 맞추어 리본막대를 자유롭게 움직인다.

활동 4 풍선이 되어 보자

관 계

- 다른 사람과의 관계에서 부딪히지 않고 개별적으로 움직이기
- 다른 사람과 함께 풍선 만들기

공 간

- 풍선이 날아갈 수 있는 다양하고 넓은 공간으로 이동하며 움직이기
- 길의 모양에 따라 움직이기

파란 풍선
(믹 잉크펜, 이성출판, 1994)

노 력

- 풍선의 크기와 움직임의 속도에 변화를 주며 표현하기

신 체

- 몸을 점점 크게 표현하기 (움츠렸다 펴기, 팔을 붙였다가 점점 멀리 떨어지게 하기)
- 풍선 모양을 만들고 천천히 걷기, 빠르게 달리기, 미끄러지기

교사의 탐구 질문		교사의 발문		유아의 예상 동작
활동 자료에서 나타날 수 있는 동작 요소들은 무엇이며 이를 어떻게 동작으로 표현하도록 할 것인가?	➡	• 풍선의 불기 전의 모양은 어떠니? • 풍선을 불면 모양이 어떻게 바뀌는지 관찰해 보자. • 불었던 풍선을 놓으면 어떻게 움직일까?	⬌	• 동작 요소를 만들어 내기 위해 이야기책 〈파란 풍선〉에서의 풍선의 모양과 움직임을 관찰하고 실제로 풍선을 불어 그 모양의 변화와 움직임을 표현한다.
동작의 진행 순서는 어떻게 나타날 것인가?	➡	• 납작하고 작은 풍선에 점점 바람이 들어가고 있어요. • 이 풍선은 구부러진 길을 따라 날아가고 있어요. • 바람이 불어 빠르게 날아가요. • 풍선이 '뻥' 하고 터졌어요.	⬌	• 바람을 넣지 않은 납작한 풍선에서 점점 바람이 들어가며 커지는 모습을 나타낸 후 그 풍선이 여러 가지 모양의 길을 따라 속도의 변화를 주며 움직이다가 터진 모습을 표현한다.
동작이 시작되는 위치는?	➡	• 아주 납작한 풍선에 점점 바람이 들어가고 있어요.	⬌	• 각자 자기 자리에서 바람을 넣지 않은 납작한 모양의 풍선이 점점 커지는 동작으로 시작된다.
유아들은 중반부에서 어디서 어떻게 움직일 것인가?	➡	• 여러 가지 풍선은 하늘을 천천히 날아가요. • 어! 바람이 세게 불어요. 풍선이 뱅글뱅글 돌면서 빨리 날아가고 있어요.	⬌	• 여러 가지 길의 모양을 인식하며 빠르게 느리게 풍선의 형태를 유지하며 움직인다.
어디서 어떻게 끝날 것인가?	➡	• 풍선이 '뻥' 하고 터져서 아주 작은 조각으로 여기 저기 떨어졌어요.	⬌	• 움직이던 위치에서 터진 풍선 조각의 형태를 만들고 바닥에 붙은 채 멈춘다.

교 사	유 아
도입 및 예비 활동	
◎ O.H.P 그림으로 수수께끼를 낸다.(《파란 풍선》－동화책)	
• 무엇이 지나간 길일까? (완성된 그림: 날아가는 풍선 그림을 보여준다.)	• 친구, 강아지, 자동…. • 풍선이 지나간 길이다.
◎ 여러 가지 풍선을 제시하고 하나씩 직접 불어본다.	
• 풍선이 어떻게 변하는지 말해 본다.	• 입으로 바람을 불어 넣는다.
• 풍선 모양의 변화를 몸으로 표현한다. - 동그란 풍선: 불기 전의 납작한 풍선에서 점점 커지는 풍선. - 여러 가지 풍선: 교사가 풍선(유아)에 바람을 불어 넣어주면 다양한 모양의 풍선으로 변해 본다.	• 앉은 자리에서 웅크린 채 점점 팔을 벌려 또는 몸을 펼쳐서 불려진 풍선 모양을 만든다. • 토끼 풍선, 동그란 풍선, 뱀 풍선…. • 몸 전체가 풍선이 되어 웅크리거나, 바닥에 납작하게 있다가 점점 커지는 것을 표현한다.
• 풍선의 움직임을 표현한다. - 풍선이 되어 표현해 본다.	• 양다리를 벌려 기우뚱기우뚱하며 천천히 움직이다 뱅글뱅글 돌며 빠르게 움직이는 풍선을 표현한다. • 여러 가지 풍선이 천천히 날아다니는 모양, 바람이 불어 빨리 날아가는 모양, 풍선에 바람이 빠져서 작아지는 모양, 터지는 순간, 터진 후의 상태…. • 풍선이 된 몸이 순간 쫙 펴지며 풍선의 터진 조각이 되어 바닥에 붙은 상태로 멈춘다.

교 사	유 아
본 활 동	
• 음악을 들으며 풍선의 여러 가지 모양과 움직임을 표현한다.	
• 불려지기 전의 풍선 모양	• 무릎을 구부리고 웅크린다.
• 바람이 점점 들어가서 커지는 풍선의 모양 (동그란 풍선)	• 앉아 있다가 점점 일어서며 팔과 다리를 넓게 편다.
• 풍선을 놓쳐서 이리저리 날아가다가 바람이 빠지는 풍선(직선, 곡선을 그리며 날아가기)	• 로켓의 움직임처럼 직선으로 빠르게 달려가다 바닥에 붙는다. • 빙글빙글 곡선을 그리며 움직이다가 바닥에 붙는다.
• 다시 풍선 불어주기 (만들고 싶은 풍선 모양) - 어떤 모양을 만들었니?	• 아주 빠르게 움직였다가 점점 천천히 움직인다. • 여러 가지 모양의 풍선을 만들어 그 모양대로 천천히, 빠르게 움직인다.
• 풍선이 천천히, 빠르게 움직이는 모양 • 풍선이 '뻥' 터지는 순간, 터진 후의 모습	• 높이 뛰었다가 바닥에 떨어지면서 바닥에 구른다.
• 함께 풍선을 만들고 풍선이 이동한 길을 따라 움직임을 표현해 본다.	• 4~5명씩 짝을 지어 모양 풍선이 되어 풍선 길을 따라 움직이는 것을 표현한다.
회상하기	
• 풍선의 모양 중 표현하기에 재미있었던 모양은?	• 풍선이 점점 크게 불어지는 것 • 하늘을 자유롭게 날아다니는 것
• 표현하기 어려웠던 것은 ?	• 풍선이 '뻥' 하고 터졌을 때

참고자료

◁ 그림 동화책 《파란 풍선》을 본 다음 풍선의 움직임을 탐색해 본다.

◁ 불기 전의 풍선이 되어 본다.

◁ 풍선이 점점 커지는 것을 표현한다.

참고자료

◁ 4~5명씩 그룹을 지어 모양 풍선을 표현한다.

◁ 여러 가지 모양 풍선이 되어 동화 속에서처럼 움직여 본다.

◁ 풍선이 '뻥' 터진 모습을 표현한다.

Chapter 2

사진 · 그림 자료를 활용한 동작 활동

활동 1_신발이 되어 보자

활동 2_오리가 되어 보자

활동 3_스파게티가 되어 봐요

활동 4_몸으로 숫자를 만들어 봐요

활동 1 신발이 되어 보자

관 계

- 신체의 한 부분과 다른 부분과의 관계를 인식하며 움직이기

공 간

- 자기 공간과 일반 공간에서 움직이기

신 발

노 력

- 신발의 형태를 유지하며 천천히, 빠르게, 부드럽고 강하게 움직이기

신 체

- 신발의 모양을 인식하며 팔, 다리를 굽히거나 세워서 움직이기
- 엎드리거나 누워서, 앉아서, 일어서서 손을 배나 허리에 대고 움직이기

교사의 탐구 질문	교사의 발문	유아의 예상 동작
활동 자료에서 나타날 수 있는 동작 요소들은 무엇이며 이를 어떻게 동작으로 표현하도록 할 것인가?	• 어떤 그림일까? • 왜 그렇게 생각하니? • 여러 가지 신발 중에서 여기 있는 신발이 되어(고무신, 무용신발, 군화) 음악에 맞추어 움직여 보자. – 음악을 들으니 고무신은 어떻게 움직여야 할 것 같니?(천천히, 조심스럽게, 부드럽게) • 음악을 들으며 만들고 싶은 신발이 되어서 움직여 보는 거야. 어떤 신발을 만들고 싶니?	• 신발(운동화) OHP 그림 자료를 부분적으로 보여준다. • 신발을 신어 보고 그 모양과 움직임을 인식하며 몸으로 표현한다. – 신발의 종류에 따라서 강하게, 부드럽게 움직여 보기 • 제시하는 신발이 되어 음악에 맞추어 여러 방향으로 움직여 본다. • 음악을 들으며 만들고 싶은 신발을 팔, 다리를 굽히거나 세워서, 엎드려서, 누워서, 앉아서, 일어서서 손과 배, 허리를 이용하여 표현한다.
동작의 진행 순서는 어떻게 나타날 것인가?	• 구두(샌들, 슬리퍼 …)를 표현한다면? • 우리 몸의 어떤 부분을 이용해야 할까? • 무용신발이 되어 음악에 맞추어 움직여 보자. 무용신발은 어떻게 표현할 수 있을까? 무용신발의 고무줄은 어떻게 표현할까? • 만들고 싶은 신발을 몸으로 표현해 보자.	• 여러 종류의 신발을 몸으로 표현해 본다. • 제시하는 신발이 되어 음악에 맞추어 천천히, 빠르게, 힘있게, 부드럽게 움직여 본다. • 음악을 들으며 만들고 싶은 신발이 되어 자유롭게 움직인다.
동작이 시작되는 위치는?	• 군화(장화)를 만들려면 우리 몸을 어떻게 움직여야 할까? • 발이 들어가는 곳은?	• 카펫의 자기 위치에서, 제시하는 여러 가지 신발을 자유롭게 표현한다.
유아들은 중반부에서 어디서 어떻게 움직일 것인가?	• 음악을 들려 줄텐데, 음악을 들으며 만들고 싶은 신발이 되어 움직여 볼 수 있겠니?	• 활동 공간 여기저기에서 음악을 들으며 만들고 싶은 신발이 되어 자유롭게 움직인다.
어디서 어떻게 끝날 것인가?	• 음악이 멈추면 만들고 싶었던 신발이 되어 그 자리에 그대로 있는 거야. 친구들이 어떤 신발을 만들었는지 눈만 돌려서 보자.	• 각자 신발이 되어 멈춘다.

교 사	유 아
도입 및 예비 활동	
OHP 그림 자료를 한 장씩 보여주며 어떤 그림인지 맞추어 본다. (신발, 운동화)	• 방울, 지퍼, 끈…. '운동화' 다.
신발의 종류에 대해서 알아본다. • 유아들이 이야기하는 신발을 보여주거나 그림으로 제시한다.	• 장화, 짚신, 구두, 군화…. • 빨간색 장화 • 끈과 리본이 달린 구두 • 키가 큰 군인 아저씨 신발
신발을 신고 움직일 때 신발의 움직임과 모습을 관찰한다. • (군화를 직접 신고 걸어 본다.) 군화가 어떻게 움직이니? • 그 모습을 몸으로 표현해 보자.	• 덜커덕덜커덕 소리를 낸다. • 무거운 소리가 난다. • 앉아서, 일어서서, 양팔을 위로 곧게 세워서 움직인다. • 몸을 각지게, 힘있게 움직인다. • 몸을 부드럽게 바닥에 붙이면서 움직인다.
• (고무신을 신고 걸어 본다.) 고무신이 되어 보자. • 군화와 고무신을 신었을 때의 느낌과 움직임의 차이를 이야기한다. - 어떻게 다른가? - 어떻게 걸어졌니?	• 무겁게, 가볍게 걸어요. • 군화는 키를 크게 해요. • 고무신은 바닥에 납작하게 붙어서 움직여요.

교 사	유 아
본 활동	
여러 종류의 신발을 몸으로 표현해 본다. • 고무신, 롤러 스케이트, 무용신발, 군화, 구두…. • (롤러 스케이트를 보여주며) 어떤 신발이니? - 신발 바닥이 어떻게 되어 있니? - 몸으로 표현해 볼 수 있겠니? - 4개의 바퀴를 어떻게 만들 수 있을까? - 롤러 스케이트를 신고 움직인다면 신발이 어떻게 움직일까? (표현해 본다.)	• 구두: 엎드려서 엉덩이 부분만 들고 상체를 낮춘다. • 무용신발: 엎드리거나 누워서 손을 배나 허리에 가져다 댄다. • 롤러 스케이트: 엎드려서 두 다리를 굽히고 양팔을 동그랗게 굽혀서 미끄러지듯이 움직인다.
제시하는 신발(고무신, 무용신발, 군화)이 되어 음악에 맞추어 천천히, 빠르게, 힘있게 부드럽게 움직여 본다.	• 천천히, 빠르게, 부드럽게, 힘있게 움직인다. • 앞으로 뒤로 걷거나 뛰어본다.
음악을 들으며 만들고 싶은 신발이 되어 자유롭게 움직인다.	• 각자 흩어진 상태에서 앉아서, 엎드려서, 일어서서, 누워서, 팔, 다리를 적절하게 이용하여 표현한다.
음악이 멈추면 만들었던 신발이 되어 멈춘다.	• 신발 모양을 그대로 유지한 채 멈추어서 다른 친구들이 만든 신발의 모양을 비교해 본다.
회상하기	
만들고 싶었던 신발이 되어 움직일 수 있었니?	• 구두의 리본을 표현 • 높은 군화
어떤 신발이 되었을 때가 제일 재미있었니?	• 비 올 때 신는 장화가 되었을 때

참고자료

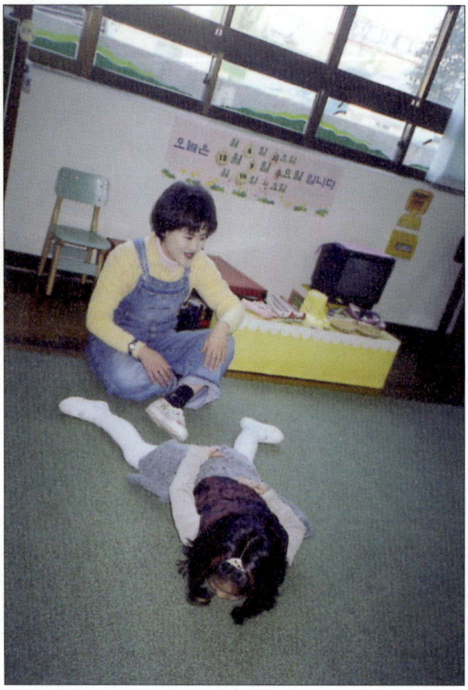

◁ 바닥에 몸을 붙여서 낮은 신발을 표현한다.

◁ 구두가 되어 몸을 구부린다.

참고자료

◁ 단단하게 각이 진 군화가 되어 본다.

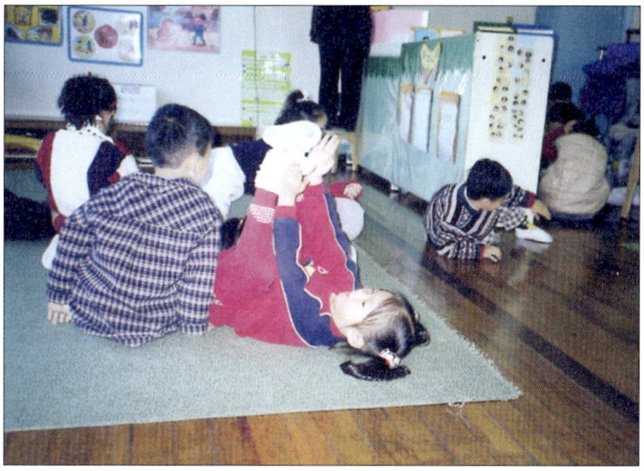

◁ 자기가 좋아하는 신발이 되어 본다.

활동 2 오리가 되어 보자

관 계

- 소품을 이용하여 다양하게 동작하기
- 다른 사람과의 관계에서 방향, 위치를 적절하게 이용하기

공 간

- 자기 공간과 일반 공간에서 다양하게 움직이기

오 리

노 력

- 낮은 공간에서 천천히, 빠르게 위치를 다양하게 바꾸어 움직이기
- 어미 오리와 아기 오리의 무게감을 각각 다르게 표현하기

신 체

- 아주 작게 웅크리기, 크게 펼치기
- 뒤뚱뒤뚱 걷기, 날갯짓하기, 머리를 숙이거나 들기, 몸 전체를 흔들기

교사의 탐구 질문	교사의 발문	유아의 예상 동작
활동 자료에서 나타날 수 있는 동작 요소들은 무엇이며 이를 어떻게 동작으로 표현하도록 할 것인가?	• 오리는 어떻게 생겼니? • 오리의 날개가 되어 볼까? • 알 속에서 오리가 어떻게 나올까? • 땅에서 오리가 걷는 모습을 표현해 보자.	• 오리의 울음소리를 듣고 오리를 생각해 본다. • 오리 사진을 보고, 날개를 표현한다. • 알에서 깨어나는 사진을 보고, 머리부터 차례로 나오는 동작을 해본다. • 앉아서 날개를 뒤로 접고 뒤뚱거리며 걸어간다.
동작의 진행 순서는 어떻게 나타날 것인가?	• 오리의 날개가 되어 본다. • 알에서 깨어나는 아기 오리가 되어 보자. • 땅에서 뒤뚱뒤뚱 걸어보자. • 강가에서 헤엄치는 오리가 되어 보자.	• 양팔을 들어 올려 날개를 표현한다. • 알로 꾸민 바구니에서 몸을 조금씩 뺀다. • 땅 표시가 된 부분은 자유롭게 걸어 다닌다. • 파란색 선으로 들어간다. 다리를 움직이면서 헤엄친다.
동작이 시작되는 위치는?	• 바구니 속에서 아기 오리가 나오려고 준비하고 있어요.	• 바구니 속에서 웅크리고 있다.
유아들은 중반부에서 어디서 어떻게 움직일 것인가?	• 아기 오리가 이제 걷기 시작했어요. • 강에 가서 헤엄을 치고 있네요.	• 힘없이 누워 있다가 천천히 걷는다. • 다리를 움직이면서 헤엄친다.
어디서 어떻게 끝날 것인가?	• 몸을 말리고 쉬고 있어요.	• 땅 위로 올라와 몸을 옆으로 해서 눕는다. • 눈을 감고 몸을 웅크린다.

교 사	유 아
도입 및 예비 활동	
오리 울음소리를 들려주고 무엇인지 생각해 본다.	
• 무엇의 소리일까?	• 오리가 "꽥꽥" 하는 소리예요.
• 오리는 어떻게 생겼니?	• 부리가 튀어 나왔어요. 엉덩이도 나왔어요. 날개가 있어요.
• 소리를 흉내내어 볼까?	• 꽥꽥… 우우….
오리의 사진을 보여준다.	
• 오리가 무엇을 하고 있니?	• 걸어가고 있어요.
• 날개는 어떻게 생겼니?	• 몸에 붙어 있어요.
• 날 수 있을까?	• 날지는 못해요.
• 오리의 날개를 만들어 보자.	• 양쪽 어깨를 움직이며 팔을 올렸다가 내린다. • 팔꿈치를 구부려 위 · 아래로 흔든다.
• 다리는 어떻게 생겼니?	• 물갈퀴가 있어요.
• 오리처럼 걸어 볼까?	• 구부려 앉아서 날개를 접어 걷는다. • 서서 엉덩이를 뒤로 빼고 뒤뚱뒤뚱 걷는다.
오리가 알에서 나오는 사진을 제시한다.	
• 알은 어떻게 생겼니?	
• 알 속에 오리가 어떻게 들어 있을까?	• 웅크리고 있다. 몸을 숙이고 있다.
• 어떻게 나오고 있니?	• 머리쪽부터 조금씩 나온다.
• 아기 오리는 어떤 모습이니?	• 작고, 깃털이 축축하다. • 힘이 없어 보인다. • 몸을 웅크리고 있다.
본 활동	
커다란 바구니를 알처럼 꾸며놓고, 바구니 속에서 나오는 아기 오리가 되어 본다.	

교 사	유 아
• 알에서 아기 오리가 나오려고 몸을 꿈틀거리고 있어요. • 부리로 알을 깨고 나와요, 조금씩 조금씩.	• 바구니 속에서 몸을 웅크린다. 조금씩 흔든다. • 머리부터 조금씩 바구니를 빠져 나온다.
◎ 점점 자라서 움직이는 모습을 표현한다. • 아기 오리가 걷기 시작했어요.	• 기어다니다가 일어서서 걷기 시작한다.
• 뒤뚱뒤뚱 걸어 다녀요.	• 오리가 되어 여러 방향으로 걸어 다닌다.
◎ 파란 테이프로 강을 표시한다. 오리가 강에 들어가 헤엄친다. • 오리가 물 속에 들어가 헤엄치고 있어요. • 물 속에 머리를 넣어 먹이를 찾고 있어요. • 먹이를 잡아먹고 있네요.	• 파란 선쪽으로 가서 점점 눕는다. 앉아서 다리를 뻗는다. • 팔을 뒤로 하고 고개를 숙여 먹이를 찾으며 두리번거린다. • 먹이를 줍고 위로 올려서 먹는다.
◎ 땅으로 올라와 몸을 말리는 동작을 한다. • 땅으로 올라와서 몸을 말리고 있어요. • 곤히 잠들었어요.	• 날개를 머리로 친다. • 날개를 흔들면서 몸을 말린다. • 몸을 옆으로 기울여서 눕는다. • 날개를 접어서 앉는다.
종결 · 회상하기	
◎ 알에서 나온 과정을 회상해 본다. • 알에서 나올 때 몸의 어느 부분이 먼저 나왔니? • 헤엄칠 때 어떤 동작으로 물갈퀴를 표현했니?	• 알에서 몸이 완전히 나와서 오리가 된 것을 순서대로 회상해 본다. • 두 손을 쫙 벌리고 손을 꺾어 돌리면서 표현한다.
관련 활동	
◎ 병아리가 알에서 깨어나는 과정을 표현해 본다.	

참고자료

◁ 새끼의 알 깨기

◁ 땅 위에서 뒤뚱뒤뚱 걷는 오리

◁ 헤엄치는 오리

참고자료

◁ 오리의 날개와 멋진 물갈퀴

◁ 사랑을 나누는 오리

활동 3 스파게티가 되어 봐요

관 계

• 다른 사람과의 관계에서 적절하게 움직이기

공 간

• 자기 공간과 일반 공간에서 조절된 행동으로 다양하게 움직이기

스파게티

노 력

• 직선 경로에 따라 움직여 보기
• 뻗기와 굽히기를 높낮이, 방향, 속도에 따라 변화를 주어 움직이기

신 체

• 신체의 부분과 전체를 인식하며 다양하게 뻗기 · 구부리기
• 몸을 폈다가 말기, 친구와 함께 몸을 꼬기

교사의 탐구 질문	교사의 발문	유아의 예상 동작
활동 자료에서 나타날 수 있는 동작 요소들은 무엇이며 이를 어떻게 동작으로 표현하도록 할 것인가?	• 스파게티를 어떻게 만들었니? • 스파게티와 재료가 어떻게 섞여 있니? • 재료의 모양을 동작으로 표현해 보자.	• 사진 자료를 통해 스파게티의 요리 과정을 보고, 움직임을 탐색해 본다. • 요리에 필요한 재료들의 모습을 움직임으로 표현한다(양파 · 토마토 썰기, 스파게티 면 만들기, 고기 볶기).
동작의 진행 순서는 어떻게 나타날 것인가?	• 스파게티의 모양이 어떻게 생겼니? • 재료를 어떻게 썰어서 넣을까? • 접시 그림 위에 보기 좋게 담긴 스파게티가 되어 보자.	• 스파게티가 되어 스파게티가 요리되는 과정을 표현해 본다. – 스파게티의 모양을 표현 – 스파게티에 들어가는 재료를 표현 – 스파게티와 소스를 표현 • 바닥에 도마, 접시, 냄비, 식탁 위의 접시 그림을 제시해 주고, 음악을 들으면서 표현한다.
동작이 시작되는 위치는?	• 봉지 안에 들어 있는 빳빳한 스파게티가 되어 보자.	• 봉지 안에 담겨 있는 스파게티와 여러 가지 재료가 된다.
유아들은 중반부에서 어디서 어떻게 움직일 것인가?	• 냄비 속에서 삶아져서 흐물흐물해지는 스파게티가 되어 보자.	• 음악을 들으면서 스파게티가 된 사람이 냄비 속에 들어가서 여러 사람과 섞인다. • 재료는 각각 썰어져서 소스를 만든다.
어디서 어떻게 끝날 것인가?	• 접시 위에 완성된 스파게티가 되어 보기 좋게 담겨 보자.	• 식탁의 접시 위에 스파게티와 소스가 함께 만나서 놓인다.

교 사	유 아
도입 및 예비 활동	
여러 가지 파스타의 사진을 보여주고, 다양한 모양을 몸으로 표현한다(p.220 참고).	• 길게 뻗는다. 다리를 꼰다. 팔을 둥글게 만든다.
요리 순서표를 보며 어떻게 움직임이 변하는지 표현한다.	
• 처음에 스파게티 면이 어떻게 되어 있니? • 냄비 속에 들어간 모습을 표현해 보자. • 여러 가지 재료를 넣어 소스를 만들어 보자.	• 길게 뻗어 표현, 함께 묶인 모습. • 물 속에 들어가 구부려지고, 함께 몸을 만다. • 각 재료가 서로 섞인다.
본 활 동	
바닥에 붙여 놓은 그림을 소개한다(냄비, 접시).	• 스파게티 면과 소스 재료를 나누고, 어떻게 표현할 것인지 친구들과 의논한다.
스파게티와 재료가 되어 순서대로 동작한다. • 스파게티 면이 냄비에 들어갔어요. • 면이 점점 커지면서 서로 엉키고 있어요. • 소스와 스파게티 면이 섞여서 맛있는 스파게티가 되어요. • 완성된 스파게티가 접시 위에 보기 좋게 놓여요.	• 길다란 스파게티가 냄비 속으로 풍덩 들어가서 구부리고, 몸을 만다. • 스파게티 면과 소스가 골고루 섞여진다. • 바닥에 붙여놓은 접시 그림에 들어가서 눕는다.
회상하기	
마지막 동작에서 잠시 멈추어서 있도록 하고 다른 유아들은 어떤 모습을 하고 있는지 보고 이야기한다.	• 친구들이 서로 손을 잡고 있어요. • 몸을 구부리고 두 팔을 들고 있어요.

교 사	유 아
재료가 어떻게 변했는지 이야기하고, 재미있었던 부분을 표현해 본다. • 스파게티가 어떻게 변했었니?	• 처음에는 딱딱했었는데 점점 구불구불해지고, 다른 재료랑 섞여서 맛있는 스파게티가 되었어요.
관련 활동 밀가루 반죽을 하여 '수제비' 를 만든다.	

참고자료

◁ 롱 파스타(long pasta)

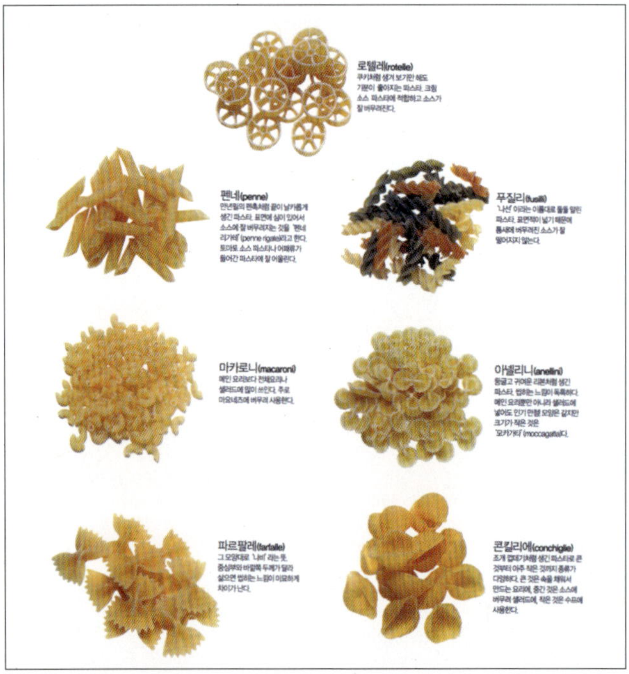

◁ 짧은 파스타(short pasta)

출처: 세상에서 가장 쉽고 맛있는 빵&빵의 이탈리아 요리, 웅진, 1999.

참고자료

페스토 스파게티 (spaghetti con pesto)

재료

스파게티 350g, 마늘 3~4쪽, 잣 3큰술, 바질 60g, 소금 1/2작은술, 올리브유 75ml, 파마산 치즈 1/2컵, 소금 약간, 후춧가루 약간

만드는 법

1. 스파게티를 삶는다.

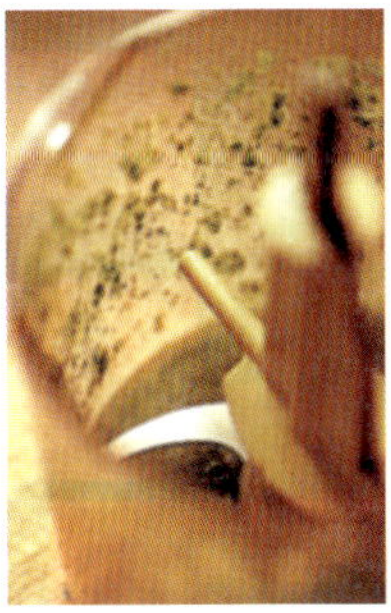

2. 잣, 마늘, 바질, 올리브유, 파마산 치즈, 소금을 믹서에 갈아 페스토 소스를 만든다.

3. 삶은 스파게티에 2를 섞고 소금과 후춧가루로 간한다.

4. 스파게티와 재료를 보기 좋게 그릇에 담는다.

출처: 세상에서 가장 쉽고 맛있는 빵&빵의 이탈리아 요리, 웅진, 1999.

활동 4 몸으로 숫자를 만들어 봐요

관 계

- 친구들과 함께 몸을 연결시켜 숫자 만들기
- 혼자서, 친구와 함께 손을 잡거나 몸을 연결시키기

공 간

- 자기 공간과 일반 공간에서 음악에 맞추어 다양하게 표현하기

숫자풀이 그림 카드

노 력

- 숫자의 곡선과 직선을 표현하기
- 숫자를 보고 2~4명씩 적합한 인원을 맞추어 동작으로 표현하기
- 대칭과 비대칭을 생각해서 동작하기

신 체

- 몸을 숫자에 맞추어 웅크리거나 펴기

교사의 탐구 질문	교사의 발문	유아의 예상 동작
활동 자료에서 나타날 수 있는 동작 요소들은 무엇이며 이를 어떻게 동작으로 표현하도록 할 것인가?	• 노래에 어떤 숫자가 나왔니? • (숫자 카드를 제시하면서) '7'을 몸으로 만들어 보자. • 친구와 함께 숫자를 만들어 보자. • 음악(반짝반짝 작은 별)을 들으면서 숫자가 되어 보자.	• '숫자풀이' 노래를 듣고 숫자를 회상한다. – 손가락, 손, 다리, 온몸을 이용해서 숫자의 직선과 곡선을 만든다. – 손을 잡고 누워서 발을 부딪치고 몸을 웅크린다. – 음악에 맞추어 가볍게 걷거나 뛴다. – 탬버린 소리가 들리면 혼자서 또는 3~4명이 함께 표현한다.
동작의 진행 순서는 어떻게 나타날 것인가?	• 숫자판을 보면서 노래를 불러 보자. • 고무줄로 숫자를 만들어 보자. • 신체를 이용하여 숫자를 만들어 보자. • 친구와 함께 숫자를 만들려면 어떻게 해야 할까?	– 숫자판의 숫자 모양을 보면서 부른다. – 팽팽하게 당겨서, 직선, 곡선 만들기 – 신체의 부분과 전체를 이용해 동작하기 – 대칭과 비대칭 동작을 생각해서 숫자 만들기
동작이 시작되는 위치는?	• 교실 앞쪽으로 나와서 고무줄을 잡아 보세요.	– 숫자의 크기와 균형을 생각하면서 만든다.
유아들은 중반부에서 어디서 어떻게 움직일 것인가?	• 음악을 듣다가 탬버린 소리가 들리면 숫자가 되어 보세요.	– 가볍게 뛰다가 탬버린 소리를 듣고 숫자 만들기
어디서 어떻게 끝날 것인가?	• 1~10까지 숫자를 차례대로 만들어 보세요.	– 차례로 다른 친구들과 함께 숫자 만들기 (숫자에 따라 인원수도 달리한다.)

교 사	유 아
도입 및 예비 활동	
● 전래동요 '숫자풀이' 노래 테이프를 듣는다.	
• 노래 속에 어떤 숫자가 나왔니?	- 1, 5, 6, 10….
• 어떤 숫자 노래가 기억이 나니?	- "셋하면 새색시가…." - "일곱하면 일꾼들이…."
● 노랫말이 나타난 숫자판을 보면서 노래 부른다.	• 숫자판에 있는 노랫말을 한번 읽어 보고 노래를 부른다.
본 활동	
● 숫자 카드를 보고 고무줄로 숫자를 만든다(혼자, 함께 만들기).	• 3~4명씩 짝을 지어 고무줄을 잡아당기면서 만든다.
• 숫자 '8' 을 만들어 보자.	- 고무줄을 길게 타원형으로 만들고, 중간을 꼬아서 돌린다.
● 제시하는 숫자를 신체 각 부분으로 표현해 본다.	
• '7' 를 팔로 만들어 보자.	- 양손을 이용해서 한 손은 펴고, 한 손은 두 손가락을 구부린다.
• '3' 은 무엇으로 만들어 볼 수 있겠니?	- 양팔을 벌려 동그랗게 '안쪽으로 모은다' - 온몸을 구부려 만든다.
• 친구와 함께 '10' 을 만들어 보자.	• 4~5명이 함께 만든다. - 누워서 숫자를 표현한다. - '1' 자로 눕고 2명이 팔과 다리를 웅크려서 '0' 만들기
● 음악(작은 별-모차르트)을 들으면서 자유롭게 움직이다가, 탬버린 소리가 들리면 숫자를 신체로 표현해 본다.	• 음악을 들으면서 가볍게 홉핑, 갤로핑하면서 자유롭게 움직인다. - 2명씩 짝이 되어 '3' 을 만든다. - 혼자서 숫자 '7' 을 서서 만든다. 상체를 각지게 구부리고 팔을 내린다.
● 다같이 숫자 '1~10' 까지 차례로 만들어 본다.	• 순서를 정해서 1부터 10까지 바닥에 누워 만든다.
종결 · 회상하기	
• 어떤 숫자가 만들기 어려웠니? • 더 큰 숫자를 한번 만들어 볼까?	

참고자료

△ '숫자풀이' 전래동요 그림 카드

△ 숫자 카드

◁ 숫자를 보면서 노래를 부른다.

◁ 숫자 카드를 보면서 혼자서 또는 친구와 함께 숫자를 몸으로 표현한다.

Chapter 3

비디오 자료를 활용한 동작 활동

활동 1_어떤 동물일까요?

활동 2_나는 밤하늘을 수놓는 불꽃이에요

활동 3_부채춤을 추어요

활동 4_케이크가 되어 봐요

활동 5_동래학춤 추기

활동 1 어떤 동물일까요?

오페라 〈이마지나리아〉 중 '꽃의 이중창'

관 계

- 신체의 부분과 부분을 이용하여 움직이기

공 간

- 개인 공간에서 높낮이를 인식하며 움직이기

노 력

- 음악을 느끼며 음악의 리듬에 맞추어 팔과 손목, 손가락의 움직임을 부드럽고 유연하게 느린 동작으로 표현하기

신 체

- 팔과 손목, 손가락의 움직임을 인식하며, 손목과 손가락 세우기, 팔 펴기, 꼬기, 뻗기, 굽히기, 돌리기 등 다양하게 움직이기

교사의 탐구 질문	교사의 발문	유아의 예상 동작
활동 자료에서 나타날 수 있는 동작 요소들은 무엇이며 이를 어떻게 동작으로 표현하도록 할 것인가?	• 비디오에 어떤 장면들이 나왔니? • 몸의 어떤 부분을 이용하여 표현했니? • 손가락과 손목을 어떻게 움직여야 하겠니? • 팔은 어떻게 움직여야 할까? • 표현하고 싶은 동물을 만들어 볼 수 있겠니?	• 오페라 〈이미지나리아〉 중 '꽃의 이중창' 비디오 음악을 감상하며, 손가락과 손목, 팔의 움직임을 관찰한 후 표현한다. • 여러 가지 동물(뱀, 기린, 치타, 독수리)의 모습을 손과 팔을 이용해서 움직인다. • 제시되는 그림 카드(동물)를 보며 손가락, 손목, 팔의 움직임을 인식하며 손가락, 손목 세우기, 굽히기, 펴기, 팔 돌리기, 꼬리 등 다양하게 표현한다. • 만들고 싶은 여러 가지 동물을 표현한다.
동작의 진행 순서는 어떻게 나타날 것인가?	• 움직임의 변화와 속도는 어떠했니? – 어떻게 움직였니? – 손가락을 어떻게 움직여야 할까? – 팔은 어떻게 움직여야 할까? – 어떤 방향으로 움직여야 할까?	• 비디오를 감상한 후 비디오에 나오는 여러 가지 동물의 모습을 손가락, 손목, 팔을 이용하여 표현한다. • 음악의 분위기와 흐름을 느끼며, 제시하는 그림 카드의 동물을 표현한다. • 손가락, 손목, 팔에 변화를 주며 유연하고 느리게 표현한다. • 음악을 느끼며 만들고 싶은 여러 가지 동물을 손과 팔을 이용하여 다양하게 표현한다.
동작이 시작되는 위치는?	• 막 뒤에 앉아 손과 팔을 내밀고 표현해 볼 수 있겠니?	• 전신이 가려지는 막 뒤에서 무릎을 꿇고 앉아 손과 팔을 내밀고 시작한다.
유아들은 중반부에서 어디서 어떻게 움직일 것인가?	• 음악을 들으며, 음악의 속도와 분위기에 맞추어 그림 카드에 제시된 동물을 표현해 볼 수 있겠니?	• 막 뒤에서 손가락과 손목, 팔을 이용하여 그림 카드에 제시된 동물을 표현한다.
어디서 어떻게 끝날 것인가?	• 만들고 싶은 동물을 표현해 볼 수 있겠니? • 어떤 동물을 만들었니?	• 음악을 들으며 음악의 흐름에 맞추어 손과 손목, 팔을 이용하여 만들고 싶은 동물을 표현한 뒤 음악이 멈추면 만든 동물이 되어 멈춘다.

교 사	유 아
도입 및 예비 활동	
◉ 오페라 비디오 음악을 감상한 후 비디오에 나오는 여러 가지 동물을 표현한다.	
• 어떤 장면이 나왔니? (어떤 동물들이 나왔니?)	• 치타, 뱀, 독수리….
• 몸의 어떤 부분을 움직였니?	
• 손가락, 손목, 팔을 어떻게 움직였니?	• 펴기, 굽히기, 돌리기, 꼬기, 세우기….
• 움직임의 변화와 속도는 어떠했니?	• 부드럽고 아주 느리게 움직인다. • 옆으로 갔다가 위로 빨리 간다. • 날개를 만들어 천천히 날아간다.
◉ 그림자 틀 뒤에서 손과 팔을 이용하여 인상 깊었던 동물을 다양하게 표현해 본다.	
• 손과 팔을 어떻게 움직여야 할까?	• 팔을 쭉 펴거나 굽히기, 팔을 세우고 손목을 돌린다.
• 손목을 어떻게 움직였니?	• 주먹을 쥔 채 두 번째, 세 번째 손가락이나 첫 번째, 두 번째, 다섯 번째 손가락만 세우고 표현한다.
본 활 동	
◉ 전신이 가려지는 막 뒤에서 무릎을 꿇고 앉아 손과 팔을 내밀고 음악을 들으며 다양하게 표현한다.	
• 음악의 분위기와 흐름을 느끼며 손과 손목, 팔을 이용해서 제시하는 동물을 표현한다. (여러 가지 동물: 비둘기, 여우, 오리 등의 그림 카드를 제시하며)	• 음악을 들으며 어떤 장면이 있었는지 회상한다. • 그림자 틀 뒤에서 동물 그림 카드를 보고 손으로 표현한다.
- 손가락과 손목을 어떻게 움직여야 할까?	• 팔을 쭉 펴거나 굽히기, 손목을 세워서 돌린다.
- 어떤 방향으로 움직여야 할까?	• 손등끼리 마주대고 손가락을 펴면서 움직인다.
- 팔을 어떻게 움직여야 할까?	• 옆으로 위, 아래를 빠르게, 천천히 움직인다.

교 사	유 아
음악을 들으며 음악의 흐름에 맞추어 그림자 틀 뒤에서 손과 손목, 팔을 이용하여 만들고 싶은 동물을 표현한다. • 음악이 멈추면 동물 모습을 하며 그대로 멈춘다. • 어떤 동물을 만들었니?	• 달팽이, 오리, 나비…. 손가락을 쫙 펴거나 굽히기, 꼬기, 돌리기, 세우기, 흔들기 등을 하며 표현한다. • 팔과 손목을 나풀거리며 움직인다. • 한 팔과 손은 높이 들고, 한 팔은 그것을 받쳐서 우아한 백조를 만든다.
회상하기	
표현하고 싶은 동물을 적절하게 표현했니? 음악의 분위기와 흐름에 맞추어 표현해 보자. • 음악의 리듬에 맞추어 음악을 느끼며 움직였니? • 움직일 때의 속도는? • 움직임이 바뀔 때 속도의 변화는?	• 어떤 동물을 표현했는지 이야기한다. • 동물의 생김새와 움직임의 빠르기를 적절히 표현했는지 회상한다. • 독수리에서 표범으로 바뀔 때 어떻게 손동작을 했는지 표현해 본다.
관련 활동	
그림자 놀이 • 신체와 도구를 이용하여 그림자 만들기 • 음악의 느낌에 맞추어 막(그림자 틀) 뒤에서 온몸을 이용하여 혼자서 움직여 본다.	

참고자료

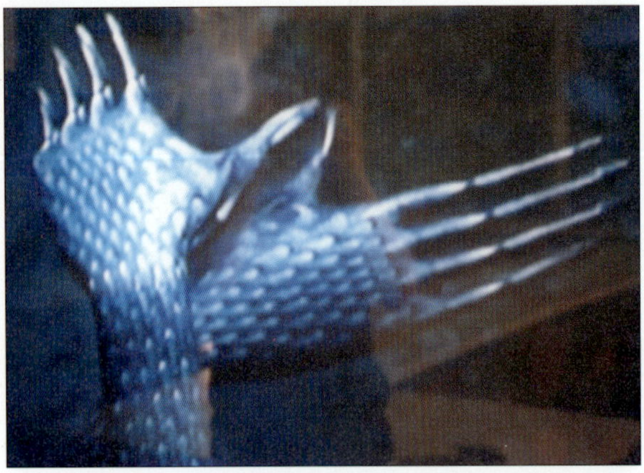

◁두 손이 독수리가 되어 나는 장면

◁ 손으로 표범을 만들어 걸어가는 장면 (비디오 자료 – 오페라 〈이마지나리아〉 썬미디어(주), 들리브의 라크메 중 '꽃의 이중창')

◁ 음악에 맞추어 표현하고 싶은 모습을 표현한다.

참고자료

◁ 그림 카드를 보고 다같이 표현한다.

◁동물 그림 카드를 보고 표현한다.

◁ 손과 팔만 보이게 해서 동물을 표현한다.

활동 2 나는 밤하늘을 수놓는 불꽃이에요

관 계

- 혼자서 혹은 다른 사람과 함께 움직이기

공 간

- 방향, 높낮이, 범위에서 조절된 행동으로 움직이기

불꽃놀이

노 력

- 적절한 속도를 인식하여 다양한 동작으로 균형을 이루며 움직이기

신 체

- 불꽃의 움직임과 다양한 변화를 인식하면서 얼굴, 손가락, 팔, 다리, 전신을 이용하여 몸을 웅크리거나 쭉 편 채로 뛰면서 표현하기

교사의 탐구 질문	교사의 발문	유아의 예상 동작
활동 자료에서 나타날 수 있는 동작 요소들은 무엇이며 이를 어떻게 동작으로 표현하도록 할 것인가?	• 불꽃이 어디에서 시작되었니? – 위로 올라갈 때 어떻게 올라갔니? • 불꽃이 하늘에서는 어떻게 하고 있었니? 그 모습을 어떻게 표현할 수 있을까? • 터지는 모습(사방으로 흩어지는 모습, 사라지는 모습)을 어떻게 표현할 수 있을까? • 불꽃이 떨어질 때의 모습을 몸으로 표현해 보자. • 몸을 어떻게 움직이면 떨어지는 모습을 표현할 수 있을까?	• 비디오를 보며 불꽃의 움직임과 변화를 관찰한다. • 불꽃이 올라가는 모습–몸을 최대한으로 작게 만들어 높이 올라가면서 몸 전체를 쭉 뻗어 빠르게 뛰면서 표현한다. • 터지는 모습–얼굴, 머리, 팔, 가슴 등을 펴며 앉거나 일어서서 뛰면서 표현한다. • 사방으로 흩어지는 모습–몸을 최대한으로 크게 하여 여러 방향으로 움직인다. • 사라지는 모습–바닥에 낮게 떨어지며 몸을 웅크리거나 엎드려서, 쭉 펴서, 날아가는 모습을 적절한 속도와 방향, 높낮이, 범위를 인식하며 다양한 동작으로 표현한다.
동작의 진행 순서는 어떻게 나타날 것인가?	• 아주 작은 불씨가 있었어요. • 슝~ 불꽃이 하늘로 빠르게 올라갔어요. • '팡, 팡' 불꽃이 터져 여러 가지 모양을 만들었어요. • 사방으로 흩어지면서 떨어져 사라졌어요.	• 불꽃의 움직임과 변화를 표현한다. • 작은 불씨를 표현한다. • 불꽃이 하늘로 올라갈 때의 모습을 표현한다. • 불꽃이 터지는 모습을 표현한다. • 여러 가지 불꽃을 표현한다. • 사방으로 흩어지며 떨어지는 모습을 표현한다. • 사라진 불꽃의 모습을 표현한다.
동작이 시작되는 위치는?	• 불꽃이 올라가기 전 아주 작은 불씨를 만들려면 몸을 어떻게 하면 될까?	• 자기 자리에서 불씨가 되어 몸을 최대한으로 작게 하여 엎드리거나 바닥에 무릎을 대고 상체를 숙인 채 시작한다.
유아들은 중반부에서 어디서 어떻게 움직일 것인가?	• 혼자서/여러 명이 여러 가지 모양의 불꽃이 되어 움직여 볼 수 있겠니?	• 활동 공간 여기저기에서 다양한 모양의 불꽃을 만들어 움직인다.
어디서 어떻게 끝날 것인가?	• 여러 가지 모습의 불꽃들이 움직이다가 그만 사라져 버렸대. 없어진 불꽃을 어떻게 표현할 수 있을까?	• 움직이던 위치에서 사라지는 불꽃의 모습을 표현한다.

교 사	유 아
도입 및 예비 활동	
• 불꽃놀이 비디오를 본다.	
• 불꽃의 움직임과 변화를 관찰한다. • 불꽃이 처음에 어떤 모양으로 생겨났니? • 어떻게 올라갔니? • 불꽃이 하늘에 올라가서 어떻게 되었니? • 그 모습을 표현해 보자.	• 막대 위에 불이 조금씩 튀어요. • "치직~" 소리를 내면서 올라가요. • 높이 올라가서 동그랗게 펴져요. • 앉아서 무릎을 상체에 붙이고 고개를 숙인다. • 몸 전체를 쭉 펴면서 양팔과 다리를 뻗어 위로 뛴다.
• 불꽃놀이를 본 경험을 이야기 나눈다.	• 축제에서 본 불꽃놀이 • TV에서 본 기억
본 활 동	
• 불꽃의 움직임과 변화를 몸으로 표현한다. • 불꽃이 하늘로 올라갈 때의 모습과 소리를 표현해 본다. - 불꽃이 올라가기 전에는 어떤 모습으로 있어야 할까? - 올라가는 모습은 어떻게 표현할 수 있을까? • 터지는 모습과 터져서 여러 가지 모양으로 흩어지는 불꽃을 표현한다. • 여러 가지 모양의 불꽃이 사방으로 흩어지면서 떨어지는 모습을 표현한다. - 혼자서, 여러 명이 다양한 모양의 불꽃이 되어 움직인다. • 불꽃이 사라져 없어지는 모습을 몸으로 표현해 본다.	• 슝~ 몸을 동그랗게 해서 앉거나 엎드려서 표현한다. • 머리와 고개를 뒤로 젖히고 양팔과 다리를 벌리고 일어서서 몸을 최대한으로 크게 한다. • 친구와 손을 잡고 동그랗게 만들어 돈다. • 친구와 팔을 뻗어 어깨 위로 하여 별 모양을 만든다. • 몸을 작게 하여 뛰면서 바닥으로 떨어지거나 숨는다.

교사	유아
회상하기	
◎ 불꽃이 되었을 때 어떤 것이 재미있었니?	• 점점 높이 떠어 오를 때
◎ 표현하기 힘들었던 부분은 없었니?	• 불꽃이 되어 아래로 떨어져 구를 때
관련 활동	
◎ 폭죽으로 신체 표현 • 카펫의 한 모퉁이에서 폭죽이 터지기 전의 모습을 표현한다.	• 몸을 아주 작게 하여 엎드리거나 앉아서 웅크리고 있는다. • 폭죽이 터졌을 때의 모습을 표현한다. • 장갑에 실이나 색종이를 붙여 끼고 몸을 최대한으로 크게 하여 양팔과 다리를 벌려 뛰면서 움직인다.

참고자료

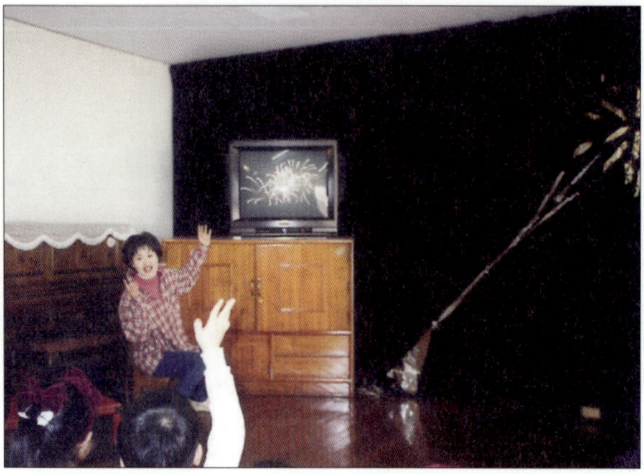

△ 불꽃놀이 비디오 자료를 보기

△ 2명이 짝을 지어 불꽃이 되어 본다.

참고자료

△ 여러 명의 유아가 함께 불꽃을 표현한 모습

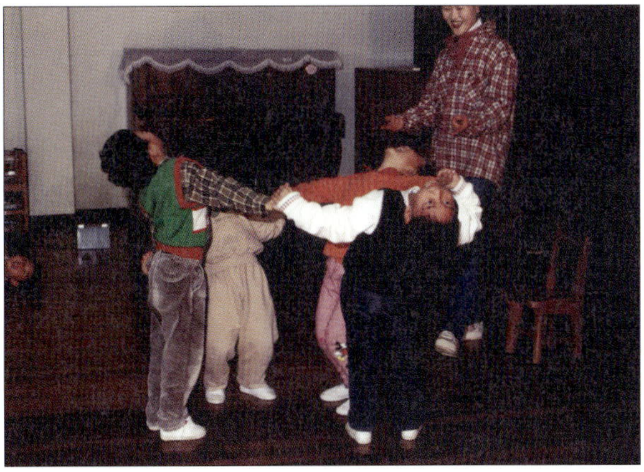

△ 여러 명의 유아가 불꽃이 터지는 모습을 표현

활동 3 부채춤을 추어요

관 계

- 부채를 이용하여 혼자서 또는 협력해서 움직이기

공 간

- 일반 공간에서 음악에 맞추어 리듬감 있게 움직이기

부채춤

노 력

- 부채의 위치에 변화를 주어 움직이기
- 전신의 팔과 높낮이를 조절하며 움직이기
- 손가락과 손목의 힘을 강하고 약하게 움직이기

신 체

- 부채를 접기, 흔들기, 두 손으로 들기, 다른 부채와 나란히 들기
- 팔을 엇갈리게 해서 부채 흔들기
- 몸을 옆으로 흔들기, 돌기
- 팔을 높이 들어 부채를 올리고 내리기

교사의 탐구 질문	교사의 발문	유아의 예상 동작
활동 자료에서 나타날 수 있는 동작 요소들은 무엇이며 이를 어떻게 동작으로 표현하도록 할 것인가?	• 부채춤을 보고 어떤 부분이 기억에 나니? • 어떻게 움직였니? • 부채를 어떻게 움직였니? • 대형을 만들기 위해 어떻게 움직였니? • 음악을 들으면서 부채춤을 춰보자.	• 부채춤을 감상하고 느낀 점 이야기하기 – 부채 흔들기, 파도 만들기 – 팔을 위로 아래로 흔들면서 춤추기 – 부채를 위로 아래로, 접고 펴기 – 동그라미에서 빠르게 달려가 한 줄 만들기 • 대형선을 보고 선 위에서 다양한 동작하기
동작의 진행 순서는 어떻게 나타날 것인가?	• 음악을 들으면서 따라해 보자. • 대형판 위에 서서 걸어 볼까? • 대형판 위에서 어떻게 춤을 출 수 있을까?	• 비디오에 나온 모습을 그대로 따라 하기 • 방향을 바꾸면서, 걷기, 빠르게 걷기, 어깨를 들썩이며 방향 바꾸기 • 8~9명씩 그룹을 지어 춤추기 – 동그라미 모양의 대형선에서 부채 모아 흔들기 – 일직선에서 부채 나란히 하고 위로 아래로 하기
동작이 시작되는 위치는?	• 제시된 대형선 위에 서서 걸어보자.	• 대형선 위에 차례로 가서 선다.
유아들은 중반부에서 어디서 어떻게 움직일 것인가?	• 선 위에 서서 제자리 춤을 추어 보자. • 선을 따라 움직이면서 춤을 추어 보자.	• 제자리에서 부채 흔들기, 한 바퀴 돌기 • 앞, 옆으로 방향을 바꾸면서 움직인다.
어디서 어떻게 끝날 것인가?	• 가장 멋진 동작으로 부채를 흔들어 보자.	• 혼자서, 2명씩 짝지어 부채 모양을 만들어 흔들기

교 사	유 아
도입 및 예비 활동	
‘부채춤’ 을 비디오로 감상한다. • 어떤 모습이 제일 기억에 남니? • 어떤 부분을 이용해서 움직였니?	• 다 같이 부채를 흔드는 모습 • 팔을 위로 아래로, 머리를 흔들면서
춤의 모습을 그대로 표현해 본다. • 어떤 부분을 어떻게 움직였니? • 음악을 들으면서 그대로 따라해 보자.	• 팔을 들고, 돌면서 부채를 위로 흔든다. • 천천히 걸으면서, 부채를 폈다 접었다 한다. • 부채를 얼굴의 위쪽과 아래쪽으로 올렸다 내렸다 하며 흔든다. • 어깨를 으쓱이면서 부채를 들고 한 바퀴 돈다.
본 활 동	
8~9명씩 그룹을 지어 동작을 따라해 본다. • 어떤 대형으로 춤을 추었니?	• 동그랗게 원을 만들어 부채를 옆으로 나란히 맞추어 아래 · 위로 들고 내린다. • 일직선으로 나란히 서서 파도를 만든다. • 동그라미에서 한 줄로 풀어 나간다.
• 대형을 만들기 위해 어떻게 움직였니?	• 일직선에서 2명씩 짝지어 춤춘다.
여러 가지 대형판을 제시하여 어떤 대형인지 관찰한다. • 대형 위에 서 보자.	• 동그란 대형, ×자로 된 대형 • 네모 각진 대형

교 사	유 아
제시되는 형태의 대형에 서서 부채를 들고 움직여 본다.	
• 제자리에서 부채를 흔들어 보자.	• 부채를 위로 돌려 흔든다. • 양손에 있는 부채를 옆으로 나란히 든다. • 제자리에서 돌면서 부채를 접는다.
• 다 같이 선 위를 걸으면서 부채춤을 춰보자.	• 원을 그리면서 부채의 높이에 변화를 주어 춤춘다. • 'S' 자 선을 따라 천천히, 약간 빠르게 걸으면서 부채를 흔든다. • 어깨를 옆으로 흔든다.
음악을 들으면서 자유롭게 부채를 움직이며 춤을 추다가 원하는 대형에 서서 춤을 춘다. • 음악이 끝나면 가장 멋진 모습으로 부채를 흔들어 보자.	• 2개의 부채로 하나의 원을 만들어 흔든다. • 앉아서 부채를 위로 들어 흔든다.
종결 · 회상하기	
춤을 추고 난 후에, 서로 느낀 것에 대해 이야기 나눈다. • 어떤 대형에서의 부채춤이 재미있었니?	• '×' 자 대형 • 동그라미 대형에서
• 마무리할 때 어떤 친구의 동작이 멋있어 보였니?	• 여러 명이 부채로 커다란 꽃을 만들었을 때 • 부채를 폈다가 다시 접는 것

참고자료

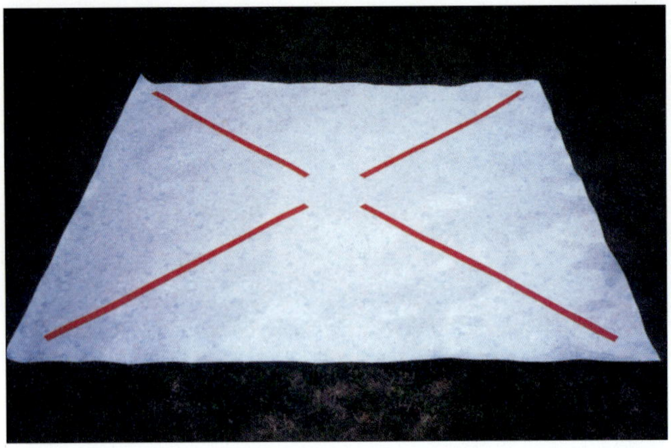

△ 커다란 장판에 테이프로 대형을 표시한다.

△ 대형 위에 서서 부채춤을 춘다.

활동 4 케이크가 되어 봐요

관 계

• 훌라후프를 적절하게 이용하기

공 간

• 케이크 모양의 길(나선형의 길)을 인식하며 몸을 이동하기

케이크

노 력

• 음악의 특징(강 · 약 흐름)을 인식하며 경쾌하게 움직이기
• 다리에 힘을 주어 강하고 탄력 있게 움직이기

신 체

• 팔(손)과 전신을 이용하여 케이크 장식 표현하기–꼬기, 펴기, 구부리기, 웅크리기, 몸을 웅크리며 동그랗게 만들어 움직이기

교사의 탐구 질문	교사의 발문	유아의 예상 동작
활동 자료에서 나타날 수 있는 동작 요소들은 무엇이며 이를 어떻게 동작으로 표현하도록 할 것인가?	• 강한 음악이 나올 때 다리의 움직임은? • 장식물로 변할 때 음악의 느낌은 어떤가?	• 오페라 〈집시의 합창〉 비디오를 보고 난 다음에 곡의 특징에 맞게 움직인다. • 강한 움직임, 약한 움직임 • 연결된 동작, 끊어지는 듯한 동작 • 훌라후프 막을 이용하여 동작의 시작을 결정한다. • 훌라후프 막을 통과하며 크림 조각이 되어 움직임을 표현한다.
동작의 진행 순서는 어떻게 나타날 것인가?	• 크림들이 조금씩 떨어져서 움직이고 있어요. • 크림은 자기가 가고 싶은 위치로 가서 예쁜 꽃과 리본 등의 장식물이 되어 보자.	• 음악의 특징을 인식하며 커다란 덩어리로 모여 있던 유아들이 훌라후프 막을 한 명씩 통과하며 동작을 시작한다. • 케이크가 있는 곳(나선형 길 모양)으로 이동한다. • 케이크가 있는 곳에 도착하면 생각한 장식물을 신체로 만들고 멈춘다.
동작이 시작되는 위치는?	• 빨간색 크림은 커다란 크림에서 조금씩 떨어져 나갔어요.	• 훌라후프 막이 있는 곳인 뒤쪽에서 모여 시작한다. • 다른 한 팀은 진행 길 중간쯤에서 시작한다.
유아들은 중반부에서 어디서 어떻게 움직일 것인가?	• 케이크가 있는 곳으로 여러 가지 색깔 크림들이 갔어요.	• 각각 출발 위치가 다른 크림들이 모여 케이크가 있는 방향으로 이동한다.
어디서 어떻게 끝날 것인가?	• 모두 어떤 것들로 변해서 케이크를 꾸미게 되었을까?	• 케이크 위에서 여러 가지 장식물이 된 뒤 음악이 멈추면 함께 멈춘다.

교 사	유 아
도입 및 예비 활동	
● 오페라 비디오 음악을 감상한다.	
● 비디오에서 보았던 것에 대해서 알아본다. • 무엇을 보았니?	• 빨간색, 노란색, 초록색, 보라색, 하얀색 크림들….
• 어떻게 움직였니? • 움직임이 서로 어떻게 다른가?	• 빨간색–다리를 높이 들며 걷기 • 노란색–다리를 모아 앉아서 뛰기
• 변할 때의 움직임은?(케이크의 장식물로 변할 때)	• 작은 크림들이 점점 케이크 위로 올라간다.
• 어떤 장식물로 변하였니?	• 꽃, 리본, 촛불….
• 어떤 음악이 들렸니?	• 여러 사람들이 노래를 부르는 것 • 한 사람이 혼자서 노래 부르는 장면
● 움직임의 특징적인 것을 표현해 본다.	• 크림들이 조금씩 떨어져 걸어가는 모습을 표현한다. • 다리를 높이 들어 다른 친구들과 함께 줄을 지어 걷는다.
• 나선형 대형을 소개하고 선을 따라 다양하게 이동해 보도록 한다.	• 나선형 대형에서 걸어가거나 앉아서 걷거나 굴러서 가본다.
본 활 동	
● 오페라에 등장하는 것 중 표현하고 싶은 것을 선택한다.	• 빨간 크림, 노란 크림, 하얀 크림으로 각각 정하고, 색깔 모자를 쓴다.

교 사	유 아
도입 및 예비 활동	
◉ 특징적인 동작을 표현하며 음악에 맞추어 움직인다. • 다른 색깔 크림들은 훌라후프와 케이크가 그려져 있는 장소의 중간쯤에 있다 빨간색 크림 뒤를 따라 케이크가 있는(나선형 길 모양)곳으로 움직인다.	• 훌라후프를 통과하면서 다리를 높이 들며 음악에 맞추어 걷는다. • 줄을 지어 가면서 팔 동작을 자유롭게 표현해 본다. • 나선형을 따라 걷거나 기어가거나 굴러서도 가본다.
• 케이크 판에 도착하면 표현하고 싶은 장식물이 된다.	• 케이크 그림판에 도착하면 위치를 정한 뒤 표현하고 싶은 장식물을 표현한다. • 꽃, 리본…. • 두 팔을 높이 들어 흔든다. • 친구와 마주 손잡고 고개를 뒤로 해서 리본 모양을 표현한다.
종결 · 회상하기	
◉ 음악을 느끼며 움직일 수 있었니?	• 합창이 나오는 부분에서 빠르게 움직인다.
◉ 크림이 되어 걸어갈 때, 어떤 기분이 들었니?	

참고자료

◁ 빨간 크림들이 꽃으로 된 장면

◁ 장식이 완성된 케이크를 위에서 본 모습 (비디오 자료 – 오페라 〈이마지나리아〉 썬 미디어(주), 베르디의 〈라트라비아타〉 중 '집시들의 합창')

◁ 높이 쌓아 올린 케이크와 촛불

참고자료

◁ 크림이 걸어가는 모습을 표현한다.

◁ 나선형의 대형을 따라 다양한 방법으로 걸어가 본다.

참고자료

◁ 대형을 따라 크림이 되어 표현한다.

◁ 크림의 색깔을 표현한 모자를 쓰고 크림이 되어 걸어본다.

활동 5 동래학춤 추기

관 계

• 다른 사람과의 관계에서 다양하게 움직이기

공 간

• 자기 공간에서 일반 공간(대형, 위치를 인식하며)으로 이동하며 움직이기

동래학춤

노 력

• 학춤의 움직임과 동작을 인식하며 가볍게 · 천천히 움직이기
• 움직이는 위치와 방향을 조절하며 적절하게 움직이기

신 체

• 여러 가지 모습의 춤 동작을 인식하며 머리 숙이며 끄덕이기, 무릎 굽히기와 펴기, 한 발씩 무릎 굽혀 뛰면서 양팔을 날갯짓하며 움직이기, 외발로 서기, 양팔을 'ㄴ' 또는 'ㅢ' 모양으로 만들고 움직이기

교사의 탐구 질문	교사의 발문	유아의 예상 동작
활동 자료에서 나타날 수 있는 동작 요소들은 무엇이며 이를 어떻게 동작으로 표현하도록 할 것인가?	• 어떻게 하며 춤추었니? • 몸의 어떤 부분을 어떻게 움직였니? • 춤의 어떤 모습이 아름다웠니? • 그림자틀 뒤에서 움직이니 어떠하니?	• 동래학춤 비디오를 감상한다. • 여러 가지 모습의 춤 동작 (두리번거리며 주위를 살피는 동작, 외발로 서서 양팔을 'ㄴ' 또는 'ㄱ'의 형태를 취하며 옆 걸음 하는 동작, 날아가는 동작 등)을 보며 표현한다. • 그림자틀 뒤에서 춤추기 – 학춤의 동작을 가볍고 천천히 움직인다. – 날갯짓하며 움직이기 – 혼자서, 친구와 같이 서로 조화를 이루며 위치와 방향을 인식하며 움직인다.
동작의 진행 순서는 어떻게 나타날 것인가?	• 음악을 들으며 혼자서 춤출 수 있겠니?	• 음악에 맞추어 혼자서 학춤을 춘다. • 친구와 함께 음악에 맞추어 어떻게 움직일 것인지 의논하여 춤춘다. • 그림자틀 뒤에서 춤추기 • 춤이 끝나면 모두 처음의 자기 자리로 가서 앉는다.
동작이 시작되는 위치는?	• 처음에는 어떤 동작을 하며 나왔니?	• 한 줄로 서서 날갯짓하며 그림자 틀 뒤로 와서 움직이기
유아들은 중반부에서 어디서 어떻게 움직일 것인가?	• 어떤 모습의 동작이니? • 친구와 같이 움직이려면 어떻게 해야 할까? • 어떻게 움직여야 할까?	• 그림자틀 뒤에서 친구와 이야기한 춤 동작하며 움직이기
어디서 어떻게 끝날 것인가?	• 어떤 모습으로 끝날까?	• 한 줄로 서서 날갯짓하며 그림자틀 뒤에서 나와 자기 자리에 가서 앉는다.

교 사	유 아
도입 및 예비 활동	
◉ 동래학춤 비디오를 감상한다. • 느낌이 어떠니? • 어떻게 움직이며 춤추었니? • 아름다웠던 모습은?	• 날아가는 모습, 외발로 서 있는 모습, 모이를 쪼는 모습….
◉ 동래학춤을 보고 특징적인 동작을 표현해 본다. • 여러 가지 춤(모이를 쪼는 동작 위로 날아 갔다 다시 땅 위로 내려앉는 동작…) 동작을 표현해 본다. • 어떤 동작이 있었니? • 몸의 어떤 부분을 어떻게 움직였니? • 어떤 방향으로 움직여야 하겠니?	• 한 발씩 무릎 굽혀 뛰면서 양팔을 날갯짓하며 움직인다. • 학처럼 두 팔 벌려 나는 모습 • 손목을 세우고 부드럽게 무릎을 굽힌다. 머리를 숙이고 흔들거린다. • 앞으로 갔다가 뒤로, 다시 앞으로 움직인다.
◉ 그림자 틀 뒤에서 여러 가지 춤 동작을 표현해 본다. • 어떤 모습을 표현했니? • 어떤 부분을 어떻게 움직여야 할까? • 그림자 틀 뒤에서 움직이니 어떠니? • 어떤 점이 다르니?	• 동작이 자세하고, 더 크게 보여 정말 학이 움직이는 것처럼 보인다.
본 활동	
◉ 음악을 들으며 동래학춤을 춘다. • 음악을 들으며 음악에 맞추어 그림자틀 뒤에서 혼자서 춤춘다. – 어떤 모습의 춤을 출 것인가? – 몸(팔, 다리, 머리, 손목…)의 어떤 부분을 어떻게 움직여야 할까?	• 4~5명이 한 팀이 되어 음악을 들으며 어떤 동작으로 어떻게 춤출 것인지 거울 앞에서 준비한다(양팔을 머리 위로 동그랗게 하며 상체를 숙이고 흔들며 한쪽 다리는 앞으로 빼서 무릎을 굽히고 다른 한쪽 다리는 뒤로 뻗어 울렁거리듯이 춤추기).

교 사	유 아
● 친구와 함께 음악에 맞추어 어떻게 춤출 것인지 의논한 후 그림자 틀 뒤에서 춤춘다. - 어떤 동작의 춤을 출 것인가? - 어떤 동작을 하며 시작할 것인가? - 어떤 모양(대형)을 만들 것인가? - 어떤 동작을 하며 마칠 것인가?	• 학이 자리에 앉았다가 일어나서 날갯짓하는 모습 • 앉아서 준비한다. • 일직선으로 서서 한 줄로 만든다. • 날갯짓하다가 자리에 앉는다.
• 4~5명이 그림자틀 뒤에서 춤을 추고 다른 유아들은 친구들의 춤을 감상한다. - 친구들의 춤이 어떻게 다른가? - 어떤 위치에서 어떻게 움직이고 있는가? • 음악에 맞춰 춤을 추다 춤이 끝나면 각자 자기 자리에 앉는다.	• 친구들을 보며 고개 숙여 인사를 하고 한 줄로 서서 날갯짓하며 자기 자리로 돌아온다.
종결 · 회상하기	
• 그림자 틀 뒤에서 동래학춤을 춘 느낌은 어떤가?	• 신기하고 재미있는 표현을 할 수 있었다.
• 어려웠던 춤 동작은 없었나?	• 한쪽 다리를 들고 학이 되는 것
• 동래학춤의 아름다운 느낌을 표현할 수 있었나?	• 날갯짓하는 동작이 아름다워 보였다.
관련 활동	
● 미술 활동–학 병풍 꾸미기	

참고자료

△ 그림자 틀 뒤에서 학의 모습을 표현한다.

△ 그림자 틀 뒤의 모습

Chapter 4

그림책을 활용한 동작 활동

활동 1_먹보 뱀이 되어 보자

활동 2_밀가루 반죽이 되었어요

활동 3_심심할 때 나는요!

활동 4_겨울잠에서 깨어났어요

활동 1 먹보 뱀이 되어 보자

관 계

• 사람과 사물과의 관계에서 다양하게 움직이기

공 간

• 자기 공간에서 낮게 움직이기

글: 보리기획, 그림: 김효순
(보리, 2001)

장난꾸러기 먹보 뱀

노 력

• 낮은 공간(바닥)에서의 움직임을 조절하기
• 직선, 사선, 곡선을 인식하며 공간을 이동하기

신 체

• 신체의 각 부분을 적절히 사용하여 여러 가지 모양을 표현하면서 균형잡기

교사의 탐구 질문	교사의 발문	유아의 예상 동작
활동 자료에서 나타날 수 있는 동작 요소들은 무엇이며 이를 어떻게 동작으로 표현하도록 할 것인가?	• 뱀은 천천히 바닥을 기어갔어요. • 바닥에 눕기도 하고 바로 서기도 하고 비스듬히 서기도 했어요. • 몸을 동그랗게 (세모, 네모, 별 모양) 만들었어요. • 뱀은 개구리를 잡으려고 아주 빠르게 움직였어요.	• 뱀의 모양을 몸으로 표현한다. • 뱀 인형의 움직임을 관찰해 보며 여러 가지 뱀의 움직임, 상태를 표현한다. • 이야기의 줄거리에 따라 다양한 모양으로 변하는 뱀이 되어 신체를 자유롭게 움직여서 모양을 표현한다. • 교사가 개구리의 모형을 여기저기로 움직이며 제시할 때 유아는 개구리를 잡으려고 재빠르게 움직이는 뱀을 표현한다.
동작의 진행 순서는 어떻게 나타날 것인가?	• 뱀은 몸을 길게 하여 천천히(빠르게) 기어갔어요. 바닥에 눕기도 하고 바로 서기도 하고 비스듬히 서기도 했어요. • 뱀은 동그라미(세모, 네모, 별) 모양을 만들었어요. – 뱀은 몸을 돌돌 말아서 쉬고 있었어요. • 개구리를 잡으려고 아주 빠르게 기어갔어요.	• 동화의 줄거리에 따라 뱀의 여러 동작(움직임)을 표현한다. • 바닥에 납작하게 붙어서 몸을 천천히, 빠르게 이동한다. • 위로 곧게 직선, 사선으로 몸을 세운다. • 동그라미, 세모, 네모, 별 모양을 만든다. • 똬리를 틀고 제자리에 멈추어 있는 모습을 표현한다. • 개구리를 잡기 위해 빠르게 바닥 공간 여기저기를 직선, 대각선, 곡선을 그리며 이동하다가 멈춘다.
동작이 시작되는 위치는?	• 뱀은 몸을 길게 하여 천천히 천천히 기어갔어요.	• 자기 자리에서 뱀이 되어 바닥을 기어가며 움직인다.
유아들은 중반부에서 어디서 어떻게 움직일 것인가?	• 뱀은 몸을 공처럼 동그랗게도(세모, 네모) 만들었어요. • 뱀의 몸은 공처럼 통통 튀었어요. • 뱀은 몸을 돌돌 말아서 쉬고 있었어요.	• 동화의 줄거리에 따라 여러 가지 모양과 똬리를 틀고 있는 뱀의 모습을 바닥과 공간을 이용하여 표현한다.
어디서 어떻게 끝날 것인가?	• 뱀은 개구리를 놓치고는 힘이 쭉 빠져 버렸어요.	• 개구리를 잡으려는 뱀의 빠른 움직임을 바닥 여기저기를 이동하며 표현하다가 개구리를 놓치고 힘도 다 빠진 뱀의 모양으로 바닥에서 멈춘다.

교 사	유 아
도입 및 예비 활동	
《장난꾸러기 먹보 뱀》 동화를 들려준다.	
• 뱀을 보았던 경험을 말해본다. - 어떻게 움직였니? (이동 모습, 신체 부분－혀, 머리, 꼬리－의 움직임)	• "바닥에 붙어서 움직여요." • 혀를 빠르게 낼름거린다.
- 몸을 어떤 모양으로 하고 있었니? (똬리 튼 모습, 나무를 감고 있는 모습…)	• 머리 부분을 높이 들어 살피는 모습을 표현한다.
• 동화책 속의 먹보 뱀의 움직임을 말해보고 표현한다. - 먹보 뱀이 몸을 어떤 모양으로 만들었니? - 몸의 어떤 부분을 이용해서 만들 수 있을까?	• 팔과 다리 등을 몸쪽으로 밀착시켜서 꼬듯이 표현한다. • 동그라미, 세모, 네모, 별 모양으로 몸을 만들어 표현한다.
본 활 동	
이야기의 줄거리를 들려준다.	
• 먹보 뱀은 몸을 길게 하여 천천히(빠르게) 바닥을 기어갔어요.	• 몸을 길게 하여 바닥에 붙어서 움직인다.
• 바닥에 눕기도 하고 똑바로 서기도 하고 비스듬히 서기도 했어요.	• 일어서서 곧게 서거나 사선으로 몸을 기울여서 선다.
• 먹보 뱀은 장난꾸러기였어요. 먹보 뱀은 몸을 공처럼 만들어서 통통 튀었어요. 떼굴떼굴 굴러 갔어요.	• 몸을 둥글게 하여 튀는 느낌으로 제자리에서 위 아래로 빠르게 움직인다. • 동그란 모양으로 떼굴떼굴 구른다.
• 먹보 뱀은 세모(네모, 별)처럼 몸을 만들었어요.	• 신체 부분을 이용하여 뾰족한 모양이 나타나도록 표현한다.

교 사	유 아
• 먹보 뱀은 이제 쉬고 싶었어요. 먹보 뱀은 몸을 돌돌 말아서 쉬고 있어요. • 그때 저쪽에서 폴짝폴짝 개구리가 나타났어요. • 먹보 뱀은 개구리를 잡으려고 이리저리 빠르게 기어 다녔어요. • 개구리를 놓친 먹보 뱀은 힘이 모두 빠져 버렸어요.	• 팔과 다리를 몸에 휘감은 채 몸을 꼬는 모양으로 표현한다. • 몸은 바닥에 붙이고 개구리가 되어 폴짝폴짝 뛰어 본다. • 먹보 뱀은 개구리를 보면서 움직인다. • 개구리를 좇아 여기저기로 빠르게 움직이거나 입을 크게 벌리는 등의 행동을 반복하다가 지친 모습으로 멈춘다.
회상하기	
• 재미있었던 것과 힘들었던 표현을 이야기해 본다. – 특징적인 것은 함께 표현해 보기	• 팔짝팔짝 뛰는 개구리가 되어 본다. • 먹보 뱀이 몸을 굴리는 것을 다시 표현한다.
관련 활동	
• 뱀 옷(비닐)을 입고 움직여 본다.	• 뱀 옷(비닐 옷) 김장용 비닐을 유아의 발에서 목까지 길이로 잘라 위 아래에 고무줄을 넣어 박는다. 비닐 겉면의 등 부분에 컬러 시트로 장식한다.

참고자료

△ 동화를 듣고 먹보 뱀이 어떻게 움직였는지 표현한다.

△ 먹보 뱀 소품으로 움직임을 살펴보고 똑같이 동작해 본다.

참고자료

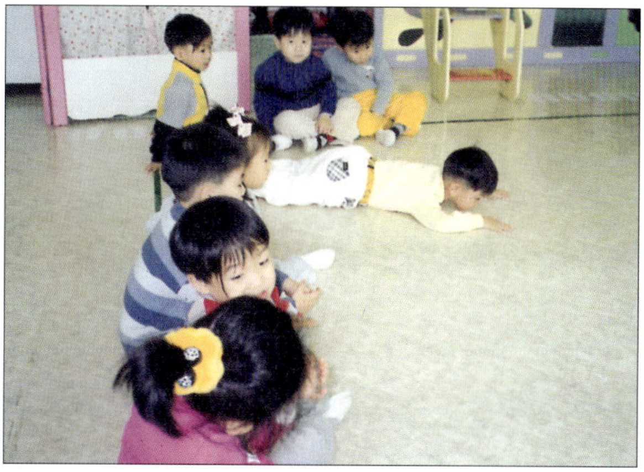

△ 먹보 뱀이 되어 기어가는 모습

△ 개구리가 되어 팔짝팔짝 움직인다.

활동 2 밀가루 반죽이 되었어요

관 계

• 신체 각 부분의 관계를 이해하고 움직이기

공 간

• 자기 공간과 일반 공간에서 적절하고 다양하게 움직이기

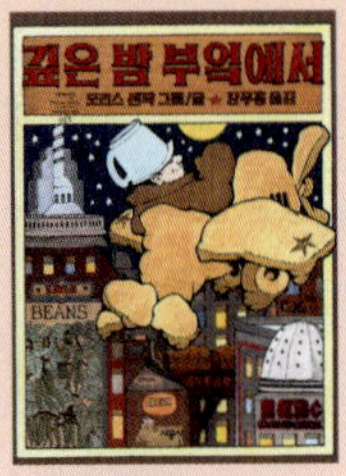

모리스 샌닥 그림 · 글
(시공주니어, 1994)

깊은 밤 부엌에서

노 력

• 신체의 길이와 높낮이에 변화를 주어 움직이기

신 체

• 신체 각 부분(팔, 다리…)을 이용해서 구부리거나 쭉 펴기, 꼬기 등의 움직임을 표현하기

교사의 탐구 질문		교사의 발문		유아의 예상 동작
활동 자료에서 나타날 수 있는 동작 요소들은 무엇이며 이를 어떻게 동작으로 표현하도록 할 것인가?	➡	• 밀가루 반죽이 잘 될 수 있도록 주물러 봐야겠네. • 커다란 반죽이 되었어. • 조금 떼어내 볼까? • 길쭉하게 늘여 볼까? • 손을 놓았더니 조금 줄어들었네. • 길게 해서 꽈배기처럼 꼬아 볼까? • 어떤 모양의 과자를 만들까?	⬌	• 동화책을 들은 뒤 밀가루 반죽을 관찰하며 형태의 변화를 표현한다. • 반죽이 되는 모습 • 하나로 뭉쳐진 반죽 • 떨어지는 반죽 조각 • 변형되는 반죽-길게 늘어나기, 줄어들기, 꼬이기 • 밀가루 반죽하면서 여러 가지 모양의 과자를 표현한다.
동작의 진행 순서는 어떻게 나타날 것인가?	➡	• 커다란 반죽이 그릇 속에 뭉쳐져 있어. • 힘을 줘서 반죽을 조금 떼어 봐야겠다. • 반죽을 비벼서 길게 해보자. • 토끼 모양으로 만들어 볼까? • 만들고 싶은 모양이 되어 보자.	⬌	• 밀가루 반죽이 되어 여러 가지 형태 변화를 표현한다. • 하나의 큰 덩어리-뭉쳐 있는 반죽 • 반죽이 조금씩 떨어지는 모습 • 반죽이 길게 늘어나는 모습(상하좌우) • 늘어난 반죽이 수축되는 모습 • 다양한 모양의 과자를 표현한다. • 반죽 상태에서 움직이다가 만들고 싶은 과자 모양을 만든다.
동작이 시작되는 위치는?	➡	• 그릇 속에 들어 있는 커다란 밀가루 반죽이 되어 보자.	⬌	• 활동 공간의 중간에서 모두 모여 하나로 뭉쳐 있는 반죽이 되어 시작한다.
유아들은 중반부에서 어디서 어떻게 움직일 것인가?	➡	• 뭉쳐져 있는 반죽의 끝을 잡고 쭉 늘여 봐야지. • 빙글빙글 돌려서 꽈배기처럼 꼬아 볼까?	⬌	• 여러 가지 형태로 변화되는 반죽을 개별적으로 활동 공간 곳곳에서 표현한다. -길게 늘어나기, 수축하기 -꼬이는 모습…
어디서 어떻게 끝날 것인가?	➡	• 만들고 싶은 모양으로 만들어서 멈춰 보자.	⬌	• 음악을 들으며 반죽이 되어 움직이다가 만들고 싶은 과자 모양을 만든다.

교 사	유 아
도입 및 예비 활동	
• 동화를 들려준다. • 미키가 밀가루 반죽에서 나와 어떻게 했니? • 밀가루 반죽으로 무엇을 만들었니?	• 비행기를 타고 날아갔어요. • 우유를 구해 왔어요. • 아침에 먹을 빵이요, 쿠키요. • 여러 가지 모양의 과자, 빵, 과일
• 밀가루 반죽의 특성을 관찰해 보고 표현해 본다. • 반죽을 만지다가 손을 천천히 들어본다. - 손바닥에 붙어 있는 반죽이 떨어지려고 하네, 모습이 어떠니?	• 웅크렸던 몸을 위로 일으키며 양손을 쫙 편다. • 높이 점프했다가 앉으면서 구른다.
• 반죽을 떼어내서 여러 가지 모양을 만든다. - 밀가루 반죽을 뚝 떼어냈어. - 밀가루 반죽을 옆으로(위로) 길게 늘여 볼까? - 어떤 부분을 이용해서 길게 할 수 있을까? - 길게 된 반죽을 꼬아 볼까? - 다시 반죽을 동그랗게 뭉쳐봐야지. - 어떤 과자 모양을 만들까?	• 몸이 길게 늘어나며 끊어지는 느낌의 움직임을 한다. - 몸을 길게 해서 옆으로 굴러간다. - 팔과 다리를 웅크리고 있다가 점점 길게 해서 구른다. - 몸을 꼬아서 움직인다. 팔과 다리, 몸 전체로 꼬아 본다. • 웅크린 상태에서 팔, 다리, 머리 부분을 조금씩 직선으로 펴며 몸을 길게 한다. • 동물 모양의 과자, 자동차 모양의 과자 등…. • 바닥에 앉거나 서서 만들고 싶은 과자 모양을 표현한다. - 토끼 모양, 별 모양 과자….

교 사	유 아
본 활동	
◉ 밀가루 반죽이 되어 반죽의 변화되는 형태를 표현한다. (교사가 직접 반죽을 변형시키면서 상호 작용) • 하나의 반죽으로 뭉쳐져 있는 모습	• 활동 공간의 중간에서 모두 모여 웅크린 모습으로 섞여 있다.
• 조금씩 반죽이 떨어지는 모습	• 개인이 떨어진 반죽의 조각이 되어 표현한다.
• 반죽이 상하좌우로 길게 늘어나는 모습 (유아의 신체 부분을 짚어주며 늘어나는 부분을 말해준다.) - 다리 부분을 길게 늘여 봐야겠다.	• 웅크린 채로 팔, 다리 등을 직선으로 길게 뻗는다.
• 반죽을 놓았을 때 탄력 있게 수축되는 모습	• 다시 몸을 작게 만든다.
• 반죽이 꼬이는 모습	• 팔, 다리를 꼬거나 몸을 비튼다.
	• 동물, 장난감 등의 모양 과자를 만든다. • 몸으로 동그란 모양, 바닥에 반죽이 부딪치는 모습을 표현한다.
◉ 음악을 들으며 반죽이 되어 움직이다가 만들고 싶은 과자 모양을 표현한다. • 어떤 모양의 과자를 만들었니?	• 토끼, 공룡 • 친구들과 함께 만든 꽃 • 커다란 집 모양의 과자
회상하기	
◉ 밀가루 반죽의 어떤 표현이 재미있었니? • 팽창, 수축의 변화를 비교	• 밀가루를 길게 늘였다가 다시 동그랗게 웅크리는 동작
관련 활동	
◉ 밀가루 점토 놀이	

활동 3 심심할 때 나는요!

관 계

- 신체의 부분과 다른 부분을 적절히 이용하여 움직이기

공 간

- 자기 공간과 일반 공간에서 적절히 움직이기

윤구병 글 · 이태수 그림
(보리, 1997)

심심해서 그랬어

노 력

- 쓸쓸한 느낌을 무겁고 천천히 움직이며 나타내기

신 체

- 머리, 팔, 다리, 어깨에 힘을 빼고 늘어뜨린 모습으로 앉거나 서기 또는 걷기

교사의 탐구 질문		교사의 발문		유아의 예상 동작
활동 자료에서 나타날 수 있는 동작 요소들은 무엇이며 이를 어떻게 동작으로 표현하도록 할 것인가?	➡	• 동화책 속의 돌이는 어떤 기분일까? • 어떻게 하고 있었니? • 너희가 심심하고 쓸쓸할 때는 어떤 모습이었니? • 심심할 때 걷는 모습은? • 동화를 듣고 난 다음 느낌대로 움직여 보자.	⬌	활동 자료에서 나타날 수 있는 동작 요소들은 심심하고 쓸쓸한 분위기 때 취해지는 팔·다리의 움직임, 무겁게 걷기, 머리를 아래로 떨어뜨리고 축 처진 어깨로 걷기 등이다. 이를 동작으로 표현하기 위해 동화책 속의 주인공의 모습을 자세히 관찰한 후 표현해 보고 자신의 경험을 나누는 시간을 가지고 그 때의 신체 변화를 나타내어 본다. 표현을 돕기 위해 쓸쓸한 느낌이 드는 음악을 배경으로 하고 동화 속 느낌대로 움직인다.
동작의 진행 순서는 어떻게 나타날 것인가?	➡	• 돌이는 심심하고 쓸쓸해서 어떤 모습을 하고 있었니? • 심심할 때 걷는 모습은? • 심심할 때 도는 모습은? • 심심할 때 앉는 모습은? • 이런 때 엎드린다면?	⬌	동화를 듣고 난 후 슬픈 느낌이 드는 음악을 들으며 집에서 쓸쓸하게 혼자 있을 때의 웅크리고 앉아 있는 모습에서부터 시작된다. 어깨, 머리, 팔에 힘을 뺀 채 천천히 걷기 → 힘없이 천천히 돌기 → 어떤 물체에 기대기도 하고 쪼그리고 앉기도 하며 엎드리기
동작이 시작되는 위치는?	➡	• 아무도 없는 집에서 혼자 앉아 있어요.	⬌	교실의 구석진 곳에서 혼자 쓸쓸하게 웅크리고 앉아 있는 모습에서부터 시작된다.
유아들은 중반부에서 어디서 어떻게 움직일 것인가?	➡	• 이쪽저쪽 걸어 다니기도 해요. • 벽에 기대어 울기도 하네.	⬌	온몸에 힘을 빼고 교실의 이곳저곳을 서성거리며 걷기도 하고 돌기도 하며 기대어 울기도 한다.
어디서 어떻게 끝날 것인가?	➡	• 이런 때 엎드린다면 어떤 모습일까?	⬌	움직이던 자리에서 쪼그리고 앉거나 엎드리며 끝난다.

교 사	유 아
도입 및 예비 활동	
《심심해서 그랬어》 동화를 읽어 준다. • 동화를 듣고 난 느낌이 어떠니? • 돌이의 기분은 어땠을까?	• 슬픈 느낌, 외로운 느낌….
(실물화상기를 통해 심심할 때의 모습을 확대한 자료를 보며) • 돌이는 어떤 모습을 하고 있니? • 너희들이 심심할 때의 모습은 어떨까?	• 앉아 있어요. 힘없이 얼굴을 아래로 떨어뜨리고 앉아 있는 모습을 표현한다. • 걷기 / 돌기 / 엎드리기 / 쪼그리고 앉기 / 멀리 바라보기….
본 활 동	
심심할 때의 여러 가지 동작을 표현해 본다. (걷기 / 돌기 / 앉기 / 흔들기…) • 심심하고 쓸쓸할 때의 걷는 모습은 어떨까? • 심심하고 쓸쓸할 때의 도는 모습은? • 이럴 때 엎드린다면?	• 걷기 동작 - 무겁고 천천히 걷는다. 머리를 아래쪽으로 떨어뜨리고 어깨, 팔에 힘이 빠진 채 이쪽 저쪽으로 서성거린다. • 돌기 동작 - 힘없이 천천히 돈다. • 엎드리기 - 어떤 물체에 기대어 힘을 뺀 채 엎드리기도 하고 쪼그리기도 한다.
음악을 들으며 동화를 듣고 난 느낌을 자유롭게 표현해 본다.	• 힘없이 천천히 걷는다. • 그냥 바닥에 앉아서 고개를 갸우뚱거린다. • 심심하고 외로운 표정을 지으며 걷는다.

교 사

회상하기

- 외롭고 심심할 때의 모습을 어떻게 나타내 보았니?
- 왜 그런 표현을 하게 되었을까?

관련 활동

- 여러 가지 감정에 따른 동작의 변화
  - 기쁨, 슬픔, 놀람, 화남

유 아

- 천천히 걸어갔어요.
- 몸에 힘이 없어서요.

- 신나는 일이 없어요.
- 아무도 놀아주지 않아요.

⇒ 각각의 감정에 따라 걷기 / 돌기/ 뛰기 / 앉기/ 흔들기

참고자료

◁《심심해서 그랬어》 동화책

◁《심심해서 그랬어》 동화책을 보고 주인공 '돌이'가 되어 표정을 짓는다.

◁심심할 때의 기분과 감정을 동작으로 표현한다.

참고자료

△ 심심할 때의 표정과 힘없는 걸음걸이를 표현해 본다.

△ 여러 가지 감정을 나타내는 표정을 지어 본다.

활동 4 겨울잠에서 깨어났어요

관 계

- 나와 다른 사람과의 관계, 사물과의 관계 속에서 움직이기

공 간

- 자기 공간과 일반 공간에서의 움직임 조절하기

루스 크라우스 글 · 마크 사이먼트 그림
(비룡소, 1997)

코를 "킁킁"

노 력

- 움직임의 속도에 변화를 주어 표현하기(천천히, 빠르게)
- 각 동물의 무게의 차이를 인식하며 표현하기

신 체

- 신체의 부분(팔, 다리…)을 이용하여 웅크리기, 뻗기를 표현하며 신체 균형 잡기

교사의 탐구 질문	교사의 발문	유아의 예상 동작
활동 자료에서 나타날 수 있는 동작 요소들은 무엇이며 이를 어떻게 동작으로 표현하도록 할 것인가?	• 곰(다람쥐, 들쥐, 달팽이)은 어떤 모습으로 잠을 자고 있을까? • 코를 킁킁거리며 조금씩 움직이기 시작했어요. 모두 달렸어요. • 동물들은 꽃이 있는 장소에서 모두 멈추어서 신나게 춤을 추었어요.	• 여러 가지 겨울잠 자는 동물이 되어 표현한다. • 곰, 들쥐, 달팽이, 다람쥐가 되어 정지된 동작(겨울잠 자기)과 천천히, 빠르게 속도의 변화를 주어 정해진 방향(꽃이 있는 장소)으로 이동한다. • 음악을 들으며 꽃을 본 기쁨을 춤으로 표현한다.
동작의 진행 순서는 어떻게 나타날 것인가?	• 하얀 눈이 소복소복 내려요. 곰(다람쥐, 들쥐, 달팽이)은 겨울잠을 자고 있어요. • 곰은 눈을 떴어요. 코를 킁킁거리며 조금씩 움직였어요. 모두 달렸어요. • 동물들은 모두 멈추었어요. 신나게 춤을 추었어요.	• 활동 공간의 모퉁이에서 각 동물이 되어 겨울잠을 잔다. • 들쥐, 곰, 달팽이, 다람쥐가 되어 코를 킁킁거리며 느린 움직임을 표현하다가 점점 빠르게 동물의 움직임을 이동하며 표현한다. • 꽃이 피어 있는 지점에서 모두 멈춘다. • 각 동물은 멈춘 곳에서 꽃을 중심으로 춤을 춘다.
동작이 시작되는 위치는?	• 하얀 눈이 내려요. 곰(다람쥐, 들쥐, 달팽이)은 겨울잠을 자고 있어요.	• 활동 공간의 모퉁이에서 동물의 모습으로 잠을 자며 시작한다.
유아들은 중반부에서 어디서 어떻게 움직일 것인가?	• 곰(다람쥐, 들쥐, 달팽이)은 천천히 움직이기 시작했어요. • 빠르게 움직였어요.	• 각 동물 움직임의 특징을 살려 활동 공간의 중심쪽으로 천천히, 빠르게 이동한다.
어디서 어떻게 끝날 것인가?	• 동물들은 꽃을 보며 신나게 춤을 추었어요.	• 활동 공간의 중심에서 신나게 춤을 추다가 음악이 멈추면 동작을 멈춘다.

교 사	유 아
도입 및 예비 활동	
● 눈이 오는 환경 제시 • 이렇게 눈이 오는 날 숲 속에서 생긴 일이 이 동화책 속에 있단다.	• 야! 눈이다.
● 동화책을 들려준다.	
● 이야기의 줄거리를 생각해 보고 특정 상황을 표현해 본다. • 눈이 오는 숲 속에 어떤 일이 있었니? • 어떤 동물들이 겨울잠을 자고 있었니? • 곰(달팽이, 들쥐, 다람쥐)은 어떤 모습으로 잠을 자고 있었니?	• 동물들이 겨울잠을 잤어요. 자다가 냄새를 맡고 일어나서 달려갔어요. 꽃을 보고 멈췄어요. • 곰, 들쥐, 달팽이, 다람쥐 • 곰은 동굴 속에 웅크리고 잠을 자요. • 들쥐와 다람쥐는 나무 속에서 몸을 말아서 자요.
● 실물화상기로 책의 특정 부분—잠자는 모습—을 관찰하고 유아의 개별 표현을 같이 탐색한다. • 개별 표현할 때 상호 작용 • (예 달팽이) - 달팽이집의 동그란 부분을 어떻게 만들 수 있을까? - 달팽이는 동그란 집 속에 쏙 들어가 잠을 자고 있어요. - 달팽이는 집 속에서 머리 부분이 조금씩 밖으로 나왔어요.	• 관찰 후 몸을 둥글게 하거나 웅크려서 표현한다. • 몸을 동그랗게 한 후 팔, 다리, 머리 부분을 보이지 않게 감춘다. • 머리 부분만 천천히 내민다.
- 이제는 더듬이 부분도 쏙 나왔어요. - 달팽이는 머리 부분을 여기저기 조금씩 돌리다가 다시 쏙 집어 넣었어요.	• 손가락을 이용해 머리 끝에서 더듬이를 만들어 조금씩 앞으로 내민다.
- 달팽이는 조금씩 움직였어요. 점점 빨리 움직였어요. - 달팽이가 춤을 춘다면 머리, 더듬이 부분을 어떻게 움직이며 춤을 출까요?	• 천천히 기어간다. 엉덩이를 들었다가 내리면서 움직인다. • 달팽이의 모습(달팽이집, 더듬이…)으로 춤을 춘다.

교 사	유 아
본 활동	
● 하고 싶은 동물과 집(동작의 출발 지점)을 정한다. • 들쥐, 곰, 달팽이, 다람쥐 중에서 어떤 동물이 되고 싶니? • 들쥐(곰, 달팽이, 다람쥐)의 집은 어디로 하면 좋을까?	• 동화 속에 나온 동물을 하나씩 정한다. • 활동 공간의 한 코너에서 각자의 집을 정한다. • 동화 이야기가 시작되기를 기다린다.
● 동화의 줄거리대로 표현을 한다. • 하얀 눈이 소복소복 내려요. 들쥐들은 잠을 자고 있고, 곰들도 잠을 자고 있고, 작은 달팽이들도 둥근 껍질 속에서 잠을 자고 있고, 다람쥐들도 나무 구멍에서 잠을 자고 있어요. • 모두 눈을 떴어요. 동물들은 고개를 이리저리 돌리며 소심스럽게 살펴보기도 해요. • 동물들은 졸려서 몸을 웅크리고 다시 잠이 들었어요. • 모두 코를 킁킁, 들쥐도 코를 킁킁, 곰, 달팽이, 다람쥐도 코를 킁킁, 잠자던 집 속에서 조금씩 움직였어요. • 동물들은 천천히 집 속에서 나오기 시작했어요.	• 각 동물의 형태로 잠자는 모습을 표현한다. • 잠자던 모습에서 머리 부분만 상하좌우로 조금씩 움직이다가 다시 잠자는 모습을 한다. • 곰–큰 몸집과 무거운 움직임으로 속도의 변화를 주며 표현한다. • 달팽이–동그란 집 부분을 만들어서 몸을 땅에 붙이고 앞으로 밀듯이 천천히 움직이다가 조금씩 빨라진다. • 들쥐, 다람쥐–몸을 작게 만들어 천천히 빠르게 움직인다. • 모두 꽃 주변에 모여 이동을 멈춘 다음 춤을 추다가 음악이 멈추면 동작을 멈춘다.
• 곰은 아주 큰 몸을 느리게 움직였고, 다람쥐와 들쥐도 천천히, 달팽이도 조금씩 움직이기 시작했어요. 조금씩 빨리 움직였어요. 꽃이 있는 곳에서 모두 멈추었어요. 동물들은 신나게 춤을 추었어요.(음악)	• 꽃 주변에 모였을 때 다른 친구들의 동작을 살펴본다.
회상하기	
● 재미있었던 동물 표현을 알아본다.	• 천천히 기어가는 달팽이 • 무거운 곰이 되어 달려가기
● 동물들의 움직임의 차이를 비교해 본다. • 무게, 빠르기, 움직임의 차이	• 큰 동물과 작은 동물의 걸음걸이를 표현한다.

참고자료

△ 동화책 들려주기

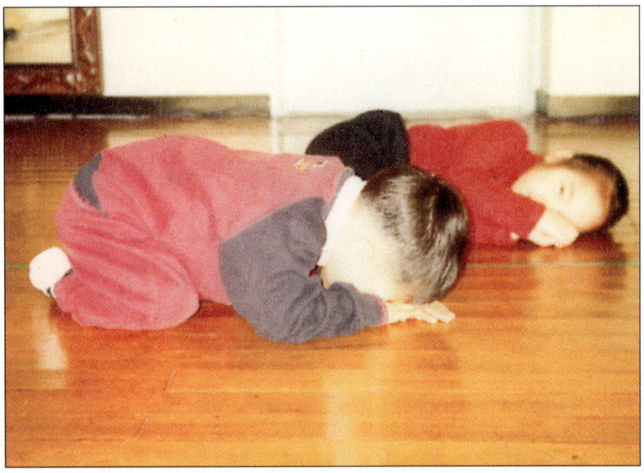

△ 동화 속에 나온 동물이 되어 겨울잠을 자고 있는 모습

참고자료

△ 잠에서 깨어나 이동하기

△ 천장에 있는 꽃이 내려오면 꽃 가까이로 모이기

Chapter 5

조형 작품을 활용한 동작 활동

활동 1_나는 요술 선이에요

활동 2_물방울로 작품을 만들어요

활동 3_도자기가 되어 보자

활동 4_백조처럼 아름답게 춤을 춰봐요

활동 1 나는 요술 선이에요

관 계

- 신체 부분과의 관계를 인식하며 움직이기
- 다른 사람과의 관계에서 다양하게 움직이기

공 간

- 개인 공간과 일반 공간에서 다양하게 움직이기

선

노 력

- 직선과 곡선을 인식하며 움직이기, 낮은 공간에서 신체의 방향을 다양하게 해서 움직이기

신 체

- 뻗기, 구부리기, 선의 대칭과 비대칭 모양을 신체로 만들기
- 몸과 팔, 다리로 곡선과 직선 만들기

교사의 탐구 질문		교사의 발문		유아의 예상 동작
활동 자료에서 나타날 수 있는 동작 요소들은 무엇이며 이를 어떻게 동작으로 표현하도록 할 것인가?	➡	• 그림에 있는 선을 두 팔로 표현해 보자. • 4명이 함께 구부러진 선이 되어 보자. • 선을 따라 걸어 보자. • 누워서 똑바른 선이 되어 볼까? • 새의 머리 모양을 4명이 함께 손 잡고 표현해 보자. • 계단을 만들어 보자.	⬌	• 그림카드를 제시하고 여러 가지 선의 모양을 탐색하고 신체의 일부를 이용해 표현한다. – 혼자서 또는 2~4명씩 짝을 지어, 선의 느낌을 표현한다. – 몸을 구부리거나 뻗기, 흔들기 • 바닥에 붙여둔 선을 탐색하고, 눕거나 앉아서 선을 따라 몸을 만든다. – 직선, 곡선을 낮은 공간에서 표현하기 • 미술 작품 〈지저귀는 기계〉를 보고 어떤 선이 있는지 찾아보고, 선으로 만들어진 모양을 표현한다. – 똑바른 선, 구부러진 선, 지그재그선, 꼬불꼬불한 선, 동그라미, 세모, 탁자 모양, 계단
동작의 진행 순서는 어떻게 나타날 것인가?	➡	• 그림 카드를 보고 구부러진 선을 만들어 보자. • 4명이 어떻게 연결되어 하나의 선이 될 수 있을까? • 선이 어떻게 하면 동그라미, 네모가 될까?	⬌	• 신체의 일부를 이용해서 뻗기, 구부리기를 표현한다. • 2~4명씩 짝을 지어 여러 가지 선이 연결된 모습을 표현한다. • 선이 연결되어 동그라미, 세모, 직사각형 계단 등을 표현한다.
동작이 시작되는 위치는?	➡	• 옷에 직선 무늬가 있는 친구부터 시작해 보자.	⬌	• 바닥에 그어진 선 위에나 선 밖에 서서 준비한다.
유아들은 중반부에서 어디서 어떻게 움직일 것인가?	➡	• 4명씩 선으로 연결시켜 보세요. • 선이 다른 모양으로 되었어요.	⬌	• 4명이 연결해서 눕거나 서서 여러 모양을 생각하며, 구부러지게 만든다. • 유아와 유아가 서로 손을 잡고 모양을 만든다.
어디서 어떻게 끝날 것인가?	➡	• 모양에서 선으로 흩어져 보세요.	⬌	• 모양을 만들었다가, 각각 하나의 선이 되어 흩어지고, 자유롭고 다양하게 선을 표현한다.

교　　사	유　　아
도입 및 예비 활동	
◆ 여러 가지 그림 카드를 제시하고 선의 모양을 동작으로 표현한다.	
• 손가락으로 그림을 따라 그어 보자.	• 손가락 하나를 펴서 카드를 따라 그어 본다.
• 두 팔로 선을 만들어 보자.	• 두 팔을 모아 동그라미, 팔꿈치를 굽혀 각을 만든다. • 양 팔을 사선으로 만든다.
• 몸을 이용해서 선을 만들 수 있을까?	• 다리를 벌려 '—' 자를 만든다. 상체를 굽혀 'ㄱ' 자 만들기, 주워서 반원 만들기
◆ 바닥에 붙여둔 선을 몸으로 만들 수 있을까? ()	
• 바닥에 있는 선을 따라 걸어보자.	• 한 명씩 천천히, 빠르게 걸으면서 방향을 느낀다.
• 선을 따라 누워 보자.	• 팔, 다리 뻗기, 반듯하게 눕기
• 직선을 어떻게 표현해 볼까? • 곡선을 표현해 보자.	• 구부리기, 누워서 웅크리기, 다리를 벌려 동그라미 만들기
본 활동	
◆ 2~4명씩 선을 연결시켜 표현한다.	
• 여러 명이 어떻게 선을 만들 수 있을까?	• 어깨 잡기, 2명씩 마주 손잡기, 뒤로 엇갈리게 손잡기, 누워서 다리 맞대기
• 선의 끝을 연결시켜 모양을 만들어 보자.	• 손을 잡아 원 만들기, 앉아서 다리 붙이기, 가까이 가서 어깨 마주 닿기
◆ 파울 클레의 〈지저귀는 기계〉(p.286)를 보고 어떤 선과 모양이 있는지 탐색해 보고, 그림과 같이 구성해 본다.	
• 새 모습을 하고 있는 장면을 만들어 보자.	• 새의 머리 모양을 누워서 구부러진 선과 똑바른 선으로 만들기, 앉아서 손잡고 한 사람은 안으로 들어서 두 팔을 'V' 자 만들기
• 네모난 탁자를 만들어 보자.	• 무릎 꿇고 앉아서 네모 만들기

교 사	유 아
4명씩 짝을 지어 그림의 일부분을 표현하고 5팀이 모여 전체를 구성한다. • 그림에 있는 부분을 만들 수 있겠니? • 그림 속에 좀더 추가되었으면 좋을 모양과 선을 만들어 보자.	• 5팀으로 나누어 교실 바닥에 다 같이 눕거나 앉고 서서 그림을 부분으로 나누어 표현한다. • 나비, 반달, 기차, 꽃
회상하기	
돌림실로폰을 교사가 치면, 몸을 굴리거나 돌면서 자리로 돌아간다.	• 돌림실로폰 소리를 듣고 바닥에서 구르면서 자리로 간다. • 몸을 팔짝팔짝 점프하면서 들어간다.
표현했던 동작을 생각하고 어떤 부분이 기억에 남는지 동작으로 표현한다. • 그림에 없는 모양을 어떻게 만들었니? • 무엇을 만든 것 같은지 다른 친구들의 생각을 들어본다.	• 4명씩 나와서 표현한다. • 나비, 기차, 동그라미

참고자료

◁ 〈생각하는 미술 – 선〉(필립 예나인, 마루벌, 1991)

◁ 파울 클레 〈지저귀는 기계〉

활동 2 물방울로 작품을 만들어요

관 계

- 친구와 함께 물방울의 모양과 위치를 인식하며 움직이기

공 간

- 개인 공간과 일반 공간에서 적절히 표현하기

물방울

노 력

- 물방울의 위치를 인식하여 적절하게 움직이기
- 낮은 공간에서 물방울의 형태를 유지하며 움직이기

신 체

- 여러 가지 모양의 물방울을 인식하며 몸을 아주 작게 하여 웅크리거나 엎드리기, 양팔을 길쭉하게 펴고 상체와 하체를 동그랗게 웅크리거나 엎드리기, 반듯하게 눕거나 엎드리기, 구르기(양옆, 앞 …)

교사의 탐구 질문	교사의 발문	유아의 예상 동작
활동 자료에서 나타날 수 있는 동작 요소들은 무엇이며 이를 어떻게 동작으로 표현하도록 할 것인가?	• 물방울이 어떤 부분에 그려져 있니? • 물방울의 모양은 어떤가? • 어떻게 하면 물방울을 몸으로 만들 수 있을까? • 물방울 모습 그대로 움직여 볼 수 있겠니? • 어떤 모습의 물방울을 표현해 보겠니?	• 김창렬의 물방울을 이용한 작품들을 감상한다. • 물방울의 느낌, 위치, 양, 모양 • 여러 가지 모양(흘러내리는 물방울, 맺혀 있는 물방울, 작은 물방울, 큰 물방울…)의 물방울이 되어 자유롭게 움직인다. • 여러 가지 모양과 위치의 물방울 되어 보기
동작의 진행 순서는 어떻게 나타날 것인가?	• 음악을 들으며 혼자서 물방울이 되어 움직여 볼 수 있겠니? • 친구와 같이 물방울이 되어 움직여 볼 수 있겠니? • 어떻게 움직여야 할까? • 그림틀 안에서 물방울이 되어 움직이다 카드를 보여주면 같은 위치에 물방울을 만들 수 있겠니?	• 그림틀 안에서 여러 가지 모양의 물방울이 되어 혼자서 자유롭게 움직이기 • 친구와 함께 물방울이 되어 움직이기 • 제시되는 카드와 같은 위치의 물방울이 되어 움직이기
동작이 시작되는 위치는?	• 만들고 싶은 모양의 물방울이 되어 움직여 볼 수 있겠니?	• 바닥에 그려진 그림틀 안에서 혼자서 물방울이 되어 움직인다.
유아들은 중반부에서 어디서 어떻게 움직일 것인가?	• 친구와 같이 어떤 위치의 물방울이 될 것인지 의논한 후 음악이 멈추면 의논된 위치의 물방울이 되어 볼 수 있겠니?	• 친구와 함께 그림틀 안에서 혼자서 물방울이 되어 움직인다. • 각각의 물방울이 되어 움직이기 → 의논된 위치에 있는 물방울 되기
어디서 어떻게 끝날 것인가?	• 물방울 그림이 어디에(어떤 위치) 있니? • 어떤 곳으로 움직여야 할까?	• 제시되는 카드와 같은 위치에 물방울이 되어 멈춘다.

교 사	유 아
도입 및 예비 활동	
김창렬 화백의 물방울을 이용한 작품을 감상한다. http://www.kimtschang-yeul.com	
• 물방울의 모양이 어떤가?	• 다르다.
• 물방울이 어떤 부분에 그려져 있니?	• 위쪽, 가운데, 아래쪽, 옆쪽
여러 가지 모양의 물방울을 표현한다. • 여러 가지 물방울이 되어 움직여 본다. - 흘러내리는 한 개의 물방울, 여러 가지 위치의 많은 물방울, 작은 물방울, 큰 물방울, 맺혀 있는 물방울 등 • 어떤 모습의 물방울이니? • 흘러내리는 모습을 어떻게 표현할 수 있을까? • 물방울이 되어 그대로 움직여 보자. • 많은 물방울을 어떻게 표현할 수 있을까? • 몸을 어떻게 하면 물방울 모양으로 만들 수 있을까?	• 웅크리고 엎드린 채 양팔을 쭉 뻗으며 움직이기 • 친구와 웅크리고 앉거나 엎드린 채 서로 붙거나 흩어진 채 움직이기 • 떨어질 듯 말 듯한 물방울 • 물방울이 점점 미끄러지다가 뚝 떨어지는 모습 • 여러 명이 함께 몸을 웅크린다. • 두 팔과 다리를 모아 동그랗게 만든다.
• 어떤 모양의 물방울이니? • 친구와 어떤 쪽에서 물방울을 만들어야겠니?	• 약간 길쭉한 물방울 • 작은 물방울이 친구 물방울과 만나 커다란 물방울이 된다.
본 활 동	
바닥에 그려진 그림틀 안에서 물방울이 되어 음악에 맞추어 혼자서 자유롭게 움직인다. • 음악이 멈추면 하고 싶은 모양과 위치의 물방울이 되어 본다. - 어떤 모양의 물방울일까? - 그림틀의 어떤 위치에 있니?	• 몸을 동그랗게 하여 옆으로 앞으로 뒹굴면서 움직이기, 반듯하게 누워 무릎을 세운 채 조금씩 움직이기 • 물방울이 쭉 흘러내리는 모습을 바닥에 엎드린 채 양팔을 위쪽으로 쭉 뻗은 다음 무릎까지의 다리만 접으며 움직이기

교 사	유 아
친구와 함께 그림틀 안에서 여러 가지 모양의 물방울이 되어 움직인다. • 음악이 멈추면 하고 싶은 모양과 위치의 물방울이 되어 본다. - 어떤 모양의 물방울일까? - 그림틀 안에서 물방울이 되어 보자.	• 웅크린 채 앉아서 그림틀 가운데 있는 물방울이 되어 있는다. • 반짝 빛나는 물방울을 표현한다. • 그림틀 안에서 작은 물방울이 여러 개 되어 움직인다.
제시하는 물방울(가운데 위치한 물방울, 아래쪽에 위치한 물방울, 옆쪽에 위치한 물방울) 그림과 같은 위치의 물방울이 되어 멈춘다. • 물방울이 어떤 위치에 있니? • 어떤 곳에서 물방울이 되어야 할까?	• 제시한 물방울과 같은 그림틀의 위치에 선다. • 그림의 위치에 따라 물방울이 되어 움직인다.
종결 · 회상하기	
물방울의 모양을 유지하며 움직일 수 있었나?	• 천천히 몸을 기면서 움직인다.
친구와 함께 한 물방울의 움직임이 의논한 대로 표현되었나?	• 친구들이 다 같이 고개를 숙여 표현하고, 전체가 모여 하나의 동그라미를 만들어 보았다.
제시되는 카드와 같은 위치의 물방울을 표현할 수 있었나?	• 선 안에서 옆에, 선쪽으로 중앙에서 한 명, 여러 명이 함께 물방울이 되어 보았다.

참고자료

△ 혼자서 하나의 물방울이 되어 보기

△ 여러 명이 함께 모여 있는 물방울을 표현하기

활동 3 도자기가 되어 보자

관 계

• 다른 사람과의 관계를 인식하며 움직이기

공 간

• 일반 공간에서 도자기 문양의 각 부분이 되어 움직이기

도자기

노 력

• 위치와 방향을 조절하며 균형 있게 움직이기

신 체

• 여러 가지 모양을 신체를 이용하여 웅크리거나 펴서 표현하기

교사의 탐구 질문	교사의 발문	유아의 예상 동작
활동 자료에서 나타날 수 있는 동작 요소들은 무엇이며 이를 어떻게 동작으로 표현하도록 할 것인가?	• 어떻게 생겼니? • 어떤 무늬가 있나요? • 그림자 카드에 있는 것을 몸으로 어떻게 표현해 볼까? • 막 뒤에서 그림자로 표현해 보자. • 도자기 위에 문양이 되어 보세요.	• 여러 가지 도자기를 보면서 도자기의 생김새와 도자기 속에 그려진 문양을 탐색한다. • 그림자 카드를 보면서 어떤 그림인지 보고, 동작으로 표현한다. • 도자기 그림이 그려진 광목천 뒤에서 도자기 모양을 표현해 본다. • 바닥에 그려진 도자기 속에 모양을 신체로 표현한다.
동작의 진행 순서는 어떻게 나타날 것인가?	• 연꽃을 표현해 보자. • 호랑이의 다리가 어떻게 되어 있는지 표현해 보자. • 4명이 어떻게 문양을 꾸밀 수 있을까? • 무엇을 표현해 볼 수 있을까?	• 그림 카드의 그림 자료를 표현한다. • 도자기 그림이 그려진 장면 위에서 4명이 함께 문양을 표현한다.
동작이 시작되는 위치는?	• 막 뒤로 가서 어떤 문양을 만들지 준비해 보세요.	• 막 뒤에서 한 명씩 준비한다. • 장판 위에서는 4명이 함께 어떤 문양을 만들 것인지 의논한다.
유아들은 중반부에서 어디서 어떻게 움직일 것인가?	• 카드를 보며 짝과 함께 도자기의 문양을 만들어 보자.	• 그림 자료를 보고 막 뒤에서 동작으로 표현한다. • 두 명이 짝지어 도자기의 문양이 되어 본다.
어디서 어떻게 끝날 것인가?	• 멋진 문양이 되었다가 흩어져요.	• 장판 위의 문양이 되었다가 자유롭게 장판 밖으로 나간다.

교 사	유 아
도입 및 예비 활동	
● 도자기가 각각 어떻게 생겼는지, 문양이 어떻게 다른지 탐색해 본다. • 어떻게 생겼니? • 어떤 무늬가 있는지 보고, 동작으로 표현해 보자.	• 둥글게, 길쭉하게, 뚱뚱하다. • 나뭇가지를 손과 팔로 뻗어서 표현한다. • 꽃을 표현한다.
● 그림자 카드를 보면서 어떤 그림인지 보고 동작으로 표현한다. • 어떤 그림일까? • 몸으로 만들려면 어떻게 움직여야 할까?	• 연꽃, 매화, 학, 호랑이 • 상체를 구부리고, 두 팔을 뒤로 들어 학을 표현한다. • 달려가는 호랑이를 엎드려서 두 팔과 다리로 표현한다.
본 활 동	
● 도자기 그림이 그려진 광목천 뒤에서 도자기 문양을 표현한다. • 연꽃을 막 뒤에서 그림자로 표현해 보자. • 2명이 함께 연꽃이 되어보자. • 호랑이의 움직임을 표현해 보자.	• 두 팔을 동그랗게 만들고 머리 위로 든다. • 마주보고 두 팔과 몸을 구부려서 부딪친다. • 두 팔을 들어 사나운 발톱을 표현해 본다.
● 도자기 그림이 그려진 장판 위에서 4명이 함께 어떤 문양을 만들 것인지 의논하고 표현한다. • 4명이 어떻게 연꽃 무늬를 만들 수 있을까? • 연꽃이 되어 보자.	• 4명이 앉아서 두 다리를 모아 꽃잎을 만든다. - 두 팔을 옆으로 동그랗게 잡는다. - 엎드려서 두 다리를 들어서 표현한다.
● 도자기의 문양이 되었다가 자유롭게 장판 밖으로 나간다. • 연꽃이 피었다가 도자기 밖으로 흩어졌어요.	- 몸을 동그랗게 웅크리고 있다가 옆으로 굴러서 밖으로 나간다.
● 그림 자료에 없는 문양을 만들어 본다.	- 새, 나비, 해, 난 - 막 뒤에서는 서서 동작을 표현한다. - 장판 위에서는 앉아서 다리를 이용해 표현한다.

교 사	유 아
회상하기	
● 막 뒤에서 연꽃이 된 것과 장판 그림 위에서 연꽃이 된 것이 어떻게 움직임이 달랐는지 이야기해 본다.	• 막 뒤에서는 서서 하지만 바닥에서는 눕거나 앉아서 표현한다.
● 연꽃 동작 중에 가장 멋진 모습을 다시 만들어 본다.	• 4명이 함께 두 팔을 위로 모은 것이 멋있었다.

참고자료

△ 도자기 장판 모양과 그림자 카드, 여러 가지 도자기 자료

△ 도자기 그림이 그려진 장판 위에서 연꽃 모양을 표현

활동 4 백조처럼 아름답게 춤을 춰봐요

관 계

- 신체의 한 부분과 다른 부분과의 관계에서 균형을 이루며 동작하기
- 다른 사람과의 관계에서 부딪치지 않고 움직이기

공 간

- 개인 공간에서 팔, 다리, 머리를 높게, 낮게, 옆으로 움직이기

백조의 호수

노 력

- 공간의 높낮이를 적절히 활용하기
- 작품을 보고 부드럽게 동작하기
- 앞, 뒤, 옆으로 다양하게 움직이기

신 체

- 몸 전체로 균형을 잡고 다양하게 움직이기
- 양팔을 사선으로 벌리기, 한 발을 들고 살짝 뛰기
- 한쪽 무릎을 구부리고 한쪽은 펴기
- 몸을 양쪽으로 숙이기

교사의 탐구 질문	교사의 발문	유아의 예상 동작
활동 자료에서 나타날 수 있는 동작 요소들은 무엇이며 이를 어떻게 동작으로 표현하도록 할 것인가?	• 어떤 옷을 입고 있니? • 어떤 동작을 하고 있니? • 어떻게 꽃을 들고 있니? • 음악을 들으면서 동작을 생각해 보자. • 부채를 들고 동작을 해보자.	• 드가의 작품 〈아라베스크의 끝남〉을 감상하고 동작을 따라해 본다. - 한쪽 손으로 잡고 팔을 비행기처럼 뻗는다. - 부드럽게 천천히 움직인다. - 양팔을 흔들고, 걸으면서 자리를 움직인다. • 여러 가지 소품을 들고 다양한 동작을 한다. - 4~5명씩 짝지어 줄 맞춰 동작한다.
동작의 진행 순서는 어떻게 나타날 것인가?	• 그림과 같이 동작을 해보자. • 2명이 함께 동작을 해보자. • 부채 · 모자 · 꽃을 들고 표현을 해보자.	• 미술작품을 보고 동작을 한다. - 팔과 다리를 방향과 위치를 다르게 해서 움직인다. - 마주 잡고 다리를 든다. - 다리를 마주대고 앉아 팔을 든다. - 부채를 폈다 접었다하면서 가볍게 걷는다.
동작이 시작되는 위치는?	• 음악이 들리면 무대로 나오세요.	• 음악이 들리면 4~5명이 함께 손을 잡고 가볍게 뛰어 나온다.
유아들은 중반부에서 어디서 어떻게 움직일 것인가?	• 옆 친구와 동작을 맞추어 하세요.	• 4~5명이 함께 동작을 맞추어 동작하고, 음악에 맞추어 걷거나 뛴다.
어디서 어떻게 끝날 것인가?	• 어떻게 동작을 마무리할까요?	• 친구들과 손을 잡고 다리를 뒤로 해서 고개를 숙인다.

교 사	유 아
도입 및 예비 활동	
◉ 슬라이드로 드가의 작품 〈아라베스크의 끝남〉을 감상한다.	
• 무엇을 하고 있니?	• 발레하는 모습, 인사, 꽃을 들고 있는 모습
• 어떤 옷을 입고 있나요?	• 발레복, 넓게 퍼지는 치마
• 어떤 동작을 하고 있니? 한번 표현해 볼까?	• 한쪽 다리를 들고, 비행기처럼 팔을 벌린다. • 고개를 앞으로 약간 숙인다. • 상체를 앞으로 구부린다.
• 꽃은 왜 들고 있을까?	• 인사하고 받은 꽃이에요.
• 어떤 기분일까?	• 끝나서 기뻐해요. 웃고 있어요.
◉ 차이코프스키의 〈백조의 호수〉를 들으면서 다른 발레 동작을 생각해 본다.	
• 그림에 보이는 동작을 하기 전에는 어떤 모습이었을까?	• 두 다리를 내리고 발을 모은다. • 두 팔을 위로 올린다.
• 두 명이 함께 했다면 어떤 동작을 했을까?	• 두 명이 마주 손잡고, 한쪽 다리를 뒤로 든다.
본 활 동	
◉ 여러 가지 소품을 들고 표현해 본다(꽃, 거울, 부채, 모자).	
• 부채를 들고 있다면 어떤 동작을 할까?	• 부채를 한 손으로 들고 아래, 위로 흔든다. • 접었다 폈다 하면서 머리, 어깨에서 흔든다.
• 모자를 가지고 우아한 동작을 해본다.	• 두 손으로 모자를 들고, 몸을 옆으로 돌린다. • 모자를 쓰고 고개를 흔든다.

교 사	유 아
〈백조의 호수〉를 들으면서 소품을 하나씩 들고 표현해 본다.	
4~5명씩 그룹을 지어 함께 동작을 구성해 본다. • 처음 시작할 때 어떤 동작을 할까? • 여러 명이 함께 할 때는 어떻게 줄을 맞출까?	• 손을 잡고 앞으로 나온다. • 다 같이 무릎을 굽히며 인사를 한다. • 옆줄을 맞추면서 일직선으로 선다. • 'V' 자로 만든다. • 반원 모양으로 선다.
음악을 들으면서 함께 동작을 해본다.	
음악이 멈추면 마지막 동작을 한다.	• 손을 잡고 다리를 들어 인사한다. • 두 손을 높이 들고 몸을 앞으로 내민다.
종결 · 회상하기	
어떤 동작을 했는지 보고, 재미있었던 동작을 다시 한번 해본다. • 팔과 다리를 어떻게 움직였니? • 어떤 동작이 재미있었니?	• 다리를 들고 두 팔을 옆으로 벌리는 것이 재미있었다. • 가볍게 점프하는 표현이 어렵지만 재미있었다.
관련 활동	
발레 공연 비디오를 보고 활동을 한다.	

참고자료

△ 드가 〈아라베스크의 끝남〉

△ 미술 작품을 슬라이드로 보면서 똑같이 표현해 본다.

△ 음악을 들으면서 동작을 표현해 본다.

참고문헌

References

교육과학기술부(2008). 2007년 개정 유치원교육과정 해설. (사)장애우권익문제연구소(리드릭).

교육과학기술부(2009). 유치원지도서 1~13. (주)두산.

교육부 (1995). 유치원 교육과정에 기초한 유아관찰척도.

교육부 (1995). 유아발달에 적합한 유치원 실내교육환경.

교육부 (1995). 유치원 교육활동 지도 자료집, 1~10. 국정교과서주식회사.

교육부 (1998). 유치원 교육과정해설, 서울: 대한교과서주식회사.

김영옥 · 조부경 · 홍혜경 · 김희진(2005). 제6차 유치원 교육과정에 대한 교사의 인식 및 실태. 유아교육연구, 25(4), 53-80.

김은심 (1994). 유치원의 동작교육 현황에 관한 연구. 유아교육연구 14권. 한국유아교육협회.

김은심 (1995a). 이야기를 활용한 동작교수모형에 관한 연구. 부산여자전문대학 논문집 제16집.

김은심 (1995b). 통합적 동작교수방법이 유아의 기본동작능력과 창의적 사고 및 신체표현능력에 미치는 효과. 중앙대학교 대학원 박사학위논문.

김은심 (1998). 유아 체육교육의 과제와 전망. 중앙대학교 한국교육문제 연구소 체육교육연구부.

김은심 (1999). 그림이야기책을 활용한 유아동작교수법 탐색. 유아교육논총, 제8집. 부산 유아교육학회.

김은심 (2000). 유아를 위한 창의성교육 활동: 매체를 활용한 창의적 신체표현. 제36회 유아교육교사연수회. 한국유아교육협회.

김은심 (2004). 유아동작교육의 이론과 실제. 서울: 창지사.

김은희 (1999). 레지오 에밀리아 접근법의 이해와 적용. 서울: 창지사.

김혜옥 (1985). 유아의 동작활동 효과에 관한 기초연구. 이화여자대학교 교육대학원 석사학위 논문.

노영희 (1989). 유치원교사의 교수전략에 따른 유아의 대인문제해결능력의 비교. 중앙대학교 대학원 박사학위논문.

방인옥 (1994). 존듀이의 교육철학과 유치원 교육과정. 서울: 서원출판사.

배인자 · 한규령 (1996). 유아를 위한 동작교육의 이론과 실제. 서울: 양서원.

배현숙 (1990). 유아중심 동작교육이 신체표현력 발달에 미치는 효과. 계명대학교 교육대학원 석사학위 논문.

서울대학교 사범대 교육연구소 (1981). 교육학 용어 사전. 서울: 배영사.

원정자 (1987). 유치원에서의 동작교육실태에 관한 연구. 이화여자대학교 교육대학원 석사 학위논문.
유봉호 (1989). 현대교육과정. 서울: 교학연구사.
유효순 (1992). 아동발달. 서울: 창지사.
윤정림 (1994). 유치원 무용교육의 현황조사연구. 이화여자대학교 대학원 석사학위논문.
이기숙 (1992). 유아교육과정. 서울: 교문사.
이기숙 (1994). 유아기 동작교육의 올바른 이해와 지도방법. 어린이 교육 제12집. 한국어린이 교육협회.
이기숙 · 조경자 · 채종옥 · 김소양 (1992). 유아교육의 통합적 접근법에 관한 연구. 유아교육연구 제12권. 한국교육학회 유아교육연구회.
이만수 (1992). 교사의 질문유형이 유아의 창의적 신체표현 활동에 미치는 영향. 중앙대학교 대학원 석사학위논문.
이상금 (1995). 해방전 한국의 유치원. 서울: 양서원.
이순례 · 김명순 · 김길숙(2004). 표현생활영역에서의 교육내용 분석. 대한 어린이 교육협회.
이연섭 외 (1996). 유아교육개론. 서울: 정민사
이연섭 (1995). 유아교육과정. 서울: 창지사.
이영 (1993). 유아를 위한 창의적 동작교육. 서울: 교문사.
이영자 · 이기숙 (1987). 유아를 위한 교수-학습방법. 서울: 창지사.
이옥희 (1992). 유치원 동작활동교육에 관한 분석 연구. 원광대학교 교육대학원 석사학위논문.
이원영 (1994). 유아미술활동의 과정과 교수법. 어린이교육 제12집. 한국어린이교육협회.
조성연 (1984). 창의성검사의 타당 화를 위한 일 연구. 연세대학교 대학원 석사학위논문.
조희숙 외 (1994). 아동발달심리. 서울: 학지사.
중앙대학교 사범대학 부속유치원 (1989). 활동중심 통합교육과정. 서울: 양서원.
최혜로 (1994). 유아의 신체표현활동에 관한 연구. 유아교육논총 4집. 부산유아교육학회.
한국교육학회 유아교육연구회 (1992). 제6차 유치원 교육과정 시안의 연구 · 개발. 서울: 양서원.
한국유아교육학회 (1995). 유아교육백서. 하우.
한국유아교육학회 (1996). 유아교육사전. 한국사전연구사.
한글학회 (1995). 한글 우리말 큰 사전. 한글과 컴퓨터
허미애 (2001). 유아의 사고력 신장을 위한 교사의 발문. 제25회 유아교육학술대회 논문집. 한국전문대학 유아교육과 교수협의회 · 영유아교육학회.

Anderson, M. E. (1970). *Inventive movement*. London: W. & R. Chambers.
Andress, B. (1991). From research to practice: Preschool children and their movement responses to music. *Young children, 47*(1), 22-27.
Andrews, G. (1954). *Creative rhythmic movement for children*. Englewood Cliffs, NJ:

Prentice-Hall.

Annarino, A., Cowell, C. C., & Hazelton, H. W. (1980). *Curriculum theory and design in physical education*(2nd ed.). UK: The C.V. Mosby company.

Avery, M. (1994). Preschool physical education: A practical approach. *Journal Of Physical Education, Recreation and Dance, 65*(6), 37-39.

Barnes, R. (1987). *Teaching Art to Young Children 4-9.* UK: Allen & Unwin Ltd.

Barret, K. (1977). *Physical education for children.* Philadelphia: Lea & Febiger.

Barret, K. (1988). Two views: the subject matter of children' s physical education. *Journal Of Physical Education, Recreation and Dance, 59*(2) 42-46.

BBC education (1993). *PE in the primary school.* UK: BBC.

Beaty, J. J. (1992). *Skills for preschool teachers*(4th ed.). NY: Merrill Publishing Company.

Bently, W. G. (1970). *Learning to move and moving to learn.* NY: Citation Press.

Berg, K. (1988). A national curriculum in physical education. *Journal Of Physical Education, Recreation and Dance, 59*(8), 70-75.

Blesedell, D. S. (1991). *A study of the effects of two types of movement instruction on the rhythm achievement and developmental rhythm aptitude of preschool children.* Doctoral Dissertation, University of Temple.

Booerman, P. (1988). The constructions of physical activity to development in the early years. *Early Childhood Education, June.*

Boucher, A. (1988). Good beginnings. *Journal Of Physical Education, Recreation and Dance, 59*(7), 42.

Bratt, S. J. (1982). *Movement Education: An individualized approach to Physical Education.* Paper presented at the Annual Meeting of the American Association of School Administrators. New Orleans, LA. (ERIC Document Reproduction Service No. ED 226 441).

Bredekamp, S. (Ed.) (1987). *Developmentally appropriate practice in early childhood programs serving children from birth through age 8.* Expanded edition. Washington, DC: National Association for the Education of Young Children.

Bredekamp, S. & Rosegrant, T. (1995). *Reaching Potentials: Transforming Early Childhood Curriculum and Assessment*(V.2). Washington, DC: National Association for the Education of Young Children.

Bressan, E. S. (1986). Children' s physical education: designed to make a difference. *Journal Of Physical Education, Recreation and Dance, 57*(2), 26-28.

Broadhead, G. D. & Church, G. E. (1985). Movement characteristics of preschool children. *Research Quarterly for Exercise and Sport, 56*(3), 208-214.

Brown, C. A. (1986). Elementary school dance ; teaching rhythms and educational forms. *Journal Of Physical Education, Recreation and Dance, 57*(7), 39-45.

Bucek, L. (1992). Constructing a child-centered dance curriculum. *Journal Of Physical Education, Recreation and Dance, 63*(9), 39-42.

Cameron, W. & Cameron M. (1969). *Education in movement in the infant school.* UK: WM. Clowers & Sons Ltd.

Cameron, W. & Pleasance P. (1963). *Education in movement.* UK: Basil Blackwell Oxford.

Carson, L. M. (1994). Preschool physical education. *Journal Of Physical Education, Recreation and Dance, 65*(6), 50-52.

Cherry, C. (1976). *Creative Play for the developing child.* USA: Fearon Pitman Publishers, Inc.

Clements, R. & Oosten, M. (1995). Creating and Implementing Preschool Movement Narratives. *Journal Of Physical Education, Recreation and Dance, 66*, 25-29.

Clements, R. (1991). Making the Most of Movement Narratives. *Journal Of Physical Education, Recreation and Dance, 62*, 57-61.

Cline, D. B. & Ingerson, D. (1996). The mystery of humpty' s fall: Primary-School Children as playmakers. *Young Children, 51*(6), pp.4-10.

Council on Physical Education for Children. (1992). Developmentally appropriate physical education practices for children. Reston, VA: National Association for Sport and Physical Education.

Cratty B. J. (1979). *Perceptual and motor development in infants and children*(2nd ed.). Englewood cliffs NJ: Prentice-Hall.

Curtis, S. R. (1982). The joy of movement in early childhood. New York: Teachers College.

Daley, D. (1989). Promoting curriculum and professional development in P.E. *The British Journal Of Physical Education, Winter.*

Dauer, V. P. (1972). *Essentials of movement experiences for preschool and primary children.* Minneapolis: Burgess.

David, G. L. (1982). *Development Experiences for children.* NY: John Wiley & Sons.

Dean, D. G. (1981). *Motor behaviors of kindergartners during physical education and free play.* Doctoral Dissertation, University of Texas at Austin.

DeMaria, C. R. (1974). *Dimensions of Physical Education.* Saint Louis: The C.V. Mosby Co.

DES (1989). *Physical education from 5 to 16.* London: H.M.S.O.

DES (1989). *The curriculum from 5 to 16*(2nd ed.) London: H.M.S.O.

Diamond, A. (1968). *Music consultant.* Hofstra University Laboratory Preschool: Personal Communication. Julius(1978)에서 재인용.

Dimondstein, G. (1971). *Children dance in the classroom.* NY: Macmillan. Hoffman, Young, & Klesius (1981)에서 재인용.

Dodds, P. (1978). Creativity in movement: Models for analysis. *The Journal Of Creative Behavior, 12*(4), 265-273.

Dudek (1974). Creativity in young children: Attitude or abillity? *Journal of Creative Behavior*, 8, 282-292.

Dunn, J. M. (1991). PL 99-457: Challenges and opportunities for physical education. *Journal Of Physical Education, Recreation and Dance, 62*(2).

Fauman, L. S. (1983). Dance for preschool children. *Journal Of Physical Education, Recreation and Dance, 54*(6), 56-58

Fauth (1990). Linking the visual arts with drama, movement, and dance for the young child. In W. J. Stinson (Ed.), Moving and learning for the young child(pp. 159-187). Reston, VA: AAH-RERD.

Flinchum, B. M. (1975). *Motor development in early childhood: A guide for movement education with ages 2 to 6.* Saint Louis: The C.V. Mosby company.

Flinchum, L. S. (1988). Early childhood movement programs ; preparing teachers for tomorrow. *Journal Of Physical Education, Recreation and Dance, 59*(7), 62-64.

Gabbard, C. (1988). Early childhood physical education ; the essential elements. *Journal Of Physical Education, Recreation and Dance, 59*(7), 65-69.

Gabbard, C., LeBlanc, B., & Lowy, S. (1987). *Physical education for children: Building the foundation.* Englewood cliffs, NJ: Prentice-Hall. Gabbard(1988)에서 재인용.

Gallahue, D. (1982). *Understanding motor development in children.* NY: John Wiley & Sons.

Gallahue, D. (1993). *Developmental physical education for today' s children*(2nd.). USA: Wm. C. Brown communications, Inc.

Gallahue, D. & Ozmun, J. (1982). *Understanding Motor Development: Infants, Children, Adolescents, Adults.* IA: Brown & Benchmark.

Gerhardt, L. A. (1973). *Moving and knowing: The young child orients himself in space.* Englewood Cliffs: Prentice-hall.

Gilliom, B. C. (1970). *Basic movement education for children.* London: Addison-Wesley publishing company.

Gober, B. E. & Franks, B. D. (1988). Physical and fitness education of young children. *Journal Of Physical Education, Recreation and Dance, 59*, 57-61.

Graham, G. (1987). Motor skill acquisition-an essential goal of physical education programs. *Journal Of Physical Education, Recreation and Dance, 58*(7), 44-48.

Graham, G. (1992). Developmentally appropriate physical education for children. *Journal Of Physical Education, Recreation and Dance, 63*(6), 31-60.

Graham, G., Holt-Hale, S., & Parker, M. (1987). *Children moving*(2nd ed.) USA: Mayfield publishing company.

Graham, G., Holt-Hale, S., & Parker, M. (1993). *Children moving*(3rd ed.). USA: Mayfield publishing company.

Gray, V. & Percival, R. (1962). *Music, Movement and Mime for children*. London: Oxford University Press.

Grineski, S. (1988). Teaching and learning in physical education for young children. *Journal Of Physical Education, Recreation and Dance, 59*(5), 91-94.

Grineski, S. (1992). What is a Truly Developmentally Appropriate Physical Education Program for Children? *Journal Of Physical, Recreation and Dance, 63*, 33-60.

Groff, E. (1995). Laban Movement Analysis: Charting the Ineffable Domain of Human Movement. *Journal Of Physical, Recreation and Dance, 66*, 27-30.

Haines, B. E. & Gerber, L. L. (1999). Leading young children to music. New York: Merrill.

Hamm, G. & Sorcinelli, M. D. (1987). Enhancing teaching in dance education. *Journal Of Physical Education, Recreation and Dance, 58*(7), 37-40.

Hammett, C. (1992). *Movement activities for early childhood*. USA: Human Kinetics Books.

Hankin, T. (1992). Presenting creative dance activities to children: Guidelines for the non-dancer. *Journal Of Physical Education, Recreation and Dance, 63*(2), 22-24.

Herkowitz, J. (1977). Movement experiences for preschool children. *Journal Of Physical Education, Recreation and Dance, 48*(3), 15-16.

Hocking, R. & Sampson, J. (1981). *Perceptual-Motor Programming. A supplement to the K-12 physical education curriculum guide. Curriculum support series.* Winnipeg: Manitoba Dept. of Education. (ERIC Document Service No. ED220 443).

Hoffman, G., Young, J., & Klesius, S. (1981). *Meaningful movement for children*. London: Allyn & Bacon, Inc.

Hoffman, S., Kantner, L., Colbert, C., & Sims, W. (1991). *Nurturing the expressive arts. Childhood Education, 68*(1), 23-26.

Houghton, W. F. (1965). *Movement education for infants*. London: The county hall.

Ignico, A. (1994). Early childhood physical education: Providing the foundation. *Journal Of Physical Education, Recreation and Dance, 65*(6), 28-30.

Jensen, M. A. (1983). Composing and Guiding Creative Movement. *Journal Of Physical, Recreation and Dance, 54*(1), 85-87.

Jones, C. (1988). *Creative dance in the primary school.* Primary PE focus.

Jones, C. (1989). Physical play and the early years curriculum. *The British Journal Of Physical Education, Winter,* 167-169.

Julius, A. K. (1978). Focus on movement: Practice and theory. *Young Children, 34*(1), 19-26.

Kalaikian, L. & Goldman, M. (1976). *Introduction to physical education: A humanistic perspective-movement and cognition.* London: Allyn and Bacon.

Katz, L. G., & Chard, S. C. (1989). *Engaging Children's Mind: The Project Approach.* Norwood, NJ: Ablex Publishing Co.

Kelly, L. E. (1989). Instructional time: The overlooked factor in PE curriculum development. *Journal Of Physical Education, Recreation and Dance, 60*(6).

Kessler, S. A. (1991). Alternative perspectives on early childhood education. *Early Childhood Research Quarterly, 6,* 183-197.

Kneer, M. E. (1987). Where is the "education" in physical education? *Journal Of Physical Education, Recreation and Dance, 58*(6).

Kostelnik, M., Soderman, A., & Whiren, A. (1999). *Developmentally Appropriate Curriculum.* NJ: Prentice Hall, Inc.

Kraft, R. E. (1986). Movement programs ; current practices in Britain. *Journal Of Physical Education, Recreation and Dance, 57*(8), 75-78.

Kramer, D. (1984). Dance is physical education too. *Journal Of Physical Education, Recreation and Dance, 55*(6), 30-31, 52.

Krough, S. (1990). *The Integrated Early Childhood Curriculum.* NY: McGraw-Hill Publishing Co.

Laban, R. (1948). *Modern educational dance.* London: MacDonald & Evans.

Laban, R. (1963). *Modern educational dance*(2nd, ed.). London: MacDonald & Evans.

Larson, L. A. (1971). *Curriculum foundations and standards for Physical Education.* Englewood Cliffs, NJ: prentice-Hall, Inc.

Lee, M. A. (1993). Learning Through the Arts. *Journal Of Physical, Recreation and Dance, 64*(4), 42-46.

Logsdon, B., Alleman, L., Straits, S., Belka, & Clark, D. (1997). Physical education unit plans for preschool-kindergarten. Champaign, IL: Human Kinetics.

Logsdon, B., Barrett, B. M., Ammons, M., Halverson, L., & Roberton, M. (1987). *Physical education for children: A focus on the teaching process*(2nd ed.). Philadelphia, PA: Lea & Febiger. Gabbard(1988)에서 재인용.

Loughrey, T. J. (1987). Evaluating program effectiveness. *Journal Of Physical Education, Recreation and Dance, 58*(6), 63-64.

Mayesky, M. (2002). *Creative Activities for Young Children(7th ed.)*. Albany, NY: Delmar.

McClenaghan, B. A. & Gallahue, D. L. (1978). *Fundamental movement: A developmental and remedial approach*. London: W. B. Saunders company.

Melville, S. (1985). Teaching and evaluating cognitive skills in elementary physical education. *Journal Of Physical Education, Recreation and Dance, 56*(2).

Miller, G. A. (1990). An innovative PE activity program at texas A & M university. *Journal Of Physical Education, Recreation and Dance, 61*(5).

National Dance Association (1990). Guide to creative dance for the young child. Reston, VA: Author.

Nichols, B. (1986). *Moving and learning*. St. Louis: The C.V. Mosby Company.

North, M. (1973). *Movement education*. London: Ebenezer Baylis & Sons Ltd.

Osborn, A. F. (1968). 상상공학: 창의력 개발을 위한 교육방법(신세호 공역). 서울: 배영사 (original work published 1953).

Pagano, A. L. (1979). Learning and Creativity. *The Journal Of Creative Behavior, 13*(2), 127-135.

Pica, R. (1990). *Preschoolers Moving & Learning*(2nd ed.). Human Kinetics Publishers.

Pica, R. (1995). *Experiences in Movement with Music, Activities and Theory*. Delmar Publisher.

Pica, R. (2004). 출생부터 8세까지 유아를 위한 동작교육. 김은심 역. 서울: 정민사(원본발간일 2004년).

Pitcher, E., Feinburg, S., & Alexander, D. (1989). *Helping young children learn*(5th ed.). Ohio: Merrill Publishing Company.

Pollatschek, J. L. (1989). The Linwood Project-Quality Daily Physical Education(QDPE). *The British Journal Of Physical Education, Winter*, 197-201.

Purcell, T. (1994). Teaching Children dance-Becoming a master teacher. campaign, IL: Human Kinetics.

Read, K., Gardner, P. & Mahler, B. C. (1993). *Early childhood programs*(9th ed.). pp.338-343. NY: Harcourt Brace Jovanovich College Publishers.

Ritson, R. J. (1986). Creative dance: A Systematic Approach to teaching children. *Journal Of Physical Education, Recreation and Dance, 57*(3), 67-72, 78.

Ritson, R. J. (1987). Psychomotor skill teaching: Beyond the command style. *Journal Of Physical Education, Recreation and Dance, 58*(6).

Roberts, C. (1987). *Go for it! Physical education activities for the classroom teacher.* London: Oxford University Press.

Rodger, L. (1996). Adding movement throughout the day. *Young Children, 51*(3), pp.4-6.

Rose, C. (1989). Physical education for the early years of schooling. In A. Williams(Ed.), *Issues in physical education for the primary years*(pp.28-53). UK: Rhe Falmer Press.

Ross, J. G. (1987). What is going on in the elementary physical education program. *Journal Of Physical Education, Recreation and Dance, 58*(9), 30-36.

Russell, J. (1987). *Creative dance in the primary school*(3rd ed.). UK: Northcote house.

Sanborn, M. A. (1987). Beyond pedagogy: practical information and suggestions. *Journal Of Physical Education, Recreation and Dance, 58*(1), 46-54.

Sanders, S. (1992). *Designing Preschool Movement Programs.* Human Kinetics.

Sanderson, P. (1988). Primary school physical education and the national curriculum. *Journal Of Physical Education, Recreation and Dance, 59*(7), 8-9.

Satchwell, L. (1994). Preschool physical education class structure. *Journal Of Physical Education, Recreation and Dance, 65*(6), 34-36.

Schickedanz, J. A., York, M. E., Stewart, I. S., & White, D. A. (1983). *Strategies for teaching young children.* Englewood Cliffs, NJ: Prentice-Hall Inc.

Schirrmacher, R. (1998). *Art and Creative development for young children.* Albany, NY: Delmar.

Schwartz, P. (1995). Laban Movement Analysis: Theory and Application. *Journal Of Physical, Recreation and Dance, 66*(2), 25-26

Seefeldt, C. (1987). *The Early Childhood Curriculum.* N.Y.: Teachers College Press.

Seefeldt, C. (Ed.) (1976). *Curriculum for the preschool-primary child: A review of the research.* Ohio: Charles E. Merill Publishing Co.를 인용한 이영 (1993), 유아를 위한 창의적 동작교육에서 재인용.

Seefeldt, V. (1987). Selling the potential rather than the record. *Journal Of Physical Education, Recreation and Dance, 58*(7), 42-43.

Slater, W. (1993). *Dance and movement in the primary school: A Cross-Curricular Approach to lesson planning.* UK: Northcote house.

Smith, J. M. (1990). A national curriculum in physical education: Processes and progression. *The British Journal Of Physical Education.* Spring.

Stevens, D. A. (1994). Movement Concepts: Stimulating Cognitive Development in

Elementary Students. *Journal Of Physical, Recreation and Dance, 65*(5), 16-23.

Stinson, S. (1986). Preschool dance curriculum. *Journal Of Physical Education, Recreation and Dance*, 57(3), 27-28.

Stinson, S. (1988). Creative dance for preschool. *Journal Of Physical Education, Recreation and Dance, 59*(7), 52-56.

Sullivan, M. (1982). Feeling strong, feeling free: Movement exploration for young children. Washington, DC: National Association for the Education of Young Children.

Sutherland, Z. & Arbuthnot, M. (1991). *Children & Books*. NY: Harper Collins Publishers, Inc.

Tansley, A. E. (1980). *Educational development programes: Motor Education*. UK: EJ Arnold.

Thomas, J. R., Lee, A. M., & Thomas, K. T. (1988). *Physical education for children*. USA: Human Kinetics Publishers, Inc.

Torrance, E. P. (1961). Primary creative thinking in the primary grades. *Elementary School Journal, 62*.

Torrance, E. P. (1964). Seven guides to creativity. *Journal Of Physical Education, Recreation and Dance, 36*(4).

Torrance, E. P. (1974). *Torrance tests of creative thinking: Directions manual and scoring guide*(Verbal test booklet A). Scholastic Testing Service, Inc.

Torrance, E. P., & Ball, O. E. (1984). *Torrance tests of creative thinking: Streamlined (revised) manual figural A and B*. Scholastic Testing Service, Inc.

Wade, M. G. & Davis, W. E. (1982). Motor skill development in young children: Current views on assessment and programming. In L. G. Katz, (Ed.), *Current Topics in Early Childhood Education, 4*, (pp.55-70). Norwood, NJ: Ablex Publishing Co.

Ware, M. (1987). *Time to dance: The integration of movement in the primary curriculum*. UK: Heanor Gate Printing Ltd.

Weiller, K. H. & Richardson, P. A. (1993). A program for kids-success-oriented physical education. *Childhood Education spring 69*(3), 133-137.

Werner, P. (1994). Whole physical education. *Journal of Physical Education, Recreation and Dance, 65*(6), 40-44.

Werner, P., Simmons, M., & Bowling T. (1990). Combining the arts and academics. *Journal of Physical Education, Recreation and Dance, 61*(6).

Wetton, P. (1988). *Physical Educatin in the nursery and infant school*. UK: Routledge.

Williams, G. M. (1989). Dance education for young children. A review of principles and practice. *Early child development and care, 47*, 177-203.

Wortham, S. C. & Wortham, M. R. (1989). Infant/toddler development and play-designing creative play environments. *Childhood education, 65*(5), 295-299.

Yardley, A. (1973). *Senses and Sensitivity*. NY: Citation Press. Hoffman, Young, & Klesius (1981)에서 재인용.

Younger, L. (1989). Dance-the fascination and the frustration. *British Journal Of Physical Education, Winter*, 174-175.

참고 그림 동화책

맥스 벨트하우스 글 · 그림 (1995). 사랑에 빠진 개구리. 마루벌.

믹 잉크펜 글 · 그림 (1994). 곰 인형과 산타클로스. 이성출판.

믹 잉크펜 글 · 그림 (1994). 파란 풍선. 이성출판.

헬린 옥슨버리 그림 · 알릭세이 톨스토이 글 (1996). 커다란 순무. 시공사.

필립 예나인 지음 · 김혜숙 옮김 (1991). 생각하는 미술: 선. 마루벌.

부록 1

기본 운동 능력의 출현 시기

비이동 동작 혹은 안정적 동작의 출현 시기

동작 유형	출현 시기	동작 능력
역동적인 균형(dynamic balance): 역동적인 균형은 무게 중심의 이동에 따라 몸의 균형을 계속 유지하는 것	2세 3세 4세 6~7세	• 낮은 평균대 위에 서 있기를 한다. • 5~7cm 정도 폭의 평균대 위를 걷는다. • 2~5cm 정도 폭으로 그려진 두 선을 따라 걷는다. • 10cm 폭의 짧은 평균대 위를 걷는다. • 2.5m 정도 폭으로 그려진 원 모양을 따라 걷는다. • 10cm 정도 폭의 짧은 평균대 위를 발 바꾸어 걷는다. • 기본적인 앞으로 구르기를 한다. • 성숙된 앞으로 구르기를 한다.
정적 균형(static balance)	10개월 11개월 12개월 5세 6세	• 잡고 서 있기(일으켜 세우기)를 한다. • 잡지 않고 서 있을 수 있다. • 혼자 일어서기를 한다. • 한 발로 균형잡기를 한다. • 물구나무서기를 한다.
중축적 동작(axial balance)	24~30개월 4~6세	• 허리를 쉽게 구부린다. • 신체의 방향을 바꿀 수 있다(돌기 동작이 가능하다). • 몸을 뻗고 꼬는 동작 등은 신생아 초기에도 나타나며, 더 근육이 세분화되고 성숙되면서 몸의 균형을 잡으며 던지기, 받기, 차기와 같은 동작이 가능해진다.

이동 동작의 출현 시기

동작 유형	출현 시기	동작 능력
걷기(walking) : 발끝과 발뒤꿈치에 신체의 무게를 옮기며, 바닥에 닿은 한쪽 발 앞으로 다른 쪽 발을 내딛는 동작이다.	12개월 전후	• 성인의 도움없이 앞으로 걷는다. • 발바닥의 평평한 부분이 바닥에 닿으며, 바닥에 닿는 다리의 무릎이 굽혀졌다 곧 펴지는 동작으로 걷는다. • 목이 약간 앞으로 경사진 자세이며, 걸음의 폭이 짧다. • 팔꿈치가 굽혀진 채 넘어지지 않으려는 듯 팔을 들어올린다.
	17~24개월 이후	• 옆으로, 뒤로 걷는다. • 발의 뒤꿈치(heel) 부분이 바닥에 닿으면서 몸의 중심이 옮겨지며, 바닥 위에서 들어올려지는 다리의 무릎이 굽혀진다. • 경사진 몸의 자세는 없어지며, 걸음의 폭도 길어진다. • 팔은 곧게 편 자세로 신체의 양옆에서 가볍게 흔들린다.
	24~25개월	• 20개월 정도에는 성인의 도움으로 계단 위로 올라갈 수 있다. • 계단을 위, 아래로 오르내린다. 그러나 한 발씩 교대하며 오르내리지는 못하며, 한 계단에 두 발을 모두 모았다가 그 다음 계단으로 올라간다.
	3~4.5세	• 계단을 오를 때 한 발에 한 계단씩 서로 다른 발을 교대로 올려놓으며 올라간다. • 계단을 내려올 때도 한 계단씩 발을 교대하며 내려온다.
달리기(running) : 몸을 순간적으로 공중에 뜨게 하여 두 발이 동시에 바닥에 닿지 않는 짧은 순간이 포함된다.	18개월	• 빠른 걸음으로 달리는 듯하나 진정한 의미의 달리기는 아니다.
	24개월 이후 ~3세	• 달릴 수는 있으나 유연하지 않은 뻣뻣한 자세로 달린다. • 달리는 걸음의 폭이 짧으며, 팔을 편 상태로 균형을 유지하는 정도에서 팔을 아주 조금 움직인다. • 24개월까지는 달리다가 멈춰 서고 또 다시 달리기를 시작할 수 있으나 이 동작을 재빨리 변화시키기 어렵다. • 앞으로 내딛는 다리가 굽혀지는 정도도 아직은 낮은 수준에 머물며, 무릎은 앞을 향하기보다는 양옆 바깥으로 향해 보인다.
	4~5세	• 몸을 약간 앞으로 경사지게 하여 달릴 수 있다. • 달리는 걸음의 폭이 길어지며, 팔의 동작이 달라진다. 즉, 다리와 반대쪽의 팔이 함께 움직여지며, 팔을 굽혀 팔뒤꿈치를 어깨 정도의 높이로 올려 달릴 수 있다. • 앞으로 내딛는 다리의 무릎도 높이 올라가고 그 뒤 발의 뒤꿈치는 거의 둔부까지 올라간다. • 속도를 증가시키며 달리게 된다.

동작 유형	출현 시기	동작 능력
뛰기(jumping) : 뛰어내리기, 높이뛰기, 멀리뛰기와 같은 동작이 포함된다.	18~24개월	• 뛰어내리기(jump) 동작이 가능하지만 자주 넘어진다.
	30~36개월	• 뛰어내리는 동작을 보면 몸을 앞으로 약간 내밀고 팔을 뒤로 했다가 뛰어오르며, 두 팔을 위로 올리지만 몸은 쭉 펴지지 않은 상태에서 무릎은 약간 굽히고 한 발을 먼저 바닥에 착지한다. • 높이 뛰는 동작을 할 때도 팔을 올리며 점프(jump)를 하지만 곧게 펴지지 않고, 둔부와 무릎도 굽혀지며 약간 앞으로 경사진 상태로 한 발 먼저 착지하며 내려온다. • 위와 유사한 자세로 약 30cm 정도 앞으로 멀리뛰기를 한다.
	4~5세	• 뛰어내리는 동작을 준비하기 위해 몸을 웅크리고 팔을 앞, 뒤로 흔든다. 팔을 힘껏 흔들고 두 발을 모아 뛰어 오르고 공중에서 몸을 쭉 편 채 굽혔던 무릎을 펴서 앞으로 뛰어내리며, 두 발을 모아 착지할 수 있다. • 높이 뛰는 동작에서도 더 높이 뛰려는 준비 자세로 무릎과 엉덩이를 굽혀 발목 가까이 웅크린 채 있다가, 모든 신체를 위로 힘껏 편 자세로 몸을 올렸다가, 두 발을 모아 착지할 수 있다.
앙감질(hopping) : 한 발로 뛰어올라 같은 발로 착지하는 동작이다.	3세	• 편한 발로 아주 짧게 3번 정도 앙감질한다.
	4세	• 같은 발로 4~6번 앙감질한다. 잘 사용하지 않는 발로도 앙감질이 가능하다.
	5세	• 같은 발로 8~10번 앙감질한다. • 짧은 거리를 앙감질해서 이동한다.
	6세	• 리듬의 변형에 맞추어 능숙하게 앙감질한다.
말뛰기(galloping) : 한 발은 앞으로 걷고 다른 발은 달리듯 빨리 끌어다 붙이는 동작이다.	3세	• 성인의 말뛰기 동작을 모방하여 유사하게 나타낸다.
	4세	• 기초적이고 서투른 말뛰기 동작을 한다.
	6세 이후	• 말뛰기 같은 불규칙적 리듬의 동작을 더 성숙된 동작으로 할 수 있다.
스키핑(skipping) : 한 발짝 앞으로 걷는 스텝 동작과 가볍고 빠르게 뛰는 앙감질이 함께 일어나는 동작이다.	4세	• 한 발로 스킵을 한다. • 한쪽 옆으로만 스킵을 한다.
	5세	• 서로 발을 엇갈리며 스킵을 할 수 있으나 성숙된 동작을 나타내는 유아들의 수는 적다.
	6세	• 성숙된 스키핑 동작을 지속적으로 유지할 수 있다.

조작적 동작의 출현 시기

동작 유형	출현 시기	동작 능력
던지기 (throwing)	2~3세	• 발을 고정시키고, 손에 든 공을 귀 가까이에 올려 팔을 뻗친 자세로 내던진다. 이때 한 발을 앞으로 내딛지 않고 몸통도 고정되어 있다.
	3.5~5세	• 공 든 손을 머리 뒤까지 젖혔다가 던지는데, 이때에도 발을 내놓지는 못하지만, 던지는 팔과 반대쪽으로 몸통을 돌린다.
	5~6세	• 팔 동작과 몸통 회전은 위 단계(3.5~5세)와 같고, 공을 던지는 팔과 같은 쪽의 다리를 앞으로 내딛으며 던진다.
	6세 이상	• 던지는 동작이 시작되면서 몸의 무게는 공을 든 쪽으로 옮겨진다. • 팔을 들어 머리 뒤로 올린다. • 던지는 팔과 반대편 쪽의 다리를 앞으로 내딛으며 몸무게를 옮긴다. • 몸통을 던지는 쪽과 반대쪽으로 돌려준다. • 팔과 손목을 사용하여 낚싯줄 던지듯 공을 멀리 던질 수 있다.
받기 (catching)	2~3세	• 공중에서 날아오는 공에 반응을 못하고, 팔 동작의 반응이 늦다. • 손바닥을 위로 향한 채 몸의 바로 앞에 떨어지는 공을 팔을 쭉 편 상태에서 잡으려 한다. • 공이 팔에 닿으며 팔꿈치를 굽힌다. • 가슴으로 껴안듯이 공을 받으려 하며, 공이 날아오면 두려움의 반응으로 머리를 돌리거나 뒤로 젖힌다. • 팔꿈치를 가볍게 굽히고 팔을 앞으로 한다.
	4세	• 공이 다가오면 가슴 쪽으로 두 팔을 둥글게 하여 잡을 수 있으나, 마치 로봇 동작 같다.
	5세 이후	• 가슴에 의지하지 않고 손으로 공을 받으려 한다.
	6세	• 날아온 공을 가로채려는 듯한 손동작을 한다. • 손을 움직여 날아오는 공을 통제하여 잡을 수 있다. 이때 날아오는 공의 힘을 제어하기 위해 엉덩이와 무릎을 굽힌다.
	7세 이후	• 공이 오는 방향 쪽으로 몸을 움직이며 공을 잡게 된다.
	8세	• 달려가며 공을 잡을 수 있다(이동 동작과 조작 동작의 병행).

동작 유형	출현 시기	동작 능력
차기 (kicking)	2~3세	다리를 곧게 펴고 앞을 향해 공을 차지만, 다른 신체 부분은 함께 움직이지 않는다.
	3~4세	공을 차기 위한 준비 자세로 공 차는 다리를 낮은 정도로 들어올리고 뒤로 가져간다.
	4~5세	무릎을 굽혀 좀더 높게 다리를 올리고 뒤로 가져간다. 다리가 흔들리는(swing) 폭이 더욱 커지고, 팔은 반대 방향으로 움직이며 균형을 잡는다.
	5세 이후	몸이 뒤로 약간 젖혀진다. 다리는 좀더 큰 폭으로 움직인다. 공에 닿는 다리를 흔들다 무릎을 곧게 편다. 팔도 함께 뒤로 가져간다거나 몸통을 굽히는 등 다른 신체 부위의 동작도 함께 나타난다. 공을 차기 위해 공 뒤로 약간 멀리 서 있다가 몸 전체를 움직이며 공을 찬다.

◉ 참고: Gallahue & Ozmun, 1982, pp.223-282; Gallahue(1976)를 인용한 이영, 1993, pp.54-60; Pica, 1995, pp.38-74.

부록 2

교수 자료를 이용한 동작 활동 방사선

교수 자료를 이용한 동작 활동 방사선은
한 가지 주제의 동작 활동을 진행하기 위해
얼마나 다양한 교수 자료를 활용할 수 있는지를 알려주기 위한 것이다.
또한 교수 자료에 따라 활동이 얼마나 달라질 수 있는지에 대해
관심을 두기 위한 것이다.

과 일

실 물

- 실물 '과일의 씨'-수박, 사과, 복숭아, 포도 등의 과일의 씨를 직접 보고, 큰 씨가 되어 본다.

사진 및 그림 자료

- 사진 '포도나무'-넝쿨로 된 포도나무와 포도알이 점점 커지는 모습을 표현한다.
- 사진 '과일샐러드' 만드는 순서 사진-여러 가지 과일을 썰어서 순서대로 통에 담고, 마요네즈에 버무리기

시청각 자료

- 비디오 〈배고픈 애벌레〉, 인피니스-애벌레가 사과 먹는 모습, 소리, 속씨를 관찰하고 표현한다.

동화·동시

- 그림 동화책 《맛있는 과일》 히라야마 카주코-과일의 겉모습과 깎아놓은 모습을 보고, 깎는 과정과 써는 모습을 표현하기
- 그림 동화책 《사과가 쿵》 다다 히로시-여러 동물들이 사과를 먹고 없어지는 장면을 표현, 여러 명이 큰 사과에서 한 명씩 빠져 나간다.
- 그림 동화책 《바빠요 바빠》 윤구병 글, 이태수 그림-곶감 만들기(감을 깎아서 줄에 묶어 말리기)

음 악

- 감상: 〈트리치 트라치 폴카〉 요한 스트라우스-여러 가지 과일이 되어 춤을 춘다.
- 노래 〈포도 한 송이〉 김영랑-포도 송이가 되어 구르는 동작을 노래에 맞추어 표현한다.
- 민요 〈군밤타령〉-명랑하고 신나는 장단에 맞추어 밤을 줍는 동작을 한다.

인터넷

- 과일-나무에 달린 과일을 관찰하고, 떨어지는 모습을 표현한다.

미 술

- 감상: 〈오렌지가 있는 정물〉, 프란시코 수르바란 오렌지의 모습이 되어 보기
- 감상: 〈과일장수〉 카벤첸초 캄피-아가씨가 펼쳐놓은 각 가지 과일이 되어 보기
- 감상: 〈로마 인근 리비아 마을의 벽화〉-여러 가지 과일 나무가 되어 본다.

물고기

실 물

- 실물-물고기
  실물화상기로 생김새를 자세히 관찰하고 눈, 입, 지느러미의 움직임을 표현하기
- 실물-미꾸라지
  미꾸라지의 움직임을 관찰하고, 여러 명이 함께 미꾸라지가 되어 보기

사진 및 그림 자료

- 엽서 사진: '물고기', 현암사
  물고기의 종류를 보고, 각각의 생김새를 표현해 보기
- 사진 '알에서 물고기가 되는 과정'
  물풀 사이에 있는 작은 알에서 점점 큰 물고기가 되는 과정을 표현하기

시청각 자료

- 비디오 〈물고기〉 디즈니 환타지아
  꼬리 지느러미로 비닐, 리본을 뒤에 달고 표현하기.
- 비디오 〈인어〉-유니버셜 발레단의 어린이를 위한 발레 중
  발레공연을 보고, 인어의 움직임을 생상의 동물의 사육제 중 "수족관" 음악에 맞추어 그림자 막 뒤에서 표현하기
- 테이프 '물고기' 자연 소리
  물고기의 지느러미를 만들어 몸에 붙이고, 소리를 들으면서 움직이기

동화 · 동시

- 그림 동화책 《무지개 물고기와 흰수염 고래》, 마르쿠스 피스터
  –작은 무지개 물고기와 커다란 흰수염 고래를 인원에 차이를 두어 각각 표현하기
- 그림 동화책 《으뜸 헤엄이》, 레오리오니
  –작은 물고기, 큰 물고기, 해파리, 물풀, 가재 등을 표현하거나 작은 물고기들이 모여 커다란 한 마리의 물고기 모습 만들기
- 동시 〈시냇물 악보〉, 김문기
  –시냇물 속에서 움직이는 물고기가 되어 보기
- 동시 '금붕어'
  –어항 속에서 돌아다니는 금붕어의 모습을 표현하기

음 악

- 노래 〈붕어〉, 진현정 · 조윤미
  –북이나 장구 장단에 맞춰 붕어의 움직임을 표현
- 감상 〈숭어〉, 슈베르트
  –숭어의 사진을 보면서 음악을 감상하고, 숭어가 되어 헤엄쳐 보기

미 술

- 감상 〈금붕어 어항〉, 마티스
  –탁자 위에 올려진 어항과 그 속에서 헤엄치고 있는 금붕어를 표현

인터넷

- 바닷속 물고기
  동영상 자료를 보고, 바닷속의 특징과 여러 가지 물고기 떼의 움직임을 표현하기

바 퀴

실 물
- 모형-여러 가지 자동차
  자동차 바퀴의 모양을 비교해 보고, 바퀴의 크기와 생김새를 표현하기

사진 및 그림 자료
- 그림 자료 〈여러 가지의 길〉
  모래, 아스팔트, 산길, 돌길 등의 그림을 보고, 바퀴가 되어 움직여 보기
- OHP 그림 자료-다양한 크기의 원이 하나씩 겹쳐지는 그림을 보고, 원이 되어 겹치는 동작하기

시청각 자료
- 테이프 '자동차 소리'
  시동이 걸려서 점점 빠르게 달려가는 소리를 듣고, 바퀴가 되어 굴러간다.

동화 · 동시
- 그림 동화책 《굴러라 바퀴야》 조명제
  꼬미가 만드는 모양을 이야기 순서대로 표현하기
- 그림 동화책 《작은 집 이야기》, 버지니아 리 버튼
  집 주변의 환경 변화와 그에 따른 리버튼 자동차의 변화 과정을 보고 표현하기

음 악
- 감상 〈코시코스의 우편마차〉
  마차의 그림 자료를 보여주고, 빨리 달리는 모습을 표현
- 노래 〈기차놀이〉
  기차가 지나가는 길을 만들고, 주변 환경을 표현한다.

인터넷
- 인터넷 '자동차 광고'
  자동차 광고에서 바퀴의 움직임을 탐색하고, 바퀴가 되어 여러 방향으로 움직여 본다.

미 술
- 감상 〈원 속의 원〉 칸딘스키
  커다란 원 속에 작은 원이 되어 보기
- 감상 〈자전거 바퀴〉 마르셀 뒤샹
  작품을 감상하고 2개의 훌라후프를 이용해서 자전거를 만들어 표현한다.

배

실 물

- 모형 '종이배'
  큰 종이로 배 만드는 과정을 보고, 종이가 되어 배가 되어 보기
- 요리 '달걀 돛단배'
  요리 순서표를 보고 달걀 돛단배를 만든 후, 만드는 과정을 동작으로 표현

사진 및 그림 자료

- 슬라이드 그림 〈몽제롬의 연못〉, 오네
  슬라이드로 만든 작품을 배경으로 연못가의 배가 되어 움직여 보기.
- 사진-여러 종류의 배
  나룻배, 유람선, 군함, 뗏목의 각 생김새를 비교해 보고, 그룹을 나누어 배를 만들어 움직여 본다.
- OHP 자료 〈따르릉 따르릉 비켜나세요〉 한스 아우구스토 레이, 시공사
  그림 동화책 속에 나오는 배 접는 장면을 OHP로 소개하고 몸으로 종이가 되어 순서대로 접는다.

시청각 자료

- 영화 〈타이타닉〉의 배가 부서지는 장면
  커다란 배가 빙산에 부딪혀 부서지는 장면을 표현한다.
- 비디오 〈음악으로 세상을 그려요〉 인피니스
  음악을 들으면서 배가 바다 위를 떠다니는 모습을 표현한다.

동화 · 동시

- 그림동화책 《검피 아저씨의 뱃놀이》 존 버닝햄, 시공사
  큰 배를 바닥에 만들어 놓고, 각각 동물이 되어 배에 올라타기
- 동시 〈바다는 음악가〉
  파도와 배의 움직임을 표현한다.

음 악

- 감상 〈루이즈 호수〉 유키 구라모토
  잔잔한 호수가에서 노저어 가는 배를 생각하며 음악을 감상하고 배와 배가 지나가는 물결이 되어보기
- 감상 〈캐논과 지그〉 파헬벨
  교실에 파도치는 바다를 꾸며놓고, 배가 되어 천천히, 빠르게 움직이기
- 노래 〈돛단배〉 김진영
  커다란 돛이 되어 배와 함께 움직임을 표현하기

인터넷

- 인터넷 '고기잡이 배'
  동영상으로 고기를 잡아 올리는 배의 모습과 어부의 동작을 보고 표현한다.

미 술

- 감상 〈경주하는 비글린 형제〉 토어스 이킨스
  보트 경주자들의 빠른 움직임과 길다란 보트와 노를 표현
- 감상 〈돛을 부풀린 배〉 윈슬로 호머
  출렁이는 바다와 기우는 배와 동그랗고 팽팽한 돛을 표현한다.
- 감상 〈가나가와 파도〉 가츠시카 호쿠사이
  큰 파도 속에 움직이는 배를 표현한다.

부 채

실 물

- 실물-부채
  여러 가지 모양의 부채를 보고 생김새와 움직임을 표현.
  (태극 부채, 대나무 부채, 플라스틱 부채, 선녀 부채 등)

사진 및 그림 자료

- OHP 그림-부채의 무늬
  무늬를 관찰하고, OHP 그림을 배경으로, 여러 가지 무늬가 되어 보기
- 사진-태극 부채
  태극 부채의 삼색 형태를 보고, 10~15명이 하나의 태극 부채 형태를 만들기

시청각 자료

- 비디오-판소리 〈춘향전〉 공연
  창하는 사람이 부채를 어떻게 움직이는지 보고, 직접 동작해 보기
- 비디오 〈부채춤〉 공연
  여러 가지 부채의 움직임을 관찰하고, 5~6명씩 짝지어 부채춤 추기
- 비디오-오페라 비제의 〈카르멘〉
  카르멘이 들고 있는 부채가 되어보기

동화 · 동시

- 전래 동화 《파란 부채, 빨간 부채》 심은숙 그림, 이상교 글
  커지고 작아지는 것을 신체 여러 부분으로 동작해 보기
- 그림책 《재미난 그림책》 주경호
  부채를 이용해 만든 목도리 도마뱀을 보고, 표현해 보기

음 악

- 노래 〈부채춤〉 홍명희
  가사를 듣고, 부채를 움직이기, 노래 부르면서 동작해 보기
- 민요 〈태평가〉
  음악을 듣고 장단과 강약에 맞추어, 태극 부채를 흔들거나 위아래로 움직이기

미 술

- 감상 〈튈리공원의 음악회〉 마네
  공원에 있는 여인들이 어떻게 부채를 들고 있는지 탐색하고, 작품 속 주인공이 되어 표현해 보기
- 감상 〈무도회에 앞서서〉 티소
  여인들이 들고 있는 2개의 부채를 비교해 보고, 부채의 선과 접히는 모습을 동작으로 표현

생 일

실 물

- 실물－케이크와 촛불
  케이크 위의 촛불이 되어 녹아 내리는 모습을 표현
- 실물 '선물'
  내가 받은 생일 선물을 친구들에게 소개하고 선물이 되어 보기

사진 및 그림 자료

- 광고 포스터 '생일 케이크'
  광고에 나온 생일 케이크의 모양을 보고, '내가 만든 케이크'가 되어 보기
- 그림 카드 '생일 초대 카드'
  친구들에게 보낼 그림 카드가 되어 보기

시청각 자료

- 비디오 〈집시의 합창〉 베르디, 〈라트라비아타〉(오페라 이마지나리아, 썬미디어)
  생일 케이크가 되는 모습을 표현, 색깔 크림과 장식물과 촛불이 되어 표현한다.

동화 · 동시

- 그림 동화책 《선물》 한국어린이 육영회
  선물 상자에서 나온 요술 막대기로 여러 가지 선물을 만드는 장면을 표현한다.

음 악

- 노래 〈생일 축하합니다〉
  여러 가지 악기를 이용해서 축하 노래와 동작을 한다.

인터넷

- '생일 축하해'
  인터넷으로 그림 동화를 보고, 줄거리를 동작으로 표현한다.

미 술

- 감상 〈선유객의 점심 식사〉 오귀스트 르누아르
  점심 만찬에 초대된 사람의 옷과 식탁 위의 음식을 보고, 분위기와 사람들의 표정을 표현하기

손

실 물

- 실물 '손'
  손등, 손바닥을 실물화상기로 관찰해 보고, 주름과 지문을 표현한다.

사진 및 그림 자료

- 사진 '손으로 하는 일'
  화가, 미용사, 의사, 요리사 등의 직업에서 손의 움직임을 탐색해 보고, 상황에 맞게 표현해 보기
- 신문-'농구' 하는 장면
  손으로 공을 어떻게 들고 던지고 만지는지 보고, 공을 가지고 동작을 해본다.

시청각 자료

- 비디오 〈꽃의 이중창〉 들리브의 라그메(오페라 이마지나리아, 썬미디어)
  손이 어떻게 변하는지, 변하는 동물을 몸으로 표현(뱀, 꽃뱀, 독수리 등)

동화 · 동시

- 그림 동화책 《조지 아저씨네 정원》 게르다 마리 샤이들 글, 베너뎃 와츠 그림
  조지 아저씨가 정원을 가꾸고 손질하는 손동작들을 표현하기
- 동시 〈손가락 놀이〉
  동시를 듣고 다섯 손가락 가족을 표현한다.

음 악

- 감상 〈미뉴엣〉 바하
  부드러운 느낌을 손 동작으로 표현하기

인터넷

- 인터넷 '정명훈의 홈페이지'
  정명훈의 지휘하는 모습을 보고 몸으로 표현한다.
- CD '색깔을 갖고 싶어'
  동물을 표현한 손그림자가 되어 그림자 막 뒤에서 움직인다.

미 술

- 감상 〈생각하는 사람〉 로댕
  손이 어떤 모습으로 되어 있는지 관찰하고 표현하기
- 감상 〈엠마오의 식사〉 카라바조
  식사하는 사람들의 손동작을 해보기, 이야기하는 상황에 따라 다르게 동작하기
- 감상 〈시바 나타라자〉 인도 조각
  손이 여러 개 달린 조각을 보고, 여러 명이 표현한다.

우산과 양산

실 물

- 실물 – '우산과 양산'
  여러 가지 우산과 양산을 보고 크기, 색깔, 무늬, 접는 방법을 탐색하고, 신체로 표현하기

사진 및 그림 자료

- 사진 – 해변가의 '비치 파라솔'
  커다란 비치파라솔이 되어 보고, 햇빛에 따라 생기는 그림자도 표현하기.
- OHP 그림 〈비 오는 날〉 모오쇼오메이
  OHP로 동화 배경을 보고, 우산 소품을 들고 화면 앞에 동작하기

시청각 자료

- 비디오 〈아기천사 두두〉
  두두가 가지고 있는 우산이 되어 보기
- 녹음테이프 '우산에 떨어지는 빗방울'
  빗방울이 우산에 떨어지면 어떤 소리가 나는지 듣고, 빗방울과 우산이 되어보기.
- 비디오 〈사랑의 꿈〉, 리스트(꿈돌이의 음악 여행, 썬미디어)
  우산이 하늘을 날아가는 장면을 표현하기

동화 · 동시

- 그림 동화책 《아저씨 우산》 사노 요코
  아저씨가 들고 있는 우산이 어떻게 움직이는지 보고, 우산이 되어보기
- 그림 동화책 《우리 할아버지가 꼭 나만했을 때》 주경호
  우산 대신 연꽃으로 비를 피하는 장면을 보고, 창의적인 우산을 표현하기.
- 동시 〈우산〉 문상석
  4~5명의 유아가 짝지어 우산이 되어 표현하기

음 악

- 노래 〈우산〉
  우산의 움직임과 생김새를 노래에 따라 표현해 보기
- 감상 – 쇼팽의 〈빗방울 전주곡〉
  음악을 듣고, 커다란 매트위에서 빗방울이 되어 튀어보기

인터넷

- 우산
  여러 가지 우산의 모양과 무늬를 보고 동작으로 표현하기

미 술

- 감상 〈파라솔을 든 여인〉 모네
  파라솔을 든 여인의 표정을 탐색해 보고, 분위기를 표현하기
- 감상 〈그랑자트섬의 일요일 오후〉
  양산의 각도와 위치를 탐색하고, 파라솔을 든 여인이 되어 보기

표 정

실 물

- 실물-' 우리 나라 탈'
  탈에 나타난 표정을 지어보기 (하회탈, 각시탈, 양반탈, 도령탈 등)

사진 및 그림 자료

- 사진-내 사진과 똑같이
  유아들이 찍어놓은 사진을 준비해서, 사진 속에 있는 표정과 포즈를 똑같이 만들기
- 영화 포스터-포스터 만들기
  얼굴이 크게 찍힌 포스터를 보고, 직사각형 틀에서 배우가 되어 표정을 지어 보기

시청각 자료

- 영화 〈독재자〉 찰리채플린
  찰리채플린의 표정을 탐색해 보고, 표정에 맞는 동작을 표현해 보기
- CF-'라면' 광고
  광고 속에서 라면을 먹으면서 변하는 표정을 보고, TV 틀 모형에서 라면 먹는 모습을 표현해 보기

동화 · 동시

- 그림 동화책 《얼굴》, B. 바움부쉬
  여러 가지 얼굴을 탐색해 보고, 표정을 지어보기.
- 사진 모음집 《The Blue day Book》 브레들리 트레버 그리브
  동물들의 감정을 표현한 사진을 보고, 한 장면씩 표현해 본다.
- 그림 동화책 《팥죽할멈과 호랑이》, 서정오
  할머니와 호랑이의 표정을 지어보고, 사진을 찍어 슬라이드로 만들어 보기

음 악

- 노래 〈가면놀이〉 김성균
  가면 만드는 작업을 해보고, 노래를 부르며 가면을 쓰고 표정을 만든다.

미 술

- 감상 〈모나리자〉 레오나르도 다빈치
  모나리자의 표정 따라해 보기
- 감상 〈35가지의 얼굴 표정 습작〉 부알리
  여러 가지 사람의 표정을 보고 가장 독창적이고 개성있는 표정 지어보기
- 감상 〈서당도〉 김홍도
  혼나는 아이, 옆에서 지켜보는 아이, 훈장 선생님의 표정을 탐색하고, 작품 속에 있는 것을 그대로 표현해 보기

해바라기

실 물
- 실물 – 해바라기
  해바라기의 꽃잎을 보고, 여러 명이 함께 표현하기(꽃잎이 붙어 있는 모습, 하나씩 떨어지는 모습, 바람에 날리는 모습)
- 실물 – 해바라기 씨
  꽃에 붙어 있는 씨와 떨어진 씨를 표현하기

사진 및 그림 자료
- 슬라이드 그림 '해바라기의 생성 과정'
  씨에서 싹이 자라 점점 자라는 해바라기, 열매를 맺어 고개숙인 해바라기를 표현한다.
- 사진 '해바라기와 벌'
  해바라기의 주변을 돌아다니는 벌의 움직임과 해바라기를 표현

시청각 자료
- 비디오 〈해바라기〉 자연과학 비디오
  흙에서 싹이 점점 올라오고, 비올 때 꽃과 잎에 비가 떨어지는 모습을 동작으로 표현한다.
- 비디오 〈유모레스크〉 드보르작(꿈돌이의 음악여행, 썬미디어)
  꽃이 피기까지 필요한 해, 물, 사람을 동작으로 표현하기

동화 · 동시
- 그림 동화책 《여왕이 세우는 개미 나라》, 이상배
  해를 보고 점점 자라는 해바라기의 성장 과정을 표현하기
- 그림 동화책 《코를 "킁킁"》 루스 크라우스
  여러 동물들이 점점 달려와 꽃잎에 모이는 모습을 표현
- 동시 〈고 조그만 씨 속에〉 어효선
  꽃 속에 들어 있는 꽃잎, 잎, 줄기들을 표현한다.

음 악
- 노래 〈꽃씨〉 김성균
  꽃씨가 자라는 과정과 주변 환경(해, 비, 바람, 나비, 벌레)를 표현한다.
- 감상 〈꽃의 왈츠〉 차이코프스키
  꽃으로 만든 가면을 쓰고, 음악에 맞추어 여러 명이 함께 동작하고 춤을 춘다.

인터넷
- 인터넷 '해바라기'
  동영상을 보고, 해바라기가 움직이는 모습을 표현한다.

미 술
- 감상 〈꽃병에 꽂힌 열 네 송이 해바라기〉 고흐
  꽃병과 해바라기가 되어 여러 움직임을 표현
- 감상 〈해바라기〉 최한동
  해바라기 씨와 잎을 표현한다.

부록 3

창의적 동작 활동에 활용할 수 있는 음악

I. 클래식

1 기본 동작

기본 동작	음악 제목	작곡가	음악 요소
흔들기(swing)	아름답고 푸른 도나우 강	요한스트라우스	부드럽게(음량)
	캐논	파헤벨	느리게(템포) → 빠르게
흔들기(shake)	젓가락 행진곡	륄리	빠르게(템포), 스타카토, 크레센도
걷기	동물의 사육제 중 '코끼리'	생상스	육중한 몸집의 코끼리가 경쾌한 왈츠에 맞추어 뒤뚱거리는 모습
	앞으로 앞으로	요한프리드리히 프란츠	힘차게 전진하는 모습을 표현한 빠르고 경쾌한 가락, 세 도막 형식
	노르웨이 행진곡	그리그	빠르게, 점점 세게와 점점 약하게(템포)
	라데츠키 행진곡	요한시트라우스	강하게(음량), 셈여림의 대비
	워터로 전쟁	엔더슨	빠르고 강하게(템포), 기쁘고 슬픈 분위기
	호두까기 인형 중에서 '행진곡'	차이코프스키	4/4박자, 사(G)장조, 발랄하고 재미있게 연주하면서 시작된다.
달리기	동물의 사육제 중 '당나귀'	생상스	힘차게 질주하는 나귀를 묘사, 4/4박자
	어린이의 정경 중 '숨바꼭질'	슈만	스타카토, 빠르게(템포)
	터키 행진곡	모차르트	빠르게
미끄러지기	소녀의 기도	모들리트바	고저음, 레가토
	스케이트 타는 사람	메이이베이	점점 크게(음량)
말뛰기	승마	요한프리드리히 프란츠	말발굽 소리를 묘사, 스타카토
	오페라 빌헬름 텔 서곡 '스위스군의 행진'	로시니	아주 빠르게, 2/4박자, 마(E)장조, 행진곡으로 돌아가 절정을 이룸
	케제중위 중 '트로이카'	프로코피에프	빠르기의 변화(점점 느리게)

기본 동작	음악 제목	작곡가	음악 요소
홉핑	크시코스의 우편마차	네케	빠르게(템포), 스타카토
	〈사계〉 중 '봄'	비발디	빠르게, 생동적인 느낌으로 만물이 봄에 용솟는 느낌
	에코세이즈	베토벤	점점 세게, 점점 약하게(음량)
	놀람 교향곡	하이든	다(C)장조, 2/4박자, 매우 간결하고 명쾌한 하나의 주제와 4개의 변주, 마침 코다(code)로 구성
스키핑	교향곡 제101번 '시계' 제2악장	하이든	8분음표로 지속되는 제2악장, 바순과 현악기의 피치카토
	집시의 캠프	베어	빠르게(템포), 스타카토

2 창의적 동작

창의적 동작	음악 제목	작곡가	음악 요소
시계가 되어 보기	〈시계〉 제2악장	하이든	바순과 현악기의 피치카토, 8분음표의 규칙적인 흐름, 2/4박자, 느리게
파도	핑갈의 동굴	멘델스존	소나타 형식, 바람과 거친 바위섬을 연상하게 하면서 폭풍우를 예고한다.
폭풍우	교향시 '전주곡' 제2부	리스트	가락은 빠르게, 점차 고조, 첼로가 처절한 몸짓으로 폭풍우를 예고한다.
접시춤	헝가리춤곡 제5번	브람스	A-B-A의 겹세도막 형식, 빠르기와 악상이 격렬하게 변함
나비	나비	그리그	레가토
장난감 병정	장난감 교향곡	모차르트	빠르게(템포), 스타카토
불꽃	왕궁의 불꽃놀이	헨델	형식(관현악 모음곡), 템포(느리게 → 빠르게), 장엄하고 화려한 분위기
호두까기	호두까기 인형	차이코프스키	연결되지 않은 소리(스타카토), 현을 튕기는 소리(피치카토)
거인	교향곡 제5번 '운명' 2악장	베토벤	2/4박자, 빠르고 생기 있게, 소나타 형식

창의적 동작	음악 제목	작곡가	음악 요소
눈	어린이 세계 중 눈이 춤추고 있다	드뷔시	흩날리는 눈의 모습을 나타냄
수탉과 암탉	〈동물의 사육제〉 중 수탉과 암탉	생상스	스타카토
사자의 행진	〈동물의 사육제〉 중 사자왕의 행진	생상스	행진곡풍의 흐름, 피아노들의 낮은 음들이 으르렁거리는 사자의 소리를 묘사, 위풍당당하게 걸어가는 모습을 표현
캥거루	〈동물의 사육제〉 중 캥거루	생상스	장식음의 사용과 빠르기의 변화, 흐름결의 변화 등이 캥거루의 모습을 표현
백조	〈동물의 사육제〉 중 백조	생상스	우아한 자태로 잔잔한 호수를 헤엄치는 백조의 모습, 느리고, 여리게
꽃과 새	〈사계〉 중 제1번 봄 제1악장	비발디	4/4박자, 빠르게, 꽃이 활짝 핀 목장에서 새들이 즐겁게 노래하는 분위기
달빛	월광 소나타 제2악장	베토벤	느리게(템포)
녹는 얼음	신세계 교향곡	드보르작	느리게(템포)
벌	땅벌의 비행	림스키-코르사코브	빠르게(템포)
꽃과 나비	가극 '라트라비아타' 제1막 축배의 노래	베르디	스타카토, 부드러운 멜로디
녹는 눈사람	솔베이지의 노래	그리그	가장조, 4/4박자, 크레센도와 데크레센도
풍선	미뉴에트 제3번	바흐	알레그레토, 당김음, 부드럽게 연결된 음, 크레센도와 테크레센도
새싹	가보트	고섹	끊어지는 스타카토와 꾸밈음, 가장 높은 소리와 가장 낮은 소리(피치)

II. 동 요

1 기본 동작

기본 동작	음악 제목	작곡가	음악 요소
신체 인식	닮은 곳이 있대요	김성균	4/4박자, 보통 빠르기
	우린 그렇지 않아	김성균	4/4박자 → 3/4박자, 보통빠르기에서 느리게 경쾌하게 노래 부르다가 느린 감정을 넣어서…
	젓가락 행진곡	륄리	빠르게(템포), 스타카토, 크레센도
	머리 어깨 무릎 발	–	4/4박자, 느리게, AABC
	주먹 쥐고	–	4/4박자, 느리게 ABAC, 여유 있게
	둘이 살짝	김방옥	4/4박자, 느리게 → 보통 빠르게 → 느리게, 보통 →점점 강하게 → 보통
	돌아 돌아	–	4/4박자, 보통빠르기, 점점 강하게 → 여리게를 반복, AABB, 경쾌하게
	두두두	김성균	4/4박자, 보통빠르기, ABAC
	다섯 손가락	김성균	4/4박자, 보통빠르기, AABBBCD
	친구하고	–	2/4박자, 보통빠르기, ABBAC
걷기	간다 간다	김성균	4/4박자, 빠르게, AAAB
	더 높이 높이	김성균	4/4박자, 보통빠르기, 점점 강하게를 반복, AABB
기기	정글숲	이요섭	4/4 느리게, 보통 → 점점 강하게를 반복, AAAB, 무거운 느낌을 넣어 부르다가 끝에는 힘차게 외친다.
뛰기/걷기 흔들기/기기	통통통	김성균	4/4박자, 보통빠르기, 보통 강도에서 점점 여리게 반복, 신나게 부른다.
흔들기	엄마와 함께	요: 양한나 곡: 김성균	4/4박자, 보통빠르기, 보통 → 중간부터 점점 강하게 반복, AABB , 여유 있게 부르다가 신나게 부른다.
	왼발 오른발	김성균	보통빠르기, ABAC
	흔들흔들	–	보통빠르기, AAAB

2 창의적 동작

창의적 동작	음악 제목	작곡가	음악 요소
씨앗	꽃씨	김성균	4/4박자, 보통빠르기 → 느리게 → 보통빠르기, 보통 → 여리게 → 보통 → 점점 여리게, 경쾌하다가 조용하게 또는 밝은 분위기
콩	나는 콩이에요	김성균	4/4박자, 보통빠르기
개구리가 되어 보자	개구리	김성균	4/4박자, 보통빠르기. 밝고 경쾌하게
동물	작은 동물원	김성균	4/4박자, 보통빠르기. 경쾌하게
	숲 속의 아침	김성균	4/4박자, 보통빠르기에서 후반부에 점점 빠르고 데크레센도 경쾌하게
	아기 새의 눈물	김성균	3/4박자, 느리게 조용하게 감정을 넣어서
나뭇잎이 되어 보자	나뭇잎	김성균	3/4박자, AABC, 느리게, 조용하게
허수아비 아저씨	허수아비 아저씨	김규환	4/4박자, ABA, 보통빠르기로, 중반부에는 강하게 했다가 점점 여리게, 경쾌하게 하다가 무서운 감정을 넣어서 부른다.

III. 만화 음악

1 기본 동작

기본 동작	만화 제목	작곡가	음악 요소
걷기	개구쟁이 스머프	Kanno Yoko	활발하고 경쾌한 느낌, 빠르게
홉핑	딱따구리(주제가)	파헤벨	빠르고 경쾌하고 재미있는 느낌 스타카토(나무를 콕콕 찍는 느낌)
스킵	피노키오	김남균	재즈풍의 반주, 상쾌한 느낌 빠르게
달리기	뽀빠이	–	빠르게, 잠깐의 휴지가 있다. 재미있는 분위기
흔들기	스노우맨	–	느리게(템포), 높은 피치, 여리게(음량)

2 창의적 동작

창의적 동작	만화 제목	작곡가	음악 요소
바닷속 생물	인어공주	Alan Menken	부드럽게 연결된 레가토, 크레센도와 데크레셴도(음량), 보통빠르기(템포) 바닷속을 여행하는 분위기
마술 카펫이 되기	알라딘	–	하늘을 자유로이 날아다니는 분위기 음이 끊어지는 스타카토, 보통빠르기
공룡	공룡시대	–	잔잔하면서 평온한 분위기 여리게(음량)
로봇	마징가 제트	–	빠르게(템포), 경쾌한 느낌, 높은 음색
종달새	백설 공주 (Whistle While You Work)	Frank Churchill	반복적인 리듬, 빠르게(템포), 난쟁이들의 다양한 노랫소리
난쟁이	백설 공주 (Heigh Ho)	Frank Churchill	빠른 템포와 강한 음량과 비트, 반복적인 리듬, 재미있는 느낌
기차	은하철도 999	–	부드럽게 연결된 레가토, 여리게(음량), 잘 조화된 하모니
뭉게구름	잠자는 숲 속의 미녀	Tom Adair	통통 튕기는 느낌, 빠르게(템포), 높은 피치
비눗방울	신데렐라	–	통통 튕기는 느낌, 빠르게(템포), 높은 피치

IV. 영화 음악

1 기본 동작

기본 동작	영화 제목	작곡가	음악 요소
말뛰기	역마차	Gerand Carbonara	말이 움직이는 것 같은 생동적인 분위기 점점 빨라짐, 곡 중간중간 스타카토
걷기	시네마 천국	Ennio Morricone	단순하면서 반복됨, 레가토
걷기와 홉핑	황야의 7인	Elmer bernstein	심벌즈로 강하게 시작, 다이내믹한 느낌, 분위기가 갑자기 전환
달리기	로키	Robert Tepper	빠른 템포, 강한 음량, 역동적인 분위기

2 창의적 동작

창의적 동작	영화 제목	작곡가	음악 요소
스케이트 타기	판타지아(1940)	차이코프스키	스타카토, 아주 빨라졌다가 다시 느려짐 맑고 선명한 은구슬 소리가 남 음량이 점점 커짐
바람	오즈의 마법사 Over the rainbow	Harold Arelen	바람소리 '휙'과 함께 경쾌한 똑같은 음 감미로운 하프 소리의 선율
봄 소나기	사랑은 비를 타고	–	빠른 템포, 4/4박자, 주멜로디가 계속 반복, 비가 하늘에서 내려오는 느낌
씨앗	Sound of music 중 Do, Re, Mi song	–	씨앗이 점점 커지는 것 같이 음이 하나씩 높아짐. 부드러운 선율
슈퍼맨이 되기	슈퍼맨	John Williams	다이내믹함, 빠르고, 큰소리로 기운찬 느낌, 하늘을 나는 느낌
탱고	여인의 향기	Carlos Gardel	감미로움, 피치
달	티파니의 아침을	–	부드럽게(음량), 라르고(템포) 달님이 창을 향해 비취는 분위기
파도	액소더스	Ernest Gold	웅장하면서 강한 분위기, 다이내믹하게 시작(음량), 점차 느려지면서 부드럽게 가장 높은 음의 정점(피치)

V. 재 즈

1 기본 동작

기본 동작	음악 제목	작곡가	음악 요소
달리기	sing sing sing	베니굿맨	경쾌함, 빠르게
달리기	Lullaby of Birdand	사라 본	강하게, 고저
점프하기	O Pate	스탄 겟츠	스타카토, 고저, 빠르게
앙감질	chameleon	허비 행콕	강하게, 빠르게

2 창의적 동작

창의적 동작	음악 제목	작곡가	음악 요소
금붕어	Doralice	–	스타카토, 레가토
아지랑이	So Danco Samba	–	피치, 리가토, 경쾌함
먹이에게 살금살금 다가가는 고양이	Blue Train	존 콜트레인	고요한 정적 트럼본, 트럼펫, 색소폰의 3중주 하모니, 느리게
열차처럼 달려보자	Take the 'a' Train	듀크 엘링턴	빠르게, 음량(강하게)
해가 지고 있어요	Prelude in E Minor	제리 멀리건	점점 느리게, 부드럽게
출렁거리는 바다가 되어 보기	Surf Ride	아트 페퍼	빠르고 경쾌함, 강하게
해돋이	Softly is in a Morning Sunrise	모던 재즈 퀄텟	부드럽게
가을 나무가 되어 보기	No Problem	듀크 조던	촉촉히 젖어드는 선율, 레가토
새싹이 돋아나요	C Jam Blues	레드 갈란드	간결함, 밝고 즐거운 사운드

VI. 팝

1 기본 동작

기본 동작	음악 제목	작곡가	음악 요소
점프하기	jump	밥 마리(수)	빠르게 역동적으로
힘없이 걷기	summertime	조지 거시원(곡)	느리게, 부드럽게
가볍게 걷기	Desperado	주디 콜린스	부드럽게
미끄러지기	Silly Love Song	폴 매카트니 & 윙스	레가토
달리기	Cum on Feel The Noise	콰이어트 라이언	고저, 강하게
흔들기	Killing Me Softly	퓨지스	레가토, 빠르게

2 창의적 동작

창의적 동작	음악 제목	작곡가	음악 요소
용수철처럼 튀어 보자	Jump	밥 말리	빠르고 역동적으로
파도가 되어 보자	Sunshine on Summer Time	딘	흥겨운 사운드
소나기가 되어 보자	Rain	호세 펠리치아노	빠르게, 강하게
산들바람이 되어 보자	Just a Feeling	브리즈	느리게, 레가토
스케이트 타기	Bernadette	폴 사이먼	레가토, 약하게, 부드럽게

VII. 전통 음악

1 기본 동작

기본 동작	음악 제목	채집 및 채보자	음악 요소
걷기	흥부가	–	구음: 덩덩 쿵 따쿵(휘모리장단)
앙감질	쾌지나 칭칭나네	경상도 민요	빠르게, 늦은 굿거리 장단
흔들기(swing)	풍년가	농악놀이	부드럽게, 신나게
달리기	강강술래	전라도 집장 민요	늦은 중모리 장단

2 창의적 동작

창의적 동작	음악 제목	채집 및 채보자	음악 요소
새	새야 새야	권오성	3/4박자, 음: 미 · 라 · 시 · 도
강강술래	남생아 남생아	전라남도 해남	거의 같은 리듬의 반복과 같은 가사의 반복
새	새타령	강순재 (강원도 가평)	6/8박자의 활달한 리듬이 반목
쥐	쥔쥔 새끼놀이	전라남도 해남	내림나장조, 구성음은 미 · 라 · 도
밤 줍기	군밤타령	서울경기지방 민요	명랑하고 유연한 표현 잦은 타령 장단

※ 여기에 제시된 음악은 박수미, 박선영, 김미경, 최예린, 신화정의 도움으로 선정 · 분석되고, 인천예술고등학교 오학순 선생님이 감수해 준 것입니다.

저 자

김 은 심

중앙대학교 사범대학 유아교육학과 졸업

중앙대학교 대학원 유아교육학과 졸업(문학석사, 문학박사)

현) 국립강릉원주대학교 유아교육과 교수

저서: 《유아언어교육》, 《유아 교사를 위한 창의적 동작교육》 (정민사)
《유아 동작교육의 이론과 실제》, 《유아교사를 위한 교수매체의 이론과 실제》 (창지사) 등